소수자들의 삶과 문학

소수자들의 삶과 문학

윤수종 엮음

지적장애아 엄마/이주자/공안수/성노동자/횡단성애자/성소수자/MTF 트랜스젠더
병역거부자/장애인/잡부/넝마주이/게이/레즈비언
우리는 어디에나 있습니다

책머리에

　이 책에 실린 글들은 계간 『문학들』의 '이야기들' 란(22호~36호)에 실렸던 것들이다. 『문학들』은 자기 혁신을 외치면서 주변적인 것, 소수적인 것, 말해지지 않은 것들을 드러내고자 하였다. 그런 구도 속에서 '이야기들' 란이 신설되었고, 이 란은 거대 담론의 대문자 이야기가 아니라 소수자들의 이야기들을 담아내려고 하였다.

　문학이 마냥 기존의 예술적 식별 체계 안에서 '미학적'인 잣대 속에 갇혀 있어서는 문학의 민주화란 가망 없는 희망에 불과하다. '이야기들'은 여러 소수자들의 목소리를 생생하게 담은 다양한 형식의 기록물들을 게재해 왔다. 미학적 기준은 이 글들에서 크게 문제되지 않는다. 차라리 거칠더라도 진솔함, 실험성, 논란 가능성, 진정성 같은 것들이 굳이 기준이라면 기준일 것이다. 이미 등단한 문인들의 글에서부터 주류 문단에서는 접하기 힘들었던 다양한 소설, 시, 르포, 수기 등을 수록하게 되었다. 애초에는 문학작품들을 지향했지만 소수자들이 문학작품을 만들어 내기가 무척 어려웠다. 그런데 소수자들의 삶 자체를 그대로 기록하는 것만으로도 소설이 될 수 있었다. 그러다 보니 수기 형식이 나름 소수자들의 이야기들을 담아내는 적절한 형식이 되었다.

　그래서 책 제목을 '소수자들의 삶과 문학'으로 정했고 수기 부분과 문학 부분으로 나누어 구성했다.

　흔히 소수자는 사회적 약자를 의미하곤 한다. 현실 속에서 소수자들은 사회적 약자일 가능성이 높지만 그러한 규정은 소수자들을 동정이나 인정의 대상으로 삼는 경우가 많다. 그런데 소수자들 중에서 스스로 자신을 드러내면서 다수자에게 변하라고 요구하는 사람들이 나타나게 되었다. 이른바 소수자운동이 활성화되면서 소수자에 대한 규정을 다시 생각하게 되었다. 그래서 엮은이는 소수자를 '표준화를 거부하는 사람'으로 규정해 보았다. 소수자들을 억압하는 사회적 편견과 다수자의 인식을 고발하던 소수자 담론은, 점차 소수자들의 색다른 삶을 그려 내고 촉구하는 것으로 변해 왔다. 엮은이가 만들었던 『다르게 사는 사람들』(이학사, 2002)이 바로 사회적 편견과 다수자의 인식을 고발하는 소수자들의 이야기들을 담아냈었다면, 『소수자들의 삶과 문학』은 그러한 것에서 좀 더 나아가 소수자들의 색다른 삶과 감성을 드러내는 것이라고 할 수 있겠다. 또한 그만큼 소수자들의 발언이 점차 드러나고 소수자들의 글쓰기도 활성화되고 있다고 할 것이다.

이 책에 실린 글들은 소수자 당사자들이 직접 쓴 것이다. 소수자들의 특이성이 묻어나는 언어들은 그들의 삶을 고스란히 드러내고 있다. 엮은이가 함께 여러 번 고치면서 완성해 나간 글도 있고 글쓴이가 완성해 온 글도 있다. 글의 완성도나 문학적 완성도가 아니라 소수자의 특성을 얼마나 잘 드러내 주는가가 중요할 것이다. 그런 점에서 이 책에 실린 이야기들은 소수자문학에 기여할 수 있을 뿐만 아니라 문학 일반의 지형도를 넓혀 줄 수 있을 것이다.

독자들을 위해 각 이야기에 대한 간단한 소개를 해 보고자 한다.

삶

지적장애를 가진 아이를 둔 엄마인 공윤희는 「너를 만나 참 나가 되는 길」에서 지적장애를 가진 아들과 살아가면서 자신의 변신을 느낀다. 아들의 다운증후군 판정을 받고 망연자실했던 엄마는 집에서 직접 아이를 가르쳐도 보았고 특수교육을 시키기도 하였다. 지쳐갈 무렵 스스로 공부를 시작하면서 아이를 특수학교에서 일반학교로 옮기는 도전을 감행했다. 흔히 일반학교에서 특수학교로 옮기는데 말이다. 그런데 보호해야 한다고 하는 아이가 오히려 엄마를 위로해 주고 다른 아이와의 동행 등교를 하는 모습을 보면서 엄마는 오히려 깨달음을 얻는다. 인간되기가 무엇인지… 주위 사람들과 함께하면서 자기비움을 통해 더욱 충만한 삶에 이르려는 것이 아닐까?

「로넬 차크마 나니의 인권 여정」에서 로넬 차크마 나니는 소수민족인 줌머인의 자치운동 여정과 한국으로 망명한 삶의 고통스러움을 보여준다. 그는 방글라데시 치타공 산악지대 출신이다. 방글라데시가 파키스탄으로부터 독립했지만 방글라데시의 극단적인 뱅갈리 민족주의는 소수민족인 줌머인들을 탄압하였다. 로넬 차크마 나니의 아름다운 자연과 고향은 뱅갈리 군대와 뱅갈리족에 의해 인권 유린과 폭력을 당했다. 혁명군에 입대한 나니는 대민작전 중 체포되어 3년간 감옥생활을 하고 나와 감시 속에 생활하다 한국행을 결정하게 된다. 불법체류자로서 지내면서 한국줌머인연대를 만들고 난민이 되어 살아간다. 한국의 민주화운동과도 연대하면서 줌머자치권 운동을 위해 활동하고 있다.

「공안수의 감옥살이」에서 김형주는 감옥 안의 특수한 소수자인 공안수의 감옥살이를 잘 드러내고 있다. 알몸수색으로 시작되어 수감번호로 불리는 공안수의 하루살이는 0.75평의 방에서 시간을 기억하지 못하는 생활로 꽉 차 있다. 그럼에도 스스로의 자의식과 사회에서의 요구도 있어 감옥 안에서도 다양한 저항과 투쟁을 전개한다. 함께 옥에 갇힌 사람들의 이야기에서는 코가 시큰거린다.

「관계와 관계」에서 혜리는 성노동자로 살아가는 자신의 삶을 현장의 목소리로 들려준다. 성 서비스 노동을 하는 관계에 대한 설명 속에서 성노동자의 어려움과 환경을 이해할 수 있게 해 준다. 성노동 구매자들의 모습 또한 눈에 들어온다. 나아가 또 다른 관계를 맺어 가려는 노력 속에서 관계들을 확대해 가는 모습을 보여준다. 소수자 가운데 소수자라고 할 수 있는 성노동자의 자기 목소리를 들려주고 있다.

박이은실은 「양성애/여성의 횡단적주체성 실험 – 김경희 씨 이야기」에서 김경희 씨(가명)와의 인터뷰 내용을 발췌하여 재정리해 주고 있다. 이 글에서 우리의 눈을 끄는 대목은 김경희 씨의 개인적인 삶의 내력뿐만이 아니다. 이 글에서 확인하게 된 것 중의 하나는 개인의 관계서사는 그것을 말할 수 있고 인정받을 수 있는 사회문화적 조건이 형성되면 새롭게 재구성된다는 점이다. 그리고 제도에 의해 강제되지 않는 관계, 동등하고 자유로운 관계 안에서 정말 행복하다고 말하는 김경희 씨는 양성애적 주체성을 있는 그대로 인정받는 삶을 꿈꾸면서 가부장제 밖 그리고 자본주의 밖에서 이성애/남성 중심적 체제에 포섭되지 않는 삶의 가능성을 시도하고 있다. 김경희 씨의 이야기는 나는 누구인지, 관계가 무엇인지, 사랑이 무엇인지를 다시 질문하게 한다.

곽이경은 「노동하는 유령들, "우리는 어디에나 있습니다"」에서 일터에서 성소수자 노동자로 산다는 것에 대해 말한다. 사회적 편견 및 오명에 받는 스트레스, 게다가 일상적으로 해야 하는 거짓말, 혐오와 낙인 때문에 커밍아웃을 할 수 없는 처지 등등. 여성의 경우 레즈비언인 것이 문제가 아니라 여자같지 않다는 것이 문제된다. 더욱이 여성과 남성만 존재하는 직장에서 트랜스젠더는 화장실 사용, 유니폼 착용 등으로 고통을 겪고 있다. 동성애자들은 더욱이 가족 안에 들어가지 못하고 어른이 되지 못하는 사람으로 취급받는다. 가족을 이루어야 주어지는 직장의 갖가지 혜택에서 배제됨은 물론이다. 성소수자 당사자의 커밍아웃보다도 노동자들이 성소수자를 지지하는 캠페인을 일터에서 벌여 나갈 것을 촉구한다.

최수진은 「여성으로 살아가기 - 퀴어가 되길 두려워하는 퀴어」에서 남성에서 여성으로 전환하는 성전환자의 위태로운 살아가기를 드러낸다. 여성이 남성으로 되기보다 남성이 여성으로 되기가 더 눈에 띨까? 목소리를 가다듬고, 신발이며 옷들을 고르는 일. 되도록 눈에 띄지 않도록 하기 위해서. 더 예쁘게 보이기 위해서가 아니라 덜 이상해 보이기 위해서 말이다. 남성을 연기했던 어린 시절과 달리 이제 여성을 연기한다. 하지만 항상 자신을 남성과 여성이라는 이분법 안에서 설명하기는 힘들다. 남성과 여성을 횡단하는 퀴어(트랜스젠더)로서 퀴어(이상한 사람)가 되길 두려워하고 있다.

유정민석은 「제게 있지도 않지만 줘도 안 갖는 남성성을 거부합니다」에서 색다른 병역거부자의 모습을 드러낸다. '동성애자/여성주의자' 라는 '남다른 위치' 로 소개글을 연 그의 이야기는 단순한 수기가 아니라 군대, 학교, 감옥에 이르기까지 우리 사회의 여기 저기를 떠돌면서 감춰진 폐부를 들춰내는 묵묵한 증언처럼 들린다. 그것은 우리의 현실에서 일어날 법한 '이야기' 가 아니라 실제로 일어나고 있는 '사실' 이다. 그래서 우리는 이젠 애써 눈을 감으려 해도, 그들이 '있다' 는 사실을 더욱 명증하게 확인한다. 정의를 확신하고 강한 의지에 입각한 병역거부가 아니라 평화주의라는 추상적인 이념에서가 아니라, 젠더와 섹슈얼리티에 입각한 병역거부의 날개짓을 볼 수 있다. 관심병사가 전체 병사의 10%가 되어 가는 현실에서, 군대의 민주화는 유정민석 같은 여린 심성들이 이루어 나가는 것이라는 생각을 해 본다.

문학

문학작품으로는 먼저 장애인 소설을 실었다.

김미선은 「깊은 우물」에서 장애인 운동에 나섰던 사람들의 모습을 그리며 여러 가지 사유를 전개한다. 지체부자유 대학생 연합회인 샘물회 모임을 통해 함께 "대지를 디딜 힘이 달려서 늘 허덕이는 장애인이 널려 있는 땅 위를 마음 놓고 주저앉아 보지 못했다"는 역설을 발견한다. 육체에 고장이 난 사람들을 부실인간이라고 할 수 있는가? 육체를 싸고 있는 옷을 훌훌 벗어버린 맑은 정신은 가능한가? "사람은 결코 다른 사람을 알지 못한다. 다만 자신을 깊이 들여다봄으로써 다른 사람을 유추할 수 있을 뿐이다." 침묵의 깊은 우물 속으로 들어가 타인들을, 아니 자신을 보려 한다.

사회의 최하층을 대변하는 잡부의 시와 넝마주이의 삶을 그린 작품도 접할 수 있다. 스스로를 '잡부' 라 밝힌 남규원의 「도심 속의 일당 잡부」에서는 작금의 우리 문학이 포용하지 못하고 포용할 수도 없는 어떤 이명 같은 것이 들리는 듯하다. 특별히 그를 일러 '노동자 시인' 이라 하고 그의 글을 일러 '시 작품'이라고 할 필요가 있을까? 이른바 '공식적 문학장' 바깥의 언어들을 드러내는 그의 읊조림은 감성적인 것의 전혀 다른 언어적 분배 방식으로서 우리 사회의 '몫이 없는 자들'에게서 발화되고 개시되는 것이라 생각된다.

거의 중편에 해당하는 송경상의 「어둠으로 가는 길」은 핍진한 '넝마주이'의 삶을 탁월하게 묘사해 내고 있을 뿐 아니라, 그들의 모습을 통해 개별적 인간성을 보여준다. 1980년대 중반 실제 한 넝마주이의 삶을 거의 그대로 옮겨놓은 다큐멘터리라고 할 수 있는 작품이다. 이 작품은 넝마주이의 삶이 우리와 다른 삶이 아니라 우리와 같은 삶이라는 자각을 안겨 주며, 넝마주이 삶의 비극적 모습이 울컥 감동을 준다. 권력과 국가장치들이 최하층인 넝마주이들에게 가하는 다양한 폭력을 몸소 느낄 수 있다. 특히 작품에 나타난 다양한 은어는 '아직 폐기하기엔 사용가치가 있을' 수 있다고 생각된다.

이어서 '또 하나의(another)' 사랑을 찾아가는 성소수자들의 문학작품을 실었다. 정완은 「베사메무쵸」에서 이성애부부였던 한 남자가 다른 남자와 사랑에 빠져 이혼해 가며 새로운 사랑을 만들어가려는 이야기를 펼친다. 또 하나의 사랑? 아니 '진정한' 사랑이란다. 그러나 색다른 사랑으로의 이행은 녹록치가 않다.

레즈비언들의 이야기에 천착하고 있는 마오는 「그녀의 심장」에서 남성 중심적인 시선에서 벗어난 또 다른 사랑 이야기를 펼치고 있다. 레즈비언의 차별 등을 고발하는 문학을 넘어서 여성들끼리의 감미로운 사랑이야기로 마치 환상의 세계로 데려가 주는 것 같다.

다수자들은 자신들의 기준을 표준으로 내세우면서 다른 사람들에게 그것을 따르라고 강요한다. 소수자들은 자신들의 색다른 기준을 제시하면서 우리는 이렇게 다르게 살아간다고 알려 준다. 절대 강요하지 않는다. 이런 수많은 색다른 기준들이 오히려 사회를 풍부하게 하지 않을까?

2014년 6월

필자들을 대신해서 윤수종 씀

차례

4 책머리에

삶

15	**지적장애아 엄마**	너를 만나 참 나가 되는 길 • 공윤희
33	**이주자**	로넬 차크마 나니(줌머인)의 인권여정 • 로넬 차크마 나니·오경석
61	**공안수**	공안수의 감옥살이 • 김형주
81	**성노동자**	관계와 관계 • 혜 리
95	**횡단성애자**	양성애/여성의 횡단적 주체성 실험 • 박이은실
117	**성소수자**	노동하는 유령들, "우리는 어디에나 있습니다" • 곽이경
143	**MTF 트랜스젠더**	여성으로 살아가기 • 최수진
153	**병역거부자**	제게 있지도 않지만 줘도 안 갖는 남성성을 거부합니다 • 유정민석

문학

179	**장애인**	깊은 우물 • 김미선
197	**잡부**	도심 속의 일당잡부 • 남규원
219	**넝마주이**	어둠으로 가는 길 • 송경상
251	**게이**	베사메무쵸 • 정 완
269	**레즈비언**	그녀의 심장 • 마 모

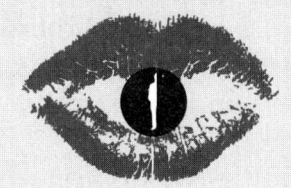

삶

지적장애아 엄마	너를 만나 참 나가 되는 길 • 공윤희
이주자	로넬 차크마 나니(줌머인)의 인권여정 • 로넬 차크마 나니·오경석
공안수	공안수의 감옥살이 • 김형주
성노동자	관계와 관계 • 혜 리
횡단성애자	양성애/여성의 횡단적 주체성 실험 • 박이은실
성소수자	노동하는 유령들, "우리는 어디에나 있습니다" • 곽이경
MTF 트랜스젠더	여성으로 살아가기 • 최수진
병역거부자	제게 있지도 않지만 줘도 안 갖는 남성성을 거부합니다 • 유정민석

너를 만나 참 나가 되는 길
— 다운증후군 아이를 기르며

공윤희*

    노처녀가 서른세 살에 결혼하여 멋도 모르고 첫아이를 갖게 되었을 때 아이는 그저 배만 아프면 낳는 걸로 알았다. 그런데 전혀 예상치도 않게 제왕절개수술을 받게 되다 보니 넉넉지 못한 형편에 수술비는 물론 산후조리까지, 짐을 전적으로 친정에 지울 수밖에 없었다. 누울 자리 보고 발 뻗는다고 앞으로 아이는 절대로 갖지 않겠다고 마음먹었다. 그런데 세월이 지나 첫째가 초등학교 1학년을 마쳐 갈 즈음되자 아이가 혼자 지낸다는 것은 아무래도 비인간적이란 생각을 떨쳐 버릴 수가 없었다. 게다가 언제부터인가 자꾸 아기를 품에 안고 싶다는 열망이 마음속에서 꿈틀대기 시작했다. 결국 첫아이 때와 별반 달라진 게 없는 처지임에도 불구하고 8년 전에 했던 각오 따위는 아랑곳없이 둘째를 낳게 되었다. 물론 첫째와 마찬가지로 어쩔 수 없이 또 수술을 받아야 했고, 당시 나이 마흔둘이었다.

    출산 후 병원에서 몸조리를 하고 있는 중이었는데, 어느 날 바로 옆에 놓

---

* 지적장애를 지닌 아이를 둔 엄마.

인 전화벨이 울렸다. 무심코 받아 보니 마침 나를 찾는 전화였다. 용건인즉, 아이의 피검사를 받아 보겠느냐고 묻는 것이었다. 순간 뭔가 잘못되었다는 걸 직감하고 "왜, 뭣 때문에 피검사가 필요한 건데요?"라고 되물었다. 검사 결과를 봐야 확실히 알겠지만 아이가 다운증후군[1] 의심이 가기 때문에 염색체검사를 해 보기 위한 것이란다. 실은 임신 5개월 때 노산이다 보니 담당의사로부터 양수검사를 받아볼 것을 권유받았다. 하지만 나는 아이를 꼭 갖고 싶어서 무조건 낳을 거니까 아이의 상태에 따라 이러고저러고 할 일이 아니라며 나 스스로에게 단호히 말했다. '설마, 내가 장애아를…?' 하는 생각도 스쳐 갔지만 어쨌든 의사의 말을 일언지하에 뿌리쳤다. 그런데 그게 내게 해당이 된다는 말인가? 어쩌다가 일이 이렇게 된 것일까? 암울함 속에 빠져 허우적대는 나의 속내는 같은 병실에 있는 다른 산모를 돌보던 보호자의 눈에 띄고 말았다. "애기 엄마는 왜 아들 낳고서 그리 수심에 찬 얼굴을 하고 있어요?"린 물음에 나는 아무 말도 할 수가 없었다. 소리 없이 치닫고 있는 당혹감과 수치심, 그리고 시작도 끝도 알 수 없는 슬픔으로 옥죄어드는 가슴 속을 그 어느 누구에게도 열어젖혀 보일 수가 없었다.

　퇴원을 하고 아이와 함께 집으로 돌아온 지 얼마 되어서 드디어 아이의 혈액 검사에 대한 결과를 알리는 우편물이 날아들었다. 아이는 염색체 이상인 다운증후군으로 판명되었고 불길한 예감은 여지없이 적중됐다. 내가 장애아를 낳다니! 그토록 원해서 낳은 아이인데… 아이의 얼굴을 대할 때마다 앞으로 어떤 삶을 살게 될지, 아이에 대한 연민과 번민, 그리고 실의에 빠져 나도 모르게 흐르는 눈물이 앞을 가리고 목구멍이 차올랐다. 그러다가도 아이가

---

1 **다운증후군(Down syndrome)** 염색체 이상으로 발생하는 질환으로 처음으로 특징을 기술한 영국인 의사인 John Langdon Down의 이름을 인용하여 명명하였다. 정상인은 염색체가 2개의 쌍으로 이루어져 있지만 다운증후군은 21번 염색체가 3개다. 이러한 염색체 이상으로 특징적인 외모와 행동 장애와 함께 70%에서 지능지수 20~40의 지능 저하가 있다. 또한 성장 속도가 느리고 행동 발달도 늦으며 특히 언어 발달이 늦다. 이 외에도 여러 의학적인 문제들이 동반된다. 출처, 인터넷 daum 건강지식,
http://k.daum.net/qna/item/view.html?svcorgid=_SDB&sobid=h_dise&itemid=H003452#item_1784

눈을 감고 포근히 자는 모습을 보면 지극히 '정상'으로 보였다. 그래서 스스로 안도감을 얻고자 자고 있는 아이의 얼굴 모습을 사진으로 연거푸 찍어댔다. 나온 사진들을 보니 진짜 이상한 티가 하나도 안 났다. 아이가 아무렇지도 않다는 것을 확인이라도 받을 양으로 괜찮은 걸로 몇 장씩 더 뽑아 여기저기 흩어져 사는 친정 식구들에게 일일이 우편으로 부치는 극성(?)도 마다하지 않았다. 하지만 이런 짓을 한들 무슨 소용이 있는가? 도대체 이 아이를 앞으로 어떻게 키워야 한단 말인가?

아이가 자람에 따라 그 미지의 세계에 대한 불안의 실체가 점차 드러나기 시작했다. 보통 아이들이 자연스럽게 익히고 배워가는 신체적, 정신적, 정서적, 감각적인 것과 함께 사회적인 것에 이르기까지 모든 발달이 내 아이에게서는 스스로 익혀지지 않고 지체되어 나타났다. 지적장애아를 돌본다는 것은 언제까지라도 아이로 머물러 있는 자녀를 양육하는 일로 다가왔다. 불현듯 30여 년 전, 초등학교 1학년 때 한 엄마가 내 아이와 비슷한 얼굴을 한 아들의 손을 잡고 교실에 들어서던 모습이 떠올랐다. 나는 그때 속으로 그 아이가 좀 이상하고 모자란다고 생각을 했던 것 같다. 그러나 그 아이의 장애가 다운증후군이란 것은 몰랐다. 그런데 지금 내 아이가 어렸을 때 봤던 그 아이와 똑같은 장애라니… 혹시 그때 그 아이를 봤다는 것 때문에 내가 이런 아이를 낳게 된 건가? 꼬리를 물고 일어나는 이런저런 부정적이고 제멋대로인 별의별 생각들은 홀로 감당해야 할 아이에 대한 양육부담과 겹쳐질 때면 알 수 없는 죄책감으로까지 번져 갔다.

언제까지 신세타령만 하며 마냥 주저앉아 있을 수는 없었다. 아이가 좀 자라자 유아교육조차 접할 기회가 없는 면소재지에서 벗어나 읍으로 나가 보기로 했다. 읍이라고 해 봐야 특수교육을 하는 곳이 한 군데도 없는 충청도 시골이었지만 '꿩 대신 닭'이라고 일반 유아원이라도 보내야겠다고 맘먹었다. 또래 아이들과 어울려 지내는 것만으로도 아이에게 자극과 도움이 되지 않을까라는 기대를 가졌다. 하루에 몇 번 다니지 않는 시외버스를 타고 오전에 아이를 유아원에 데려다 놓고 돌아와 오후에 끝날 때쯤 해서 다시 시간에 맞춰 버스를 타고 나가 아이를 집으로 데리고 왔다. 그러나 기대와는 달리 아이로부터 별 반응이 나타나지 않는 것 같았고 매일 4번씩 버스 시간에 맞춰 오가는 일이 여간 힘든 게 아니다 보니 그만두게 되었다. 다음은 면소재지도 아닌 강원도 산골짜기로 들어가 살게 되었는데 다행히 시로 나가면 특수교육을 하는 곳이 있다는 사실을 알게 되면서 그곳으로 일주일에 한 번씩 다녀오게 되었다. 일주일에 한 번, 그것도 얼마 되지 않는 짧은 시간동안 특수교육을 받기 위해 아이를 데리고 흙먼지 뒤집어쓰며 오가는 것 역시 쉽지 않았다. 과연 이렇게 하는 것이 아이에게 얼마나 도움이 될지, 갈 때마다 회의가 들었다.

특수교육을 제대로 받아보지 못한 갈증을 해소해 볼 기회가 뜻밖에 주어졌다. 큰아이의 대학 진학으로 인하여 서울로 이사 와서 살게 되면서 둘째가 처음으로 특수학교 조등과성에 입학한 것이다. 서울이란 데를 오니 오매불망 꿈꾸던 특수교육을 학교에서 뿐만 아니라 방과 후에도 받는 것이 가능했다. 이게 웬 떡인가 싶어서 아침에 아이를 학교에 데려다 놓고 집으로 와 잠시 숨돌리다 보면 어느새 점심 먹을 시간이 되어 한술 떠먹고 아이를 데리러 다시 학교로 갔다. 그 길로 아이를 복지관으로 데리고 가서 언어와 인지, 그리고 감각교육 등을 받게 하고 끝날 때까지 기다렸다가 저녁 지어먹을 때쯤 집으로 돌아왔다. 진작 어릴 때부터 받았어야 할 교육을 제대로 받지 못했으니 늦게나마 주어진 기회에 있는 힘을 다해서 뒷받침해 주는 것이 엄마로서 최선을 다하는 길이라고 생각했다. 그러나 아이 교육을 위한답시고 거의 온종일 매달려서 허구한 날을 지내다 보니 몸은 지쳐만 갔다. 뿐만 아니라 다람쥐 쳇바퀴 돌듯이 기계적으로 돌아가는 아이와의 생활에 대한 갈등과 허망함이 갈수록 깊어만 갔다.

그것은 우선 엄마와 아이의 관계에서 오는 것으로서 시골에 살 당시 특수교육과 관련된 책자를 하나 구하면서 집에서 아이를 직접 가르쳤을 때 경험한 첫 좌절감과도 맞닿아 있었다. 언어교육의 하나로 예를 들어, '여기'란 낱말을 가르치는데 아이가 함께 찍힌 가족사진을 아이에게 보여주면서 "주경이, 어디 있니?"라고 물은 다음, 직접 손가락으로 사진 속의 아이 자신을 가리키면서 "여기"라고 답해 주는 것이다. 물론 이때 처음부터 아이가 "여기"라고 답하는 것을 기대할 수 없으므로 엄마가 구체적인 지시와 함께 같은 질문과 답을 되풀이해 줌으로써 언젠가는 아이로부터 "여기"라는 반응이 나오도록 유도하는 방식이었다. 매일 조금씩 연습해 보았는데 한 일주일쯤 되었을까, 아이의 입에서 불쑥 "여기!"란 말이 튀어나왔다. 그때의 황홀한 기분이란 온 세상천지를 날아다닐 것 같은 그런 것이었다.

첫 번째 시도에 재미를 단단히 본 터라 그 다음은 인지 쪽으로 넘어갔다. 이번에는 '위', '아래'를 구분하는 것으로서 책상 위에 가위를 올려놓았다 내려놓으면서 구분하도록 지도하는 것인데 잘 되질 않았다. 아이가 맞히기도 했다가 틀리기를 되풀이하는데 마지막엔 '얘가 사람을 갖고 놀리나?' 라는 생각이 들었다. 순간 손에 들고 있던 자로 있는 힘을 다해 책상 위를 내리쳤다. 그간 아이와의 생활에서 쌓여 있던 긴장과 화가 더 이상 견디지 못하고 폭발하고 만 것이었다. 아이 역시 발작에 가까운 엄마의 모습에 충격을 받았고 다시는 엄마와 마주 앉으려 하질 않았다. 그 이후로 집에서의 교육을 아예 접게 되었다.

또 한 번은 아이가 커서 학교에서 숫자를 배워 읽을 수 있게 되자 욕심이 나서 숫자 개념 익히기를 시도해 보았다. 먼저 1자 카드를 내보이면서 "하나~" 하고 말하면서 귤 하나를 집어 보인다. 이어서 아이에게 1자 카드를 보인 후, 그 숫자에 맞춰서 귤을 집어보도록 하는 것이었다. 이것 역시 하나, 둘까지는 되는 거 같다가도 셋에 이르러서는 더 이상 나가질 못했다. 아이가 세상을 살아갈 때 필요하다고 여겨지는 최소한의 것들을 이해시키려고 아무리 애써 봐야 뜻대로 되질 않았다. '정상인'으로 살아온 엄마로서 여태껏 익혀온 삶의 방식과 가치관이 여지없이 벽에 부딪히고 허물어지기 일쑤였다. 그러다 보니 아이의 존재가 부담과 짐으로 다가왔고 점점 아이는 엄마로부터 전문가에게 맡겨졌다. 이런 상황에서 엄마로서 아이와의 관계에서 느껴지는 소외는 물론, 친구 하나 없이 지내는 자식의 모습에서 때로 밀려드는 사회적 고립감은 뼈에 사무칠 정도였다.

이 지경에 이르게 되자 아이를 위한 그 어떤 노력도 더 이상 해 볼 의욕 자체를 상실하게 되었다. 심신의 진액이 다 빠져 방바닥에 뻗고 있노라면 한숨이 나왔다. 그때 그 속에 섞여 나오는 소리가 있었다. '아, 이렇게 사는 거는 사는 게 아닌데… 과연 어떻게 사는 게 인간다운 걸까?' 그런데 그즈음에 전혀 예기치 않게 미국에 계신 친정엄마로부터 아이를 데리고 미국으로 들어와 보라는 제안이 왔다. 구차한 살림에 아이를 데리고 씨름하는 딸의 처지가 못내 안쓰러웠던지 아이와 함께 둘이 미국서 살 길이 없는지 한번 알아보자는 것이었다.

처음부터 미국행은 답이 될 수 없음을 나는 직감했다. 직업상 지방에서 지내야 하는 남편도 그렇지만 서울서 학업을 계속해야 하는 큰아이는 어쩌고 두 식구만 따로 미국이란 데를 가서 산다는 건지, 도무지 상상할 수 없는 일이었다. 하지만 엄마와 가까이에 사는 여동생은 서로 뜻이 맞아 미국행을 종용했다. 가서 보니 미국이란 나라는 들던 대로 장애인의 천국이란 면이 있긴 있었다. 당시 방문자의 자격일지라도 아이는 당장 교육을 포함한 모든 혜택을 무료로 받도록 장애제도가 법적으로 보장되어 있었다. 하지만 아이를 돌봐야 할 엄마가 불법이 아닌 상태로 미국에 머물 길은 없었다. 이런 결말 앞에서 미국 체류를 고집하는 가족이 하나도 없게 되어서 다행이었지만, 원래 미국행을 달가워하지 않던 나는 더욱 허탈해진 마음을 안고 돌아왔다.

절벽 끝에 다다른 사람보고 뛰어내리라고 밀쳐서 어쩔 수 없이 뛰어내렸더니 그야말로 망망대해였다. 이제부터 무엇으로 어떻게 살아야 하나? 미국으로 가기 전 온 심신을 짓누르던 절망감과 함께 그간 머릿속에서 맴돌던 생각들이 새삼 떠오르기 시작했다. 아이와의 삶에서 느껴지는 이 막막한 고독

감을 어떻게 하나? 아이에 대한 부담과 짐을 대신 맡아줄 사람이 이 세상천지 어디에 좀 없을까? 이 수렁에서 어떻게 빠져나오나? 너무도 절박한 심정에 한 겨울이었던 그때 누구라도 마주칠까 봐 꼭두새벽에 일어나 집 아래쪽 동네 어귀에 있는 교회로 내리달려갔다. 그리곤 불기운 하나 없이 차디찬 교회 의자에 앉아 전깃불도 켜지 않은 채 하염없이 앉아 있곤 했다.

그런데 아이를 키우면서 참으로 알 수 없는 일이 있었다. 어쩌다 엄마가 형이랑 시비를 따지느라 서로 큰 소리로 다투거나 하면 아이는 영락없이 형 이름을 (제 딴에는) 호통치듯, 아니면 근엄하게 불렀다. 그러면 마구 날뛰던 형은 제 이름을 그런 식으로 부르는 동생 앞에서 신기하게도 기세가 한풀 꺾여서 그만 입을 다물었다. 또 엄마가 모처럼 서울 올라온 아빠랑 심각한 분위기에서 얘기를 나누던 끝에 눈물이라도 보일 양이면 아이는 근심스러운 얼굴로 옆으로 다가와 말없이 어깨를 어루만져줬다. 그럴 때면 나는 "엄마, 내가 엄마 심정 다 알아. 엄마, 그래도 엄마가 참아~"라는 무언의 말을 아이로부터 들으며 한없는 위로를 받았다. 오가는 말을 제대로 알아듣지도 못하고 자신의 생각을 표현은 커녕 발음도 제대로 못하는 아이가, 사람 구실도 제대로 못하는 존재로 치부되는 아이가 어떻게 이럴 수 있는 것일까?

생각이 그에 미치자, 과연 '인간이란 무엇인가?'라는 질문에 맞닥뜨리게 되었다. 무언가 아이의 존재에 그 열쇠가 들어 있을 거 같다는 생각이 어렴풋이 들었다. '그렇다, 본격적으로 이 질문의 답을 찾아 나서는 거다!' 이제 이 도전을 받아들이는 것 말고는 더 이상 살아갈 힘이 나올 길이 없다는 확신마저 들었다. 그렇지만 장애를 가진 아이가 있는데 공부를 시작하다니 미친 짓이 아닌가라는 부대낌도 만만찮았다. 다행히 미국을 다녀온 끝이라 형제들과 조카, 그리고 엄마로부터 받은 돈이 있어 모아 보니 일단 시작해 볼 엄두가 났고 미래를 알 수 없는 계획에 나 자신을 던지기로 했다.

학문이라곤 제대로 해 본 적이 없는 사람이, 그것도 장애를 가진 아이를 둔 처지에서 하려니 아이에 대한 부담감이 배가되었다. 아이와 소소한 시간을 가져야겠다는 바람과 조금이라도 시간이 나면 내 시간을 갖기에 급급한 현실 간의 간극에서 오는 압박이 엄청났다. 마치 일꾼들에게 가야 할 품삯을 주지 않고 가로채는 악덕 기업주가 양심에 찔리는 것과 같았다. 한편 공부를 해 가다 보니 아이를 특수학교에서 일반학교로 옮겨야겠다는 생각이 점점 굳어갔다. 그러나 주위로부터의 염려와 빈축은 나를 겁먹게 하기에 충분했다. "아이가 엄청난 스트레스는 말할 것도 없고 때론 폭력에까지 노출될지도 모를 일인데, 무슨 엄마가 아이를 데리고 실험할 일이 있느냐?"고. 나 자신도 특수교육에 매달려 온 그간의 세월을 뒤로하고 새로운 시도를 하려니 불안한 마음이 들긴 매한가지였다.

그러나 공부는 뭣 때문에 하는 건데, 아는 것 따로 삶 따로 갈 수는 없는 노릇 아닌가? 늦은 나이에 시작한 공부는, 특수한 상황이 배제됨이 없이 인정되되 일반적이고 보편적인 것에 포괄되어 함께 가는 것이 희망이라는 걸 알게 해 줬다. 장애를 지닌 아이들을 사회로부터 분리하여 그들끼리만 있게 하는 환경은 아무리 봐도 폐쇄적이며 활력이 없어 보였고 그런 점에서 비인간적이었다. 특수교육 자체를 부정하는 것은 아니지만, 그것이 최우선되거나 더군다나 전부가 될 수는 없었다. 또한 특수학교를 다니는 한 모든 것이 보호되고 울타리 쳐진 환경이다 보니 아이가 살아가는 데 사회적으로 기본적인 것들을 익힐 필요도 기회도 주어지지 않았다.

예를 들어 아이와 함께 횡단보도를 건너면서 수도 없이 "신호등 불빛을 잘 봐야지~ 지금은 빨강색이니까 서 있자~ 지금은 초록색이니까 가야지?"라고 말해 봐야 아이는 모든 걸 다 해 줘 온 엄마와 같이 있는 한, 집중해서 듣지도 보지도 않았다. 아이는 끝없는 반복을 통해서 조금씩 익히고 알아가되 그 과정에서 스스로가 뭔가 필요성을 느낄 때 익히는 법이 아닌가? 그러나 엄마가 일방적으로 가르치려 할 때 아이는 무관심과 무반응을 보일 뿐이며, 그러다 보면 사람이 지쳐서 나가떨어진다. 아무튼 지금껏 온상에서 키워 오던 아이를 사회로 합류시킨다는 것은 아이를 앞세우고 세상과 맞부딪치며 가는 모험으로서 위험부담이 따르는 일임에는 틀림없었다. 그러나 길 건너가는 일 하나를 배우기 위해서라도 환경이 바뀌지 않는 한 나와 아이의 삶에 근원적인 변화란 있을 수 없다는 결론이 내려졌다. 동시에 아이의 장애가 중증이면 중증일수록 오히려 더 세상 쪽으로 나감으로써 사람들에게도 이런 아이의 존재가 알려질 필요가 있다는 생각에 이르렀다.

당시 아이는 중2로 올라가는 시점이었는데 특수학교를 떠나는 결정도 쉽지 않았지만 일반학교로 전학하는 과정 또한 시련이었다. 교장선생님의 확고한 논리는 우선, 지금껏 일반학교에서 특수학교로 전학 간 경우는 있어도 거꾸로 전학 오는 경우는 없었다는 것이었다. 다음은 만일의 사태가 벌어졌을 경우, 아이가 받은 피해나 상해가 누구에 의해서 어떻게 일어났는지 스스로 설명하지 못할 때 학교 측으로서는 책임질 수가 없기 때문에 허락할 수 없다는 것이었다. 나는 교장선생님에게 뭔가 나름대로 설명하느라 애를 써 보았지만 그녀의 요지부동한 태도에 그만 울음이 북받쳐 올라와 더 이상 할 말을 잃고 물러날 수밖에 없었다. 있는 그대로의 현실을 바탕으로 한 그녀의 강력한 주장에 맞서 그녀를 설득시킬 능력이 내겐 없었던 것이다.

집에 와서 곰곰이 생각해 보니 도저히 이대로 주저앉아 버릴 수는 없었다. 다시 마음을 추스르니 용기가 났고 학교로 가서 그녀 앞으로 편지를 냈다. 아이가 전학하고자 함은 우리만을 위한 것이 아니다. 우리 아이로 인하여 다른 아이들도 받게 될 무언가가 있게 될 것이다. 그것은, 다른 게 아니라 엄마인 내 자신이 아이로부터 받게 된 그 도전, 곧 '인간이란 무엇이며 과연 사람다운 것이 무엇인지?'에 관한 것이다. 그런데 그것은 아이들이 서로 함께 학교생활을 할 때 비로소 얻어지는 것이다. 만일 아이의 전학이 허락되지 않는다면 그 기회가 교장선생님으로 인하여 박탈될 것이라는 요점이었다. 이런 내용의 편지를 그녀가 어떻게 받아들였는지는 알 도리가 없었지만 감격스럽게도 아이의 전학은 받아들여졌다. 단, 유사시 학교 측에 그 어떤 책임도 묻지 않겠다는 각서를 쓰는 조건과 함께.

남은 2년간의 중등과정은 아이는 말할 것도 없고 엄마인 내게도 새로운 환경에 적응하느라 긴장감을 늦출 수 없는 피곤한 나날이었다. 그런 가운데서도 미세한 변화는 일어났다. 처음에는 등, 하교 모두 도우미 아줌마와 함께 다니기 시작했는데 나중에는 아침에 집 바로 앞의 정류장에서 아이를 혼자 버스에 태워 보냈다. 10여 분 후, 자기 스스로 지정된 곳에 내려 미리 대기 중인 도우미 아줌마를 만나 함께 걸어서 번잡한 시가와 상가를 거쳐 학교에 갈 정도가 되었다. 때로 학교를 방문할 일이 있어서 아이와 함께 운동장을 지나다 보면 어디선가 "주경아~!"라고 반갑게 인사를 건네는 목소리가 귓가를 스쳤다. 그때마다 그 아이들이 얼마나 고마웠는지, 또 그 소리는 얼마나 달콤했는지! 사실, 말이 통합교육이지 경쟁과 입시위주로 가는 한국의 교육현장에서 서로 소속감을 가질 정도의 진정한 통합을 기대하기는 어렵다는 것은 예상한 바였다. 그렇더라도 자그마한 기대와 희망은 있었기에 아이들의 그런 반응에 엄마로서 갖는 행복감은 비록 부스러기일지라도 깨소금 맛이었다. 교장선생님의 비장의 카드(각서)는 끝내 무용지물이 되고 말았다.

아이가 고등학교로 올라가자 얼마간 내가 직접 아이를 등교시켜야 할 때가 있었다. 아침에 함께 버스 정류장에 나가보면 중학교 때와는 달리 대로변에서 가까운 데로 이사를 와서 그런지 언제부터인가 같은 학교 아이들이 여럿 서 있는 것이 눈에 들어왔다. 그때 '아이가 또래하고 같이 학교를 다니면 얼마나 좋을까?'라는 생각이 퍼뜩 스쳐갔다. 머뭇거리는 마음도 들었지만 그래도 한번 실행해 보기로 했다. 며칠에 걸쳐서 이 애 저 애한테 "너, 얘랑 같이 학교 좀 다녀볼래?"라고 물으며 의중을 떠봤다. 아이가 남자아이다보니 당연히 남학생들이 우선순위였는데 하나같이 사람 말에 상대조차 해 주지 않았다. 뜻밖의 낭패에 할 수 없이 여자 아이들을 탐색하게 되었는데 그중 의젓하고 속이 단단해 보이는 한 여학생이 흔쾌히 승낙해줘서 둘은 그날부터 곧바로 함께 등교하게 되었다.

아이가 아침에 학교 가기 싫어서 이부자리에서 늑장을 부릴 때면 "너, 하빈이랑 학교 같이 갈 거야, 안 갈 거야?" 하고 운을 떼 본다. 그러면 금방 "하빈이?" 하면서 아이의 얼굴에 갑자기 미소가 번지면서 등교 준비가 활기에 차곤 했다. 하루는 정류장에서 아이를 넘겨주고 헤어지려는데 아이 교복과 이셔츠의 넥타이가 비뚤어졌는지 하빈이가 두 손으로 매만져 주는 것이었다. 무슨 영문인지도 모르고 상반신과 함께 목을 멀거니 내밀고 서 있는 아이나 출근 시간이라 주변에 사람들도 많았는데 아무렇지도 않게 넥타이를 바로잡아 주는 하빈이의 천연덕스러운 모습에 가슴이 어찌나 뿌듯해지던지…

아침 등교 시간은 아주 짧았지만 하빈이와의 동행은 아이의 존재가 다른 차원으로 드러나는 계기가 되었다. 나는 여태껏 아이가 누구와 함께 있으면서 그토록 환한 얼굴을 하고 말이 통하든 않든, 키득거리면서 때론 들뜨면서까지 좋아하는 모습을 본 적이 없었다. 언젠가는 둘이 버스에서 내렸는데 지각할 것 같아서 하빈이가 뛰자고 했단다. 그런데 아이가 자꾸 뒤처져서 보니까 예쁘게 생긴 여학생을 쳐다보느라 자기가 아무리 잡아당겨도 듣지 않아서 속상해서 때려 주고 싶었다는 것이었다. 그 말에 "그럼 왜 좀 때려 주지 그랬니?" 하고 맞장구를 쳐줬는데 그러자마자 터져 나오는 웃음을 참을 수가 없었다. 처음엔 그 장면이 떠올라서 웃기 시작했는데 계속 웃다 보니 어느 샌가 나도 모르게 얼마나 깊은 행복감에 젖어들게 되던지… 아마도 인간으로서 누릴 수 있는 최고의 행복감이란 게 있다면, 바로 이런 게 아닐까 싶었다. 서로 제 속을 다 드러내 놓으면서도 대등하게 관계하며 행동하고 있는 두 아이 사이는 장애, 비장애의 구별 없이 그야말로 친구관계였다.

도대체 어떻게 해서 이 관계가 가능한 것일까? 둘은 말도 제대로 통하지 않는데다 지능의 격차 또한 현저해서 서로 나눌 수 있는 영역이 극히 제한되어 있는데… 궁금한 나머지 한번은 하빈이에게 물어봤다. "너 처음에 어떻게 해서 주경이랑 같이 다닐 생각을 하게 된 거니?" 하빈이의 답은 다음과 같았다. "진짜 아무 생각 없이 주경이와 같이 좀 등교해 달라고 하실 때요, 저는 그냥 당연히 하는 거 아닌가? 라고 생각을 했는데요, 제 주위 친구들이 저랑 주경이랑 같이 다니는 거 보고 저보고 대단하대요. 그래서 뭐가 대단하다는 거냐고 했더니 애들이 주위 신경이, 주위 사람들 시선이 전혀 신경 쓰이지 않느냐는데… 저는 처음에는 진짜 그런 생각도 없었어요. 저는 별로 그쪽에 거부감 같은 게 없거든요. 뭐, 저는 전혀… 그래서 당연한 건 줄 알았는데 애들 말 듣고 아, 진짜 저렇게 생각할 수도 있겠구나, 하고 생각을 했었어요. 그런데 애들 말 듣고 나니까 그때 좀 의식이 되긴 하더라구요. 그래도 전 좋았어요, 그렇게 도울 수 있다는 게."

 마지막에 도울 수 있어서 좋았다는 말이 나오지만, 사실 하빈이는 처음부터 도우려한 것도 아니었다. 본인의 말대로 '아무 생각 없이', '그냥 당연히 하는' 걸로 시작된 일이었다. 사람들은 주경이와 같이 지적 장애를 지닌 사람을 대하게 될 때, 일단 시선을 주게 된다. 그러다 보니 그 친구들처럼 주위 시선에 신경이 쓰인 나머지 같이 다닌다는 생각은 상상조차 못할 일이다. 물론 나중에 '애들 말 듣고 나니 그때 좀 의식이 되긴 했다'고 덧붙였지만 하빈이는 달랐다. 남들과 다른 외모에 대해 차별함이 없이 또한 아이의 상태 여하를 알려고도 하지 않았다. 더욱이 누구를 돕는다는 목적의식 같은 것도 없이 그야말로 '아무 생각 없이' 사람을 대했고 그래서 또 한 사람(엄마)의 부탁을 받아들인 것이다. 하빈이에게는 자기중심적인 그 어떤 계산이나 판단이 일체 없이 상대방의 요청에 '그냥 당연히' 응하는 방식, 곧 '자기 비움'이 있었다. 이것이 주경이를 떠받들고 있었고 그래서 둘의 관계가 가능한 것이었다.

 이러한 '자기 비움'의 모습을 주경이에게서도 볼 수 있었다. "주경이를 보면서 닮고 싶다고 생각한 게 있었어요. 되게 주경이가 밝은데 특히 저는 누구한테 먼저 인사하는 거 잘 못해요. 성격도 좀 소심하고 쑥스러움이 많아서… 근데 주경이는 항상 저만 보고 그러면 막 굉장히 밝게 인사를 해 주더라구요. 가끔 가다 보면 되게 밝게 웃어줘서 되게 기분이 좋아요. 그래서 나도 저렇게 애들한테 한번 환하게 웃으면서 인사하면 좋겠다… 저렇게 잘 반기는데 왜 애들은 좀 이렇게 단순히 애가 이상하다구 이상한 시선으로 보는데… 전 좀 이해가 안 갔어요. 사람들이 보는 거 말고 그냥 마음으로 다가갔으면 좋겠어요."

사람이 '되게 밝게', '환하게' 사람을 그토록 반기고 환영한다는 거야말로 자기가 완전히 빈 상태가 아니고선 하기 어려운 일 아닌가? 하빈이는 주경이의 이런 모습을 닮고 싶다며 부러워하기까지 한다. 그런 점에서 주경이의 '자기 비움'은 좀 더 근원적인 것으로 보인다. 어쨌거나 너와 내가 하나 된 관계에 놓인 데서 오는 기쁨과 행복감이 하빈이의 말에서도 묻어난다. 하빈이가 주경이의 존재를 떠받들고 있듯이 주경이 역시 하빈이의 존재를 떠받들고 있으며, 그 연결고리는 '자기 비움'이라는 것을 알 수 있다.

지적장애 1급인 아이는 거의 전 생애에 걸쳐 자기의 뜻을 주장하거나 무엇을 계획하는 등, 어떤 목적의식을 갖고 행위를 하는 일이 없다. 엄마 혹은 다른 사람이 이끄는 대로 살아갈 뿐이다. 엄마 손에 이끌려 학교 가기 위해서 버스를 타러 나왔다가 졸지에 엄마의 뜻에 따라 하빈이랑 같이 등교를 하게 된 것이 한 예이다. 아이는 자아정체성 없이 전적으로 타인에게 의존하지 않고는 생존할 수 없는 존재로서 그 존재 방식 자체가 '자기 비움'이라고 볼 수 있다. 그렇기 때문에 엄마의 의도적인 행위를 통해서 하빈이와의 우정을 누릴 게 되었다는 점에서는 엄마 역시 아이의 삶을 떠받들고 있는 존재라고 볼 수 있다. 그런데 아이가 '자기 비움'의 열매인 우정을 통해서 인간으로서 누릴 수 있는 최고의 행복을 엄마에게 되돌려줄 때 아이의 존재론적 '자기 비움'은 엄마의 삶을 떠받들고 있는 핵심이라고 볼 수 있다. 소위 '정상인'들과는 달리 자신의 존재 자체로서 의존적이고 관계적인 인간 본연의 모습을 드러내는 아이의 '자기 비움'은 엄마로서는 도저히 흉내 내고 따라갈 수도 없는, 그저 놀랍고 감탄할 수밖에 없는 것이다.

아이의 비이성적이고 관계적인 이러한 '자기 비움'은 그야말로 천부적인 것이다. 여기에서 천부적이란 말은 배워서 되는 것이 아니라 인간 본연의 것으로 타고났다는 의미이다. 그렇지 않고서야 중증 지적장애를 지닌 아이가 이런 식으로 존재한다는 것이 가능하지 않았을 것이다. 바로 그런 점에서 이 방식은 우리가 인간이라면 누구라도 다 선물로 받고 태어난 방식이기도 하다. 그러나 우리는 이 방식을 무시하거나 외면하면서 잊거나 아니면 아예 잃어버린 듯이 대부분의 시간 동안 이성중심적이며 관계 대신 자기중심적으로, 또한 그런 의미에서 인위적으로 살아간다. 물론 후자의 방식 또한 인간이 지금껏 쌓아서 누려 온 모든 문명과 문화의 기반이 되어 온 것으로서, 이를 통해서 우리가 누리는 행복들 또한 가치 있고 소중한 것임을 부정할 수 없다. 그러나 전자인 '자기 비움'의 방식이 인간이 누릴 수 있는 최고의 행복으로 우리를 인도해 준다는 것이다.[2]

이 지점에서 과연 인간답게 사는 것이 무엇인지, '인간되기'가 무엇인지가 드러난다. '인간되기'란 '자기 비움'을 통해서 서로 하나된 관계에 놓이는 것임을, 아이의 존재는 내게 가르쳐 주었다! 사랑이든 우정이든 무엇으로 불리든 간에 그와 같은 관계 속에 놓일 때 인간은 인간으로서 누릴 수 있는 최고의 행복이자 선,[3] 그리고 자유[4]에 이를 수 있다. 아이는 진작부터 인간에 관한 이 진리를 알고 있었다. 그러나 눈에 드러나 보이는 능력과 발전, 그리고 성취를 우선적으로 인정하고 추구하는 관점에 의하면 중증 지적장애를 지닌 사람은 잘해야 삼류, 아니면 아예 인간 축에도 못 든다. 아이의 장애가 어떻든 나아지고 변화되기만을 바란 나머지 숨 돌릴 겨를도 없이 특수교육에 매달려 온 엄마 역시 아이를 재촉하며 갈등과 긴장이 가득한 삶을 살 수밖에 없었다. 아이는 늘 엄마가 이끄는 대로 끌려왔지만 말없이 존재적으로

---

[2] Hans S. Reinders, *Receiving the Gift of Friendship: Profound Disability, Theological Anthropology, and Ethics* (William B. Eerdmans Publishing Co. Grand Rapids, Michigan/ Cambridge, U. K. 2008), 제 7장 "하느님과 인간 존재에 관한 삼위일체 개념" (pp. 227~275.) 참조.
[3] 위의 책, 제 4장 "중증 장애와 선에 대한 탐구" (pp. 123~155.) 참조.
[4] 위의 책, 제 7장 5절 "John D. Zizioulas의 공헌" (pp. 252~260.) 참조.

엄마에게 항변하고 있었다. 여태껏 향해 가던 그 방향으로부터 돌아서라고, 그리고 자기와 함께 있자고…

예전에는 아이에게 무언가를 이해시키거나 양해를 구해야 할 상황이 되면 엄마 말을 이해하지도 못하는 아이가 따라주지 않고 고집을 피울까 봐 지레 긴장이 되곤 했는데 이제는 아이의 얼굴이 엄마 눈에 들어온다. 아이가 좋아하는 영화도 함께 보러 가고 수영도 함께 가기로 하는데 때로는 엄마나 혹은 그 외의 사정상 도저히 약속대로 할 수 없는 경우가 있다. 그러면 아이가 이해하든 못하든 나름대로 사정을 말하면 아이는 충분히 받아들인다. 영화를 보든 수영을 하든 친척집을 방문하든 아이와 엄마가 함께 마음이 통해 인간답게 사는 데 재미를 붙이다 보니 관계하기가 훨씬 수월해졌다.

그렇게 해서 보게 된 영화를 꼽아보자면 오래된 것으로 〈집으로〉, 〈워낭소리〉, 그리고 〈라이프 오브 파이〉, 〈7번방의 손님〉, 최근에는 〈변호인〉, 〈소원이〉 같은 걸 예로 들 수 있다. 자막은 물론 말도 이해하지 못하는 아이가 이런 영화들을 어떻게 이해하고 좋아하는 것인지, 도무지 알 길이 없다. 물론, 아이의 취향을 안다고 하는 엄마가 선택한 영화라도 때로 예상이 빗나가서 별로인 경우도 있다. 하지만 자기가 인상 깊게 본 이런 영화들의 경우 한 번 보고 나서 다시 그 영화를 보러 가자며 조른다, 〈7번방의 손님〉은 〈아빠, 동생〉으로, 〈변호인〉은 〈아저씨〉로 일컬으면서.

어쩌다가 아이의 소원대로 한 번 더 본 적도 있는데 그래도 또 요구를 하면 그때는 엄마의 이성이 작동될 수밖에 없다. 한번은 "주경아, 지금은 안 되고 한참 있으면 이 영화 다운받아서 집에서 볼 수 있거든? 기다렸다가 그때 컴퓨터로 보자, 응?" 하고 타일렀더니 알았다는 반응을 보였다. 아이는 엄마가 하는 말을 일일이 이해한다기보다는 엄마와 자신과의 관계로부터 엄마 말을 통째로 아니, 엄마의 존재 자체를 전적으로 받아들임으로써 상황을 이해하고 수락하는 것 같다. 그럴 때마다 아이에게 고마움을 느끼며 엄마로서 행복감에 젖는다. 그러나 엄마가 제 할 일만 일이라고 몰두하게 될 때면 아이는 꽤나 오랜 시간 견뎌 낸 끝에 엄마보고 멈춰 서서 자기를 보라며 어떤 식으로든 신호를 보낸다. '자기 비움'으로 작동되는 하나된 관계 안에 함께 있자고. 그런 점에서 우리는 서로 떠받들어 주면서도 브레이크의 역할을 해 주는 관계이다. 다른 사람들의 관계에서처럼. 아무튼 이 세상에는 맘만 먹고 시간만 들인다면 아이와 함께 행복하게 될 일이 얼마든지 있다. 다만 하던 공부를 마감해야 할 처지에 놓인 엄마로서 아직도 맘을 더 내지 못하고 시간을 더 내지 못하는 문제가 있을 따름이다.

아이 때문에 하게 된 공부는 이외에도 내게 인간의 장애에 대해 이전과는 다른 관점을 갖게 해 줬다. 장애는 그야말로 우발적인 것이며 자연스러운 것이다. 그런데 이 지구상의 자연 속에는 다스려지기 어려운 물질의 성질이 있어서 모든 것이 질서정연하게 돌아가는 것만은 아니다. 따라서 돌연변이로 인한 다운증후군과 같은 선천적인 장애가 나올 수 있고 또한 사고나 재해로 인한 후천적인 장애도 발생할 수 있는데 어쨌든 장애란 자연의 인과 법칙상 일어나는 일이다.

그러나 인류 역사를 훑어보면 개인과 공동체의 발전과 성취에 거침돌이 되는 인간의 장애는 고쳐져야 하고 심지어는 장애를 지닌 존재 자체가 치워져야 할 대상이 되어 왔다. 마치 인간이 거추장스러운 자연을 없애 버리고 편안하고 말끔한 문명으로 대체하고 재편성하듯이. 그러면서 인간의 장애는 죄와 부정(저주) 또는 수치로 낙인 되어 왔고, 그 뿌리는 유사 이래 인간의 존엄과 평등을 운운하는 오늘날에 와서도 쉬이 뽑히지 않고 견고하게 자리 잡게 되었다. 아무리 장애제도가 법적으로 개선되더라도 사람들이 장애를 지닌 사람을 향해 보내는 시선 자체를 막을 도리가 없는 현실이 바로 그것이다. 또한 장애운동 안에서도 제 목소리를 내지 못하는 중증지적장애를 지닌 사람의 존재는 다시 차별받고 누락된다. 그리하여 한다하는 미국에서조차 "우리 아이는 ADA법[5]이 주는 모든 혜택을 다 누려도 지금껏 친구 하나 없다"[6]며 다운증후군을 지닌 아들의 신세를 푸념하는 엄마가 있다.

내게 있어서 '과연 사람답게 사는 것이 무엇일까?', '인간이란 무엇일까?' 라는 물음은 아이의 존재로 인하여 던져진 도전이었다. 하지만 돌이켜 보니 이는 이미 인생에 대해 뭔가 골똘히 생각을 하게 된 나이 때부터 늘 내 가슴속에 들어 있던 물음이었다. 이제 아이의 존재를 통해서 비로소 답을 얻은 엄마로서 자신과 사람들의 의식 속에 여전히 뿌리 뽑히지 않은 채 남아 있는 인간에 대한 오해, 장애에 대한 부정적인 인식에 맞서서 걸어온 길을 계속 가야 한다. 비록 그 길에서 여태껏 달고 살아온 고독과 좌절을 또 마주치더라도 '자기 비움'으로 나보다 항상 앞서 있어 온 아이를 잘 따라가는 한, 다시 일어설 수 있을 것이다. 왜냐하면 그때 그 길은 비록 소수일지라도 주위 사람들과 함께함으로써 더욱 충만한 삶에 다다르는 길과 맞닿으리라는 것을 믿기에.

아이가 고3에 올라가서 새로운 담임선생님과 처음으로 인사를 나누게 되었다. 선생님은 내게 아이와의 관계가 어떻게 되느냐고 물으셨다. 엄마라고 하기엔 너무 나이가 많아 보였기 때문이었다. 시골에 살 때 처음 아이를 업고서 노상 다니는 동네 우체국에 갔을 때도 직원이 아이가 누구냐고 물었다. 그래서 아들이라고 했더니 곧이듣질 않았던 터라 선생님의 질문이 터무니없지는 않았다. 그렇게 늦은 나이에 무슨 곡절인지 가슴에 아이를 품고 싶어서 낳은 아이가 나이 들어가는 어미를 갈수록 품어 주고 의지가 되어 준다. 운신하는 것이 점점 힘들어져 가지만 아이로부터 생명을 되받아서 살아갈 힘을 얻는다. 여느 나이 들어가는 엄마들처럼.

---

5 **ADA(Americans with Disabilities Act)법** 미국장애인법. 이 법은 장애를 근거로 한 차별의 명백하고 종합적인 금지를 확립하기 위하여 1990년 미국에서 제정되었다.
6 앞의 책, p. 43에서 재인용.

로넬 차크마 나니의 인권 여정[1]
– Ronel Chakma Nani's journey to human rights

로넬 차크마 나니·오경석

초록 언덕

나는 방글라데시 치타공 출신의 줌머족 로넬 차크마 나니이다. 방글라데시에서 우리 줌머(Jumma)인들은 '언덕의 사람들'이라고 불린다. 우리가 방글라데시의 남동쪽 고산지대에 살기 때문이다. 그곳은 치타공 산악지대(Chittagng Hill Tracts, CHT)라고 불린다. 나는 인도와 맞닿아 있는 치타공 산악지대의 북부 지역, '초록 언덕'에서 태어났다.

내가 태어나고 자란 치타공 산악지대는 방글라데시에서 가장 아름다운 곳 중의 하나이다. 치타공 산악지대는 아름답고 깨끗한 자연경관으로 이루어진 여러 소수민족들의 삶의 터전이자, 수량이 풍부한 관광명소이기도 하다. 치타공 산악지대는 산악과 협곡으로 이루어진 곳이다. 사람들은 주로 관개할 수 있는 강과 경작할 수 있는 땅이 있는 협곡지대에 산다. 산악지대는 대나무를 비롯한 수목들이 울창한 밀림으로 구성되어 있다. 정글은 수많은 야생

---

[1] 이 글은 로넬 차크마 나니가 영어로 쓴 글과 구술한 내용을 오경석(경기도 외국인인권지원센터 소장)이 번역, 정리하였다.

동물들의 서식지이기도 하다.

  나는 어려서부터 그 자연 속에서 즐기는 법을 배웠다. 나는 학교수업이 끝나면 작은 강가를 따라 푸른 초원을 내달려, 숲 속에 들어가 망고나 블루베리와 같은 야생과일들을 따먹는 것을 아주 좋아했다. 공부를 하지 않아도 될 때는 나는 언제나 숲에 가서 친구들을 만났다. 숲은 집보다 시원했고 매력적이었다. 계절이 바뀔 때마다 다른 종류의 새들이 지저귀고 각양각색의 꽃들이 피어났다. 언덕을 따라 흐르는 강이 만들어 놓은 웅덩이들은 우리들이 놀기에 안성맞춤인 천연수영장이었다. 자연에서 나와 내 친구들은 정말이지 완전한 자유를 만끽할 수 있었다.

  그러나 1980년대 뱅갈리 군대가 배치되고 그들과 함께 40여만 명의 뱅갈리인들이 대규모로 이주해 오면서부터 치타공 산악지대의 자연환경은 물론이요 줌머 원주민들의 사회와 문화, 일상생활 모두가 망가지기 시작했다.

  어린 시절 우리 마을이 있었던 판차리(Panchari) 지역은 아주 광대한 곳이었다. 그곳에는 챠크마(Chakma), 마르마(Marma), 트리푸라(Tripura)와 같은 다양한 부족의 마을들이 있었다. 지역의 중심부에 초등학교, 중학교, 고등학교가 있었다. 학교에 가려면 광활한 논을 가로질러 한 시간여를 걸어야만 했다.

  초등학교 시절에 우리들은 친구들끼리 무리를 지어 학교에 가곤 했다. 우리는 공부하기보다는 학교 앞에 있는 연못에서 수영하거나 학교 뒤편으로 흐르는 쳉기(Chengi) 강에서 노는 것을 더 좋아했다. 뱅갈리어 교과서로 진행되는 학교 수업은 재미가 있을 수 없었다. 줌머족인 우리들은 배우는 내용을 알아들을 수 없었기 때문이다. 뱅갈리어가 엘리트와 지배자 그리고 적의 언어라는 점도 어린 우리들이 뱅갈리어 수업을 즐거워할 수 없는 이유 중의 하나였다. 그러나 부모님은 우리를 뱅갈리 학교로 보내실 수밖에 없었다. 달리 교육시킬 방법이 없었기 때문이다.

  우리는 어려서부터 줌머어로 웃고 울었으며 꿈꾸는 법을 배웠다. 그렇기 때문에 학교에서 우리는 단지 의미 없는 소리에 불과한 뱅갈리어 단어들과 문장들을 암송하는 수밖에 없었다. 의무적으로 외국어를 배우는 일은 정말 어려운 일이었다. 줌머 문자를 사용하는 일은 치타공 산악지대가 영국의 완전한 지배하에 들어가고 뱅갈리 지역이 영국/인도령으로 이양되었던 1880년 무렵에 폐지되었다.

줌머인들을 향해 가해진 폭력

1971년에 나는 네 살의 어린 아이였다. 방글라데시가 파키스탄과 독립전쟁을 치르고 있는 중이라는 것을 알기에는 너무 어린 나이였다. 그래도 어렴풋이 기억나는 것은 전투기들이 매일같이 하늘을 날아다녔다는 것이다. 어른들은 우리들을 집 밖에 나가지 못하도록 하셨지만 나와 또래 아이들은 집에서 나와 한 번도 본 적이 없는 전투기들이 날아다니는 하늘을 보면서 뛰어 놀곤 했다.

파키스탄(당시 서파키스탄)과 방글라데시(당시 동파키스탄)의 독립전쟁이 막바지로 치닫고 있던 1971년 12월 내 고향은 '자유의 전사들 또는 해방군' (Mukti Bahinee)에 의해 점령된 상태였다. 뱅갈리족 의용부대인 '무크티 바히니(Mukti Bahinee)'는 파키스탄 군대가 철수하자마자 판차리(Panchari), 쿠키차라(Kukichara) 등 치타공 산악지대의 주요 지역에서 줌머인들에 대한 무차별적인 공격을 감행했다. 살인과 약탈, 방화와 강간의 표적이 된 줌머인들은 정글 속으로 도피해야만 했다.

줌머인들을 향한 뱅갈리군인들의 체계적인 약탈과 폭력은 두 가지 이유에서 자행되었다. 뱅갈리족의 극단적인 민족주의가 첫 번째 이유였다. 줌머인들과 방글라데시의 주류 집단인 뱅갈리족은 여러 가지 면에서 상이한 특성을 지니고 있다. 뱅갈리 인구 대부분이 무슬림이었는데 반해 줌머인들은 불교도들이었다. 줌머족은 황색 피부에 낮은 코와 넓은 이마 그리고 직모로 특징지어지는 몽골계 외모를 지니고 있었다. 언어와 문화 역시 티베트와 버마

쪽에 가까웠다. 그에 반해 뱅갈리족은 검은 피부와 높은 코, 숱이 많은 곱슬머리 등으로 특징지어지는 드라비안(Dravidian) 계통의 인종이었다. 이런 이유로 뱅갈리족들은 줌머인들을 '코 낮은 사람들'이라고 모욕하곤 하였다.

두 번째 이유는 의심이었다. 방글라데시 독립전쟁 당시 치타공 산악지대 지역에 주둔했던 파키스탄 군대는 줌머인들을 공격하지 않았다. 이런 이유로 뱅갈리군인들은 줌머인들을 파키스탄 군대의 협력자로 취급했다. 이러한 극단적인 민족주의는 끝없는 폭력의 기폭제가 되었다. 대규모 군대배치와 이주는 치타공 산악지대 선주민들을 향한 무차별적인 고문과 살인, 강간과 온갖 종류의 인권유린으로 이어졌다.

'무크티 바히니'의 극단적인 민족주의는 아이러니하게도 뱅갈리인들이 파키스탄 민족주의자로부터 당했던 박해가 줌머인들에게 그대로 전이된 것에 불과했다. 파키스탄에서 뱅갈리인들은 혹독한 인종차별과 박해의 대상이었다. 인종과 언어 그리고 문화면에서 뱅갈리인들과 파키스탄 사람들은 아주 달랐는데 그것은 혹독한 박해의 이유가 되었다. 1971년의 독립전쟁 기간에 수많은 뱅갈리인들이 고문과 성폭행의 희생물이 되었다. 파키스탄 점령군에 의해 연령과 성별을 불문하고 3백만 명의 뱅갈리인들이 잔인하게 살해당한 바 있다.

1971년 12월 16일, 9개월 간의 내전 끝에 동파키스탄은 서파키스탄과 분리되었고 독립국가가 되었다. 새로운 국가는 방글라데시 혹은 '뱅갈리의 나라'로 명명되었다. 방글라데시 사람들은 짧은 기간에 파키스탄에 승리했다는 것에 대해 아주 자랑스러워했다. 그들은 동파키스탄 사람이 아니라 방글라데시 사람이 되었다는 것에 대해서도 아주 자부심을 느꼈다. 이런 이유로 극단적인 뱅갈리 민족주의가 방글라데시 국가이념의 근간이 되었다. 방글라데시 건국의 아버지이자 초대 국가수반이었던 라하만(Sheikh Mujibur Rahaman)은 다음과 같이 공표함으로써 방글라데시에 사는 45개의 소수민족들에게 뱅갈리 민족주의를 강요하였다.

"이제부터 방글라데시(Bangladesh)[2]에 사는 모든 사람들은 뱅갈리인이다."

방글라데시의 독립선언은 줌머 선주민 소수민족들에게는 길고도 고통스러우며 비극적인 역사의 시작일 뿐이었다. 1972년 2월 16일 치타공 산악지대 줌머 자치권운동의 선구자이자 당시 치타공 산악지대 카그라차리(Khagrachari) 지역의 국회의원이었던 라르마(Manabendra Narayan Larma)가 소수민족 대표들과 함께 대통령에게 치타공 산악지대의 자치(독립입법)권을 포함하는 네 가지 요구사항을 제안했는데, 대통령은 "종족정체성을 포기하고 뱅갈리인이 되라."는 말로 이런 제안을 일축한 바 있다.

청소년기의 내게 뚜렷이 각인되어 있는 줌머인들에 대한 뱅갈리인의 야만적인 대량학살은 1980년에 자행되었다. 1980년 3월 25일 칼람파티(Kalampati)의 카우칼리(Kaukhali) 시장에서 있었던 뱅갈리 군대와 이주민들에 의해 자행된 줌머인들에 대한 야만적인 집단학살로 인해 300명의 줌머인들이 사망했으며 수많은 사람들이 부상을 입었다. 사건이 있었던 날 방글라데시 군인들은 불교사원 재건을 논의해 보자는 감언이설로 줌머인들을 시장에 집합시켰다. 사람들이 모이자 군인들은 시장을 포위한 후 비무장한 줌머 민간인들을 향해 무차별 발포를 했다. 뱅갈리 이주민들은 군인들의 학살을 도왔다. 그들은 도끼를 휘둘러 아이와 여성 가릴 것 없이 부상당한 줌머인들을 살해했다. 불교사원과 불상들은 파괴되었다. 일련의 학살들이 이어졌고 1986년부터 1997년까지 수많은 줌머인들이 정든 고향을 등지고 인도 국경을 넘어 트리푸라(Tripura) 지역으로 피난을 떠나야만 했다. 이 과정에서 거의 2만 명의 줌머인들이 사망했다.

---

2 **방글라데시(Bangladesh)** 뱅갈리 사람(bangla)과 국가(desh)라는 말의 합성어다. 곧 방글라데시라는 단어 자체가 뱅갈리인들의 국가를 뜻한다.

군대의 공격에 덧붙여 줌머인들을 더욱 공포스럽게 한 것은 평범한 뱅갈리인들의 일상적인 차별과 폭력이었다. 시장과 상권을 독점하기 위해서 그들은 줌머 상인들에게 싼 값에 물건을 팔도록 강요했다. 줌머 상인들은 협박 때문에 공정한 거래를 할 수 없었다. 농경지에서도 그들의 폭력은 멈추지 않았다. 그런 이유로 많은 줌머인들은 생업에 종사하기 어려웠다. 사업장에서도 노골적인 차별이 자행되었다. 뱅갈리 사업가들까지 줌머인을 공격하는 일에 합세했다.

혁명군에 입대하다

내가 줌머 자치권 탈환을 위한 비합법 무장조직인 샨티 바히니(Shanti Bahinee) 또는 평화군대 활동에 가담하게 된 것은 고등학교 입학자격시험을 보기 한 해 전인 1985년이었다. 샨티 바히니는 1972년 2월 15일 라르마에 의해 조직된 인민연합당(PCJSS, Parbatya Chattagram Jana Sanghati Samiti)의 무장조직으로 1977년 방글라데시 국가방위군을 공격한 것을 비롯하여, 1997년 인민연합당과 방글라데시 정부 사이에 평화협정이 체결될 때 까지 줌머 군대의 역할을 수행했다.

아직 교육을 받아야 하는 어린 나이였기에 입당 시기가 그리 적절했던 것은 아니었다. 그렇지만 나는 몇 가지 이유 때문에 입당을 서둘러야만 했다.

첫째, 뱅갈리 인종주의 군대에 의해 가족이 희생당한 경험이 있었고 그를 보복해야겠다는 결심이 서기 때문이었다. 혁명군인이었던 아버지로 인해 나와 형제들은 어린 시절 어머니에게만 의지해 살아야만 했다. 아버지는 1980년에 전역한 후에도 방글라데시 군대의 항상적인 공포와 위협 속에서 살아야만 했다. 심지어 아버지는 총격을 받으시기도 하였다. 평범한 가정생활은 꿈도 꿀 수 없었다. 둘째, 아버지의 동료였던 영향력 있는 혁명군 지도자들로부터 어린 시절부터 큰 영향을 받은 것도 조기 입당의 이유가 되었다. 혁명군이 된다는 것은 대의를 위해 헌신할 수 있는 힘들지만 고결한 선택이었다. 셋째, 자연과 자유에 대한 사랑 때문이었다. 초록색 산들, 작은 강들, 새소리와 온갖 동물들의 노랫소리는 어린 시절부터 내 생활의 일부였고 자유의 원천이기도 하였다. 뱅갈리 족들에 의해 유린당한 그러한 자연에 근거한 자유를 나는 무력을 통해서라도 되찾고 싶었다.

혁명군대는 뱅갈리 군대에 발각되지 않기 위하여 보통 산악지대나 정글에 체류했다. 구릉이 많고 숲이 우거진 치타공 산악지대의 환경은 혁명군에게는 매우 편리한 조건을 제공했다. 이런 이유로 사람들은 농담 삼아 혁명군을 '정글 사람 혹은 정글에 사는 사람들'이라는 뜻을 갖는 '자르부아(Jarbua)'라고 부르곤 하였다. 이런 의미에서 혁명군 활동에 동참한다는 것은 숲으로 들어간다는 것을 뜻하였다. '숲으로 간다'는 말은 이상하게 들리지만, 매우 유행했던 말이었고 줌머 청년들 사이에서는 자존심의 문제이기도 하였다.

1985년 봄, 나는 마이니(Mynee) 계곡에 있는 정글마을 근처에서 매력적인 '자르부아'를 만났다. 내 친구의 가까운 친척이었던 그는 인민연합당의 지역행정부서의 고위 요원이었다. 그는 내게 몇 시간 동안 당강령과 '지배와 압제로부터의 자유', '줌머를 위한 헌신'과 같은 멋진 이야기들을 들려주었다. 그의 이야기는 나의 젊은 피를 뜨겁게 하기에 충분했다. 그의 이야기를 들은 후에 나는 별 다른 고민 없이 정규활동가로 당에 가입하기로 결심하였다.

며칠 후에 나는 당원들과 합류하기 위해 산등성이를 걷고 또 걸은 후에 해가 질 무렵 잡목과 대나무로 우거진 좁은 협곡에 도착하였다. 그곳은 소그룹 혁명군의 임시거처였다. 비닐담요를 침대 삼아 정글에서 노숙을 한 그날 밤은 정말 아름다웠다. 하늘에는 별들이 반짝였고 이따금씩 구름들의 모습이 나타나곤 했다. 새들은 아름답게 지저귀었고 작은 동물들이 우리 주위를 어슬렁거렸다. 이 밤이 내 인생에서 중요한 전환점이 되리라는 설레임과 두려움으로 가슴이 쿵쾅거려 잠을 이룰 수가 없었다. 자유에 대한 갈망은 나를 들뜨게 만들었다. 그러나 혁명군으로서의 미지의 삶과 위험에 대한 불안감 역시 숨길 수 없었다.

다음 날 동이 트기 전에 우리는 산을 내려와 대나무와 나뭇잎으로 만들어진 작은 오두막에 도착했다. 입당 인터뷰를 받기 위해서였다. 처음에 나의 입당은 거부되었다. 그 어떤 사람도 믿지 않는 것이 혁명군의 활동수칙이었다. 그런데 나와 내 가족의 배경을 아는 사람이 그곳에는 아무도 없었던 것이다. 나는 매우 불안해졌다. 그들이 나를 스파이로 오인할 수도 있었기 때문이다. 아버지가 혁명당원이라는 말을 하고 난 후에 나는 일정기간 그들과 함께 머물며 작업하는 것을 허용받았다. 일종의 관찰기간이 부여된 셈이었다. 다행스럽게도 그 조직에서 가장 높은 지휘관이 나의 아버지를 알고 있었다.

군사훈련은 정글 깊숙한 곳에 위치한 훈련장에서 이루어졌다. 훈련막사들은 보통 산꼭대기나 샘이 있거나 작은 여울이 흐르는 깊은 숲 속에 있었다. 막사들은 목재나 대나무, 억새들로 만들어졌는데 숲의 색깔과 비슷해 위장 효과가 컸다. 신참활동가들은 군사훈련과 더불어, 정치, 공공조직, 혁명군의 이념 등에 대한 교육을 받아야 했다. 불필요한 잡담, 큰 소리의 대화, 개인적인 논쟁은 엄격하게 금지되었다. 훈련병들의 생활은 거의 수도자와 같은 것이었다.

1985년 가을, 치타공 산악지대의 다양한 지역에서 충원된 많은 젊은이들이 내가 일시적으로 머물고 있는 훈련막사에 모여들었다. 그들 대부분은 중고등학교 연령대의 학생들이었다. 우리 신입대원 97명은 인도의 트리푸라 주 인근에 있는 알 수 없는 목적지로 보내졌다. 그곳에서 우리들은 추가적인 군사훈련과 정치교육을 받았다. 그곳은 울창한 수풀 속에 있었다. 아마도 당시에는 인도와 방글라데시의 외교관계가 좋지 않았기 때문에 인도 당국이 인도 영토를 훈련장으로 사용하는 것을 허락했을 것이다.

훈련소 생활은 아주 힘들고 고단했다. 우리는 아침 일찍 일어나 연병장으로 달려 나가야 했다. 때때로 우리 훈련병들은 용변을 보거나 세수할 시간조차 가질 수 없었다. 하루 일과는 체력단련으로 시작되었다. 한 시간여 체력단련을 마친 후 오전 7시부터 30여분 간의 아침 식사시간이 주어졌다. 아침식사를 마치자마자 무기사용, 전술훈련 등이 바로 이어졌다. 오전 훈련이 끝나면 1시간여의 점심 휴식시간이 주어졌다. 1시간은 샤워를 하고 점심식사를 하기에는 충분치 못한 시간이었다. 가장 큰 문제는 점심을 먹는 일이었다. 훈련병들은 길게 줄을 서서 순서대로 음식을 제공받았다. 점심식사를 제공받기도 전에 점심시간이 끝나는 일도 종종 있었다. 그러나 훈련소에서 시간과 규칙은 반드시 지켜져야만 했다. 오후 1시가 되면 우리는 나무 그늘에 앉아 장교들의 정치강좌를 들었다. 강좌를 듣다 조는 경우에는 여지없이 얼차려가 주어졌다. 가장 일반적인 얼차려는 '뙤약볕 아래 서 있기' 혹은 '연병장 구보' 등이었다. 정치강좌가 끝나면 전술실습을 위해 우리는 수색에 나가야만 했다. 쉴 틈이라고는 전혀 없이 훈련소의 하루하루는 그렇게 흘러갔다.

작전 중 체포되다

1986년 겨울 게릴라 부대원으로서의 짧은 훈련이 끝났다. 그해는 치타공 산악지대의 여러 곳에서 혁명 군대와 방글라데시 군대 사이의 무력충돌이 일어난 해였다. 훈련병들은 특기와 능력에 따라 여러 부서로 배치되었다. 일부는 조직 및 자금 부서로, 일부는 공격대로 그리고 일부는 수비병으로 배치되었다. 조직 및 자금 부서가 가장 힘든 부서로 여겨졌는데 일반인들 속에서 활동해야 했으므로 부대원들이 체포될 위험에 항상 노출되어 있었기 때문이다. 나의 가장 친한 친구들과 나는 바로 그 부대에 배치되었다. 우리는 각기 다른 지역에서 활동하게 되었다. 나는 인도 근처 지역의 조직부에서 약 3개월간 견습부원으로 활동하였다. 내가 소속된 부대의 주 업무는 지역주민의 관리 및 조직이었다. 우리의 임무는 대중모임을 조직하고 그를 통해 당 고위층의 메시지를 전달하고 대중의 의견을 수렴하는 것이었다.

임무를 수행한 지 얼마 되지 않아 나는 다른 지역의 조직 및 펀드 책임자로 복무하라는 전보발령을 받게 되었다. 전보발령이 난 마티란가(Matiranga)와 카가리차리(Khagrachari) 지역은 다른 어떤 지역보다도 위험한 곳이었다.

마티란가는 뱅갈리 정착민들이 넘쳐나는 곳이었고 카가리차리는 방글라데시 지역 행정본부가 소재한 곳으로 전지역에 잘 무장된 방글라데시 군대들이 주둔해 있는 곳이었기 때문이다.

새 발령지에서 활동은 아주 어려웠다. 매일매일 만화영화에 나오는 톰과 제리처럼 방글라데시 군대와 경찰 그리고 첩보원들과 숨바꼭질을 해야만 했다. 어떤 때는 릭샤꾼처럼, 어떤 날은 학생으로 변장을 해야만 했다. 혁명군대의 초록 전투복을 입고 무장을 하는 날도 있었다. 아림(Alim) 대위로 알려진 그 지역의 방글라데시 주둔군 사령관은 무고한 줌머인들을 고문하는 것으로 악명 높은 사람이었다. 그는 내가 방글라데시 군첩보대에 체포될 때까지 줄곧 추적을 멈추지 않았다.

나는 마티란가와 카가리차리 지역에서 불과 몇 달간의 활동으로 굉장한 명성을 얻게 되었다. 당의 고위층과 줌머 시민사회 모두로부터 젊고 정의롭고 낙관적인 활동가였던 나는 환대를 받았다. 나 역시 혁명군 활동이 좋았다. 그렇지만 지나친 대중활동이 체포의 위험성을 높이고 있다는 점을 나는 미처 깨닫지 못했다. 1986년 가을, 안개 낀 아침에, 나는 버스로 이동 중에 방글라데시 군인들에게 포위되었고 경호원과 함께 체포되었다. 이미 내 어린 시절 사진을 가지고 나를 추적하고 있던 그들에게 위조된 신분증은 이렇다 할 효력이 없었다. 그렇게 1년 6개월여 나의 짧은 혁명군 생활은 막을 내렸다. 1986년 10월 23일이었다.

체포되고 나서 나는 심문을 받기 위해 카가리차리 방글라데시 군 본부로 보내졌다. 그곳에 도착했을 때는 한밤중이었다. 경비병들이 눈가리개를 벗기고 포승줄을 풀어 주었다. 나는 취조실 의자에 앉혀졌다. 고위 장교들이 하나씩 들어와서 나를 차례로 훑어보았다. 마치 어린 아이가 우리 속에 갇힌 야생동물을 바라보는 듯한 태도였다. 그러자 근무병들이 고문도구들을 준비하기 시작했다. 물고문을 위한 물과 고춧가루, 매질을 위한 대나무 막대기, 전기충격을 위한 수동전화기, 손발을 찌르는 데 사용하는 바늘 등이 방글라데시 군대가 포로나 수감자를 취조할 때 사용하는 고문도구들이었다.

나는 포로가 되기 전과 마찬가지로 고문이나 죽음은 두렵지 않았다. 나는 내 정체를 숨길 기회조차 없었다. 나를 아는 많은 첩자들과 사람들이 나를 확인해 주었기 때문이었다. 나는 그들이 원하는 정보를 제공하지 않을 때에만 매질을 당했다. 심문은 새벽까지 계속되었다. 새벽이 되면 나는 수갑에 채워진 채, 좁고 어두운 감옥에 던져졌다. 내 감방 근처에 약 4평방 미터쯤 되는 작은 방이 있었는데 거기에는 최소한 7명에서 10명의 포로들이 함께 감금되어 있었다. 군인들은 사람들을 체포한 후 감금했다. 심문과 고문이 끝난 후에는 포로들을 경찰에 인계하거나 일반 감옥으로 이감했다. 아주 드물게 석방되는 사람들도 있었다.

며칠 후에 나는 치타공 방글라데시 군주둔지 안에 있는 방글라데시 첩보부대 지역본부로 이송되었다. 그곳은 생지옥이나 다름없는 곳이었다. 그곳에는 수많은 작은 감방들이 있었다. 감방의 크기는 한 사람을 구금할 정도였다. 매질과 고통스러운 울부짖음이 끊임없이 감옥 전체를 메아리쳤다. 그곳 감옥에 이송되어 온 모든 사람은 심한 고문을 당해야만 했다. 나는 감방에서만 고문을 당했고 이따금씩 감옥 근처에 있는 다른 군부대로 옮겨지곤 했다. 그곳에서는 볼품없는 전투복을 입고 사진촬영을 해야만 했다. 나중에 나는 방글라데시 군인들이 자신들의 활동을 선전하기 위해 결백한 사람들에게 혁명군의 군복을 입혀 사진촬영을 시켰다는 사실을 알게 되었다. 한 달이 더 흐른 후에, 나는 카가리차리로 돌려보내졌다. 그곳에서는 경찰들이 나를 취조했고 나는 2명의 군인을 살해한 죄로 기소되었다. 그로부터 3년간을 나는 카가리차리와 치타공 감옥에서 복역해야만 했다.

방글라데시 정부는 군인을 납치하고 살해했다는 날조된 죄목으로 나를 기소하였다. 카가리차리 지방법원은 내 사건을 치타공 법원의 특별부족위원회로 이송했다. 부족위원회는 내 죄목이 날조되었다고 결론지었는데 군인과 경찰이 나의 혐의를 입증할 만한 어떤 증거도 제출할 수 없었기 때문이다.

체포된 지 3년이 지난 어느 가을날, 법원은 나의 석방을 명령했다. 감옥에서 나왔을 때, 나는 동지들 가운데 몇몇이 총상에 희생되었으며, 많은 친구들이 장애인이 되었고, 많은 동지들이 나처럼 감옥에 수감되었다는 사실을 알게 되었다.

한국행과 불법체류자 생활

1986년에 체포된 나는 3년간의 옥살이를 한 후 1989년에 석방되었다. 석방된 후에는 혁명군 입대로 중단되었던 고등학교 과정을 마치고 2년제 전문대학에 진학하여 1993년에 졸업하였다. 학교생활은 쉽지 않았다. 다른 학생들과의 나이 차이와 게릴라활동가의 이력은 정상적인 학교생활과 사회생활을 어렵게 만들었다. 군대와 정보요원의 감시 속에서 4년여의 힘든 시간을 보내야만 했다.

나의 가족 전체는 나의 안전 때문에 늘 극심한 불안에 떨어야만 했다. 가족에 대한 정부의 보복위협 때문에 나는 혁명군 재입대를 심각하게 고민해야 하는 상황에 놓여 있었다. 집에서조차 평화로운 일상생활을 하는 것이 불가능한 상황이 계속되었다. 이런 상황에서 나의 두 형과 부모님은 나를 해외로 피신시키기로 최종 결정하셨다. 그리고 그 방법을 모색하기 시작했다. 나는 순회수도자로 위장하고 집을 떠나 인도로 향했다. 그리고 동료활동가의 도움으로 태국으로 건너갈 수 있었다. 태국 안의 줌머 망명객들의 도움으로 나는 파타야시의 한 불교대학에서 1년여를 보낼 수 있었다.

태국에 체류하던 동료들 대부분은 교육, 경제, 종교, 인권운동 등 자신들의 목표에 걸맞는 환경을 찾아, 유럽이나 미대륙, 혹은 일본이나 스리랑카 등의 아시아 나라들로 떠나갔다. 나와 소수의 동료들은 한국을 선택했다. 1994년 여름이었다. 당시 한국에는 단 한 명의 줌머인도 없었다. 그럼에도 불구하고 우리가 한국을 선택한 이유는 한국인과 줌머인들 사이의 문화종교적인 유사성이 존재하며, 민주화된 평화로운 사회라는 이미지가 강했기 때문이었다. 김포공항에 내려 한국땅에 첫 발을 내딛었을 때 두 가지 감정이 동시에 떠올랐다. 한국은 우리가 생각했듯이 불교국가는 아니었다. 그러나 태국과 달리 관광객이 많지 않았고, 우리와 비슷하게 생긴 사람들이 많다는 점은 우리를 안심시켰다.

우리 일행은 1998년까지 김포와 인천 일대에서 어려운 생활을 꾸려 나가야만 했다. 관광 비자를 가지고 있었던 우리는 불법체류자가 되어야만 했다. 한국 상황에 익숙하지 않은 관계로 난민신청은 엄두도 낼 수 없었던 시기였다. 그러나 생존과 신분의 위협이라는 이중고에 시달리는 어려운 시기였지만 우리는 1997년에 '재한 방글라데시 선주민 불교협회(Bangladesh Indigenous Buddhist Association in Korea, BIBAK)'를 만들었다. 우리는 그런 조직을 통해 한국 사회에 우리의 존재를 알리고 치타공 산악지대의 상황을 개선시키는 데 기여하고 싶었다. 그러나 그런 우리의 계획은 곧 무산되었다. 왜냐하면 우리 모두가 1998년에 한국을 떠나 방글라데시로의 귀환을 결심했기 때문이었다.

우리가 방글라데시로 귀환을 결심하게 된 것은 1997년 12월, 줌머혁명군과 방글라데시 정부 사이에 치타공 산악지대 평화조약이 체결되었다는 소식을 들은 직후였다. 방글라데시로 출국하는데 천주교노동상담소에서 많은 도움을 주었다. 1998년 치타공으로 귀환했으나 기대와는 달리 좋지 않은 상황이 이어지고 있었다. 평화조약의 이행은 지연되고 있었고, 그에 따라 치타공 산악지대의 상황은 오히려 날로 불안정해지고 있었다. 줌머 혁명군 내부의 갈등도 좀처럼 가라앉지 않고 있었다. 평화협정을 찬성하는 진영과 반대하는 진영 사이의 내분이 심화되고 있었기 때문이다. 평화협정에 반대하는 줌머 혁명주의자 200여 명 이상이 살해되기에 이르기까지 사태는 악화되고 있었다. 이런 상황에서 2000년 나는 한국으로의 재이주를 결심하게 된다.

2000년 중순 나와 동료들은 한국에 재입국하였다. 한국에 입국한 후 나는 동료들과 공동생활을 시작하였다. 한국을 선택해야 했던 상황은 모두 달랐지만 우리 모두는 뱅갈리족의 박해를 피해 한국을 선택한 망명자들이라는 점에서 동일했다. 우리는 평화와 자유를 찾아 한국에 왔다. 하지만 한국에서의 생활은 결코 자유롭거나 평화로운 것일 수 없었다. 당시 우리의 신분은 방글라데시 출신의 미등록체류자였기 때문이다. 우리 일행 7명은 김포 교외에 있는 한 마을(김포시 대곶면)의 은신처에 숨어서 생활해야만 했다.

당시 우리는 아주 곤란한 상황에 처해 있었다. 한국에 합법적으로 체류할 수 있는 방법은 없었다. 그렇다고 방글라데시의 고향으로 돌아갈 수 있는 상황은 더욱 아니었다. 울며 겨자먹기 식으로 한국 생활을 이어갈 수밖에 없는 형편이었다. 미등록체류자로서 우리는 체포와 강제퇴거의 항상적인 공포 속에서 임시노동을 해야만 했다. 긴급한 일이나 부득이한 이유가 아니라면 생필품을 구매하기 위해 외출하는 것도 쉬운 일이 아니었다. 우리가 은신처로 사용하는 월셋집은 아주 낡은 것이었다. 기본적인 생활시설이 안 되어 있었다. 욕실도 없었고, 화장실도 없었다. 게다가 겨울에조차 난방장치는 작동하지 않았다. 그렇지만 그곳에서 우리는 계속 지내야만 했다.

생활을 위해 우리는 위험을 무릅쓰고 직장을 구해야만 했다. 직장은 은신처 근처에 있는 산업체였는데 자주 직장을 바꿀 수밖에 없었다. 왜냐하면 특별한 기술이 없었을 뿐 더러 한국의 노동문화에 적응하는 것도 쉽지 않았기 때문이다. 나는 가구공장, 프레스공장 등 여러 업종의 공장에 다닌 바 있다. 내가 해야 했던 일은 한국인 기술사의 도우미였다. 나는 한국의 노동환경과 노동자로서의 라이프스타일에 쉽사리 적응할 수 없었다. 한국의 노동자들은 새벽부터 밤늦게까지 그리고 주말과 휴일에 이르기까지 거의 준강제적인 강도 높은 노동을 감내하고 있었다. 취미생활과 문화생활은 물론이요 기본적인 가족생활까지 희생하며 일만 하고 있는 셈이었다. 나는 그런 생활을 받아들이기가 어려웠다.

그래서 나는 동료들보다 좀 더 직장을 자주 옮겼던 것 같다. 일요일에 나는 초과근무를 하는 대신에 사회활동을 하는 편을 선택하였다. 당시 매주 일요일 내가 한 번도 빠짐없이 찾았던 곳은 동인천역 근처에 있는 동인천성당이었다. 나는 그곳의 외국인근로자상담센터가 운영하는 한국어 과정과 다른 교육프로그램들에 참가하곤 했었다. 그러나 그것은 비용을 요구하는 일이었다.

2001년 어느 날, 내가 어느 금속공장에서 임시노동자로 일하고 있을 때였다. 매 주말 초과근무 대신에 한국어강좌에 참석하는 내게 사장은 선택을 강요했다. 그는 내게 "만약 네가 한국에 온 목적이 배우는 것이라면 너는 일하는 것을 중단해야만 한다."고 말했다. 나는 "나는 살아가려면 돈이 필요하다. 그러나 배우는 것 역시 내게 필요하다."고 대답했다. 그리고 해고되었다.

재한줌머인연대(Jumma People's Network in Korea, JPNK)의 출범

재한줌머인연대(JPNK)의 조직은 김포의 한 은신처에서 모색되었다. 은신처에서 우리는 외롭고 두려운 생활을 하였지만, 은신처는 우리에게는 해방구와도 같은 곳이었다. 왜냐하면 은신처가 있는 건물에는 한국 사람이 전혀 살지 않았기에 그 안에서만큼은 우리는 자유를 누릴 수 있었기 때문이다. 그곳에서 우리는 마치 우리의 고향 집에 있는 것과 같이 행동할 수 있었다. 우리는 방 안에서 책을 읽었다. 부엌이 아니라 야외에서 전통음식을 만들어 먹기도 하였고, 우리 고향의 노래를 원하는 만큼 큰 소리로 부를 수도 있었다. 그런 생활을 하였기에 우리는 은신처에서 고향의 축제인 보이사비를 재연할 생각을 할 수도 있었다.

보이사비(Boi-Sa-Bi)는 전통적인 설날 축제로 줌머인들의 가장 큰 축제이다. 방글라데시의 음력에 따라 한 해의 마지막 이틀과 새 해의 첫날에 걸쳐 행해진다. 양력으로는 매년 4월 둘째 주에 해당한다. 보이사비 축제는 치타공 산악지대에 사는 11개의 소수민족이 모두 참여하는 범종족 축제이다. 보이사비라는 명칭 자체가 치타공 산악지대의 주요 세 개 종족인 차크마, 마르마, 트리푸라어가 합성된 명칭이다. 트리푸라족의 말인 BOISUK의 BOI, 마르마족의 말인 SANGRAI의 SA, 챠크마족의 말인 BIZHU의 BI의 지방

방언이 합해져서 보이사비라는 명칭이 만들어졌다. 보이사비는 줌머인들의 평화와 사랑, 평등과 민족적 단결을 상징하는 축제인 셈이다.

2002년에 우리는 김포의 은신처에서 아주 간소하고 별로 축제답지 못한 보이사비 행사를 치렀다. 한국인 친구들은 한 명도 초대할 수 없었는데, 많은 사람들이 모이기에는 장소가 너무 비좁았기 때문이다. 우리는 조촐하지만 전통 음식과 음료를 요리해 함께 즐겼다. 소박했지만 이 보이사비 모임은 아주 의미가 있었다. 이 모임이 토대가 되어 재한줌머인연대가 조직될 수 있었기 때문이다.

재한 줌머인들이 자조모임의 필요성을 공유하고 조직화를 처음 시도했던 것은 1997년이었다. 앞서 말한 재한 방글라데시 선주민 불교협회(BIBAK, 이하 불교협회)가 바로 그것이었다. 그러나 불교협회는 출범하기도 전에 해체되고 말았다. 참여했던 주요 활동가들이 치타공 산악지대 평화조약이 체결되자 모두 고향으로 돌아가 버렸기 때문이다. 이렇다 할 활동 한번 전개할 수 없었지만, 불교협회 같은 조직활동의 필요성에 대한 재한줌머인들의 공감은 이후 한국에서 줌머 자치권 운동을 벌여나가는 데 초석이 되었다. 불교협회의 경험이 있었기에 재한줌머인연대는 좀 더 수월하게 조직될 수 있었다. 2002년 보이사비 모임은 재한줌머인연대의 대표로서 샨티 지본 씨를 선출하였다. 샨티 씨와 훗날 재한줌머인연대 대표직을 맡게 될 교밍 씨는 모두 불교협회 멤버들이었다.

재한줌머인연대를 조직한 목적은 몇 가지로 압축된다. 첫째, 한국에 체류하는 줌머인들의 단합과 상호부조의 필요성이다. 둘째, 한국 시민사회에 줌머의 상황을 알리고 지지와 연대를 이끌어 내기 위해서이다. 셋째, 방글라데시 정부의 인종차별 및 인권탄압에 의해 인종청소 위기에 처해 있는 치타공 산악지대 줌머인들을 지원하기 위해서이다. 한국 이주 초기에 우리 줌머인들이 한국 사회로부터 그 어떤 관심과 지지도 이끌어내지 못했다는 점에서는 방글라데시나 한국 사회나 별반 다를 바가 없었다. 시장이나, 학교, 공공

장소, 그 어느 곳에서도 한국인들은 우리에게 관심을 보이지 않았다. 방글라데시에서 경험했던 일이 한국에서도 그대로 반복되고 있었던 셈이다. 우리의 존재와 문제를 우리 자신이 알리지 않으면 안 되었다. 재한줌머인연대는 바로 그런 절박성에서 조직되었다.

재한줌머인연대 초창기에는 조직적인 활동을 펼쳐 나가는 것이 아주 어려웠다. 생계문제를 해결하고 법적인 장벽을 극복하는 것이 매일매일 헤쳐 나가야 하는 일이었기 때문이다. 그런 이유로 우리는 주중에는 일을 해야만 했고, 주말에 짬을 내어 조직활동을 모색했다. 주말에는 대부분의 기관들이 문을 닫는다는 점이 우리 활동을 더욱 어렵게 만들었다. 우리는 주말에도 문을 닫지 않는 외국인노동자지원단체들을 찾아 나섰고 그들과 함께할 수 있는 활동들을 모색했다.

이주민지원단체의 활동가들과 재한줌머인연대 회원들은 주로 치타공 산악지대의 인권유린 상황과 관련된 자료들을 한국어로 번역하고, 관련 단체들에 배포하는 일, 회의를 주선하는 일, 사람들을 우리 사무실로 초청해서 우리의 전통차를 대접하는 일 등을 함께하였다. 이런 일을 하는 과정에서 재한줌머인연대와 가까워진 조직들과 사람들 가운데 몇몇은 한 달에 한 번 정도씩 우리 사무실에 들러 우리를 지원해 주는 일에 동참하기도 하였다. '국제민주연대', '경계너머', '피난처'와 같은 단체들과 그곳의 활동가들은 특히 우리 줌머인들과 아주 각별한 사이가 되었다.

이따금씩 일요일에조차도 우리가 일하는 공장의 일감이 밀려 조직활동을 할 수 없는 때가 있었다. 우리는 단결심을 발휘해서 그런 상황을 해결하곤 하였다. 우리 중의 한 사람이 일하는 어느 공장에 제조물량이 밀려 초과노동이 필요할 때마다, 우리는 그 일을 할 수 있는 동료들과 나누어 하는 방법으로 짧은 시간에 할당량을 끝마치곤 하였다.

재한줌머인연대를 조직한 후 초기 2년여 동안, 우리가 이렇다 할 활동을 하지 못했음에도 불구하고, 많은 시민사회단체들이 우리 조직에 관심을 보여주었다. 이러한 관심은 재한줌머인연대 혹은 '줌머' 인들이 한국 사회에서는 아주 생소한 이름이기 때문에 생긴 단순한 호기심일 수도 있었다. 뉴스매체와 진보적인 시민사회단체들이 가장 적극적으로 줌머인들에게 주목했다. 우리는 공론장에 소개되는 데 만족하지 않고 주한 방글라데시 대사관 앞에서 항의시위를 조직했다. 국제민주연대를 비롯한 여러 단체들이 우리의 활동을 지지해 주었다. 그 일 이후 우리는 다른 조직과의 연대활동에 좀 더 적극적으로 참여하게 되었다. 연대활동은 재한줌머인연대를 알리는 좋은 수단이 되었다. 그리고 아직 자체 역량이 충분하지 못한 우리가 캠페인 활동을 전개하는 데에도 큰 도움이 되었다. 우리는 그들의 도움으로 많은 일을 할 수 있었다. 그러나 연대활동에는 몇 가지 어려운 점도 있었다.

대부분의 시민사회단체 활동가들은 재한줌머인연대를 이주민단체로서 환영해 주었다. 그러나 줌머의 상황을 제대로 이해하는 단체나 활동가를 만나는 일은 쉽지 않았다. 한국인들은 한국이 아닌 곳의 소수민족 인권문제에 대한 기본적인 지식과 관심이 거의 없는 것처럼 보였다. 한국에는 수많은 인권단체들이 활동하고 있었다. 그들은 아주 존경스러운 활동들을 펼치고 있었다. 그러나 그 대부분은 기존의 국가와 민족, 그리고 노동계급 등의 특정한 집단의 인권향상을 목표로 하였지 우리 같은 소수민족 선주민의 인권향상을 목표로 하지 않았다.

대화의 방식도 우리를 곤혹스럽게 했다. 종교단체의 활동가들의 경우 이런 점이 두드러졌다. 우리가 원하는 것과 종교인들이 우리에게 갖는 관심의 내용은 언제나 좀 달랐다. 그들과의 대화는 늘 일방적이었다. 매우 유감스럽게도, 많은 시간 우리는 말하기보다는 들어야만 했다. 그들과 만날 때마다 우리는 우리들의 어려운 상황을 설명하기를 원했다. 반면에 그들은 항상 자신들의 종교교리를 설명하고 싶어 했다.

2002년에 재한줌머인연대가 만들어진 이후 2006년 무렵까지 이렇다 할 활동방식의 변화는 없었다. 줌머 문제를 한국 사회에 알리기 위한 거리 사진

전, 방글라데시 대사관 앞에서의 항의시위, 한국의 시민사회단체 방문과 교류 등이 당시의 주요 활동내용이었다. 당시 방글라데시 치타공 산악지대 현장의 상황은 하루하루 악화되고 있을 때였다. 하루가 멀다하고 인권침해 사건들이 자행되고 있었다. 우리는 민주화된 한국 사회에서 줌머의 인권문제를 알리면 빠른 시일 안에 그 해결의 실마리가 찾아질 수 있을 것이라고 기대하고 있었다. 그러나 한국의 현실은 달랐다. 한국 사회는 줌머의 인권문제에 대해 우리의 기대만큼 관심을 기울일 준비가 되어 있지 않았다.

이런 일이 몇 년 간 반복되자 재한줌머인연대 회원들은 서서히 지쳐가기 시작하였다. 2006년 무렵 나 역시 예외가 아니었다. 당시 나는 낮에는 한 가구 부품 제조업체에서 일하면서 재한줌머인연대의 실무적인 대표 활동가로 일하고 있었다. 한국 사회에 반향을 불러일으키지 못하는 효과 없는 활동의 반복에 지친 재한줌머인연대는 활동중단을 선포해야 할 기로에 놓여 있었다. 아들 주니가 줌머 난민 자녀로는 한국 최초로 초등학교에 입학함으로써 내 사정은 좀 더 복잡해졌다. 한국의 교육제도에 대해서 나는 전혀 아는 바가 없었기 때문이다. 이런 상황에서 돌파구를 찾을 수 있는 방법을 한 한국인 활동가가 자문해 주었다.

2006년 한 활동가의 도움으로 재한줌머인연대는 '아름다운 재단'이 공모하는 지원사업에 신청서를 제출했고 지원대상 기관으로 선정되었다. 아름다운 재단으로부터 상근활동가의 활동비와 사업비 일부를 지원받게 됨으로써 재한줌머인연대가 새로운 모색을 할 수 있는 근거가 마련되었다. 2007년 초부터 나는 다니던 공장을 그만두고 전업활동가로 나서게 되었다. 2008년은 재한줌머인연대의 가장 중요한 전환점이었다. 재한줌머인연대의 활동이 조직화되고 공론장에 체계적으로 소개되기 시작하였으며, 양심적인 지식인들과의 교류 역시 본격화되었기 때문이다.

난민되기

　국제민주연대를 비롯하여, 민주사회를 위한 변호사 모임 등의 도움으로 2002년 10월 중순에 우리 7명의 줌머인들은 한국 법무부에 난민인정 신청을 할 수 있었다. 난민신청 과정에서 유엔난민기구(UNHCR)와 민변의 난민 지원활동가들은 우리에게 아주 따뜻하고 큰 도움을 주었다.
　목동 출입국사무소에 난민인정 신청서를 제출한 날은 2002년 10월 17일이었다. 한국인 활동가들이 동행해 주었다. 당시 재한줌머인연대를 결성했던 우리 7명은 모두가 불법체류 상태였기 때문에 심장이 멈출 것만 같이 불안한 마음이었다. 목동 사무소에 도착하자 수백 명에 달하는 외국인들이 모여 있는 것을 볼 수 있었다. 비자를 연장하러 온 사람들이었다. 우리와 비슷한 처지에 있는 그들을 보자 어느 정도 안도감을 느낄 수 있었다. 목동 사무소에는 비자 없이 노동을 하다가 단속에 걸려 체포되어 온 사람들도 있었다. 그들은 일터에서 체포되었는지 작업복 차림이었는데 팔목에는 모두 수갑이 채워져 있었다. 그들의 모습은 너무나도 안타까웠다. 그들에게는 옷을 갈아입을 시간조차 허용되지 않았던 모양이다. 그들의 모습은 몇 년 전 방글라데시 군대에 체포당해 치타공 지방법원에 출석하던 내 모습과 별 다를 것이 없었다. 우리들도 언젠가는 저들과 같은 신세가 될 수 있다는 생각에 마음이 다시 불안해졌다.
　우리들은 불법체류자 조사실 바로 옆에 위치한 어느 방으로 안내되었다. 그곳이 난민 조사실 혹은 난민실이었다. 우리는 사무실 문과 연결된 대기실 겸 베란다로 쓰이는 공간에 모여 있어야만 했다. 출입국 사무소 직원들의 공격적인 모습과 수갑을 찬 불법체류자들의 모습을 보면서 우리 또한 불안과 위협을 느꼈다. 우리는 우리와 동행한 유엔난민기구 직원의 도움으로 비교적 쉽게 난민신청을 할 수 있었다.
　다음 날 아침, 출입국 난민실에서 내린 통보에 따라 우리는 마음의 준비를 하고 서울 출입국사무소에 예정된 시간에 맞춰 출석했다. 불법체류하는 상태에서 난민신청을 한 입장이어서 우리의 마음은 불안함으로 가득 차 있었다. 출입국 직원들이 우리를 긍정적으로 평가하지 않으리라는 생각과 불법체류 사실로 인해 언제든지 구금될 수 있다는 염려는 우리를 더욱 불안하게 만들었다. 우리는 단순히 난민신청 절차가 마무리되는 것으로 알고 있었는데 난민심사 인터뷰가 곧바로 시작되었다.

우리의 기대와는 달리 줌머족의 인권문제에 대해서는 아무런 사전조사가 이루어지지 않은 상태에서 면담이 진행되었다. 따라서 면담은 매우 무례한 방식으로 진행될 수밖에 없었다. 면담 담당자는 매우 강압적이기도 하였다. 면담은 마치 난민지위 부여를 위한 것이 아니라 한국에 불법체류한 사실을 추궁하기 위한 것이라는 느낌이 들었다. 심사관은 "어디서 일하고 있는지? 돈은 얼마나 받는지? 집에 송금은 얼마나 하는지? 얼마나 돈을 쓰는지?" 등을 물었다.

그런 질문들과 함께 우리는 한국에 입국하게 되기까지의 과정, 한국 산업체에서의 생활, 난민인정 신청방법에 대해 알게 된 경위 등에 대한 질문을 받았다. 가장 힘들었던 질문은 나와 친구들이 방글라데시로 돌아갔을 때 어떤 위협과 인권침해를 당할 수 있으며 그 근거를 제시하라는 것이었다. 줌머 자치권 활동과 그로 인한 박해의 근거를 제시할 수 있어야 하는데 내게는 방글라데시 군에게 체포당해 3년의 복역을 한 법원의 서류 이외에는 다른 자료들이 없었기에 매우 큰 정신적인 압박을 받아야만 했다.

나는 매우 두려웠다. 내 자신이 마치 범죄자가 된 것 같은 기분이 들었다. 그러나 한편으로는 조사관이 치타공 산악지대 줌머족들의 인권상황에 대해 전혀 알지 못한다면 그럴 수밖에 없었으리라는 생각이 들기도 하였다. 나는 난민으로 인정받기 까지 2년여 동안 수차례의 조사를 더 받아야만 했다. 공식적인 조사는 물론이요 비공식적인 조사도 포함되었다. 공식적인 인터뷰는 출입국 사무소에서 이루어졌지만, 출입국 직원들은 예고 없이 전화를 걸어오거나 출석을 요구하곤 하였다. 하지만 인터뷰 내용은 매번 비슷했다. 면접관은 여러 차례나 교체되었다. 마지막 심사는 2004년 가을 과천 법무부 난민본부에서 이루어졌다. 변호사, 법대 교수, 법무부 관계자 등 많은 훌륭한 분들이 한자리에 모여서 나를 포함한 3명의 줌머인 대표에게 다양한 질문을 던졌다. 마침내 난민신청서를 제출한 지 2년 후 2004년 12월 13일 나를 포함한 재한줌머인 11명은 한국의 법무부로부터 난민인정을 받을 수 있었다.

난민지위 신청을 하기 전후에 컨테이너를 만드는 작은 공장에서 나는 불법적으로 일을 하였다. 나는 컨테이너의 내부를 만드는 일을 배웠다. 그러나 그 일을 오래 할 수는 없었다. 불가피한 사정들로 인해 나는 그 일을 그만두어야만 했다. 2004년 12월에 내가 난민지위를 보장받았을 때까지 2년여 동안 여러 일을 했지만 그 어떤 일도 두세 달 이상을 지속할 수는 없었다. 출입국 사무소에 바뀐 주소를 보고할 때마다, 나는 일을 그만 두어야만 했다. 출입국 직원이 사장에게 난민신청자에게는 합법적인 노동권이 주어지지 않는다는 점을 알려 주었기 때문이다. 그런 상황에서 내게는 가난과 싸우기 위해 법을 위반하는 방법 이외에는 다른 선택지가 있을 수 없었다. 아내와 자식을 부양하는 것이 내게는 피할 수 없는 의무였다.

나는 1998년에 결혼했고, 아들 주니는 2000년에 태어났다. 2000년에 나는 가족들과 헤어져 한국으로 되돌아왔다. 아들 주니가 태어났을 때, 나는 인천의 한 무역회사에서 비정규적인 통역 일을 하고 있었다. 아내를 다시 만나고 아들을 처음 본 것은 2003년 무렵이었다. 아내와 아들과 함께 살게 된 것은 너무 행복한 일이었다. 동시에 큰 걱정거리이기도 하였다. 매우 적은 내 월급으로는 가족들을 부양하기가 어려웠기 때문이었다.

한국에 온 지 몇 달 후에 아들은 한국 아이들이 다니는 유치원에 입학하게 되었다. 나는 매일 아침 아들을 유치원 버스에 태워 보냈다. 낯선 환경에서 한국 아이들과 잘 어울릴 수 있을까라는 내 걱정과는 달리 주니는 엄마와 떨어져서 유치원에 가는 것을 단 한 번도 거부한 적이 없었다. 아들은 다른 유치원 아이들과 늘 즐겁게 잘 놀았다.

아내는 말이 없고 이상적인 주부였다. 그녀는 나의 공적인 활동을 별로 좋아하지 않았다. 그녀는 민족이나 다른 공적인 일에 관여되기보다는 현모양처이길 원했다. 그렇지만 아내는 한번도 내 이념을 반대한 적이 없다. 그러나 때때로 한국에서의 고단한 생활로 인한 실망감을 표현하곤 한다.

우리가 난민지위를 인정받은 후에 아내는 한국의 한 제조업체에서 첫 번째 일자리를 구하게 되었다. 대학을 졸업한 이후 어떤 노동경험도 없었기 때문에 나는 아내가 공장노동자로 일하는 것이 매우 걱정되었다. 그러나 그녀는 지금까지 그녀의 직장 일을 완벽하게 소화해내고 있다. 지금 내가 하고 있는 많은 일들은 아내의 정신적이며 물질적인 지지와 지원이 없었다면 할 수 없었던 일들이다. 나는 아내로부터 개인적인 수준에서건 민족의 수준에서건 모든 위대한 일의 출발점은 가족이라는 것을 새삼 깨닫게 되었다.

현재까지 40여 명의 줌머인들이 난민인정을 받았다. 그러나 모든 줌머인들이 난민으로 인정받는 것은 아니다. 그 가운데는 난민의 사유가 충분함에도 불구하고 인정받지 못하는 안타까운 경우도 있다.

재한줌머인연대 회장을 역임한 교밍 씨의 경우가 이에 해당한다. 그가 난민인정을 받지 못한 결정적인 이유는 의사소통의 문제였다. 한국어에 서툰 그가 통역자 없이 인터뷰에 응함으로써 여러 가지 오해가 생길 수밖에 없었다. 그 후에 교밍 씨는 난민인정을 받게 되었다. 또 다른 경우는 난민사유 입증이 불가능한 경우이다. 재한줌머인연대의 활동가 A씨가 이에 해당한다. A씨는 약 16년 전에 방글라데시 군대의 폭력을 피해 부모님과 함께 인도로 피신한 후, 방글라데시로 귀환하지 않고 한국에 바로 난민신청을 하게 되었다. 어린 시절에 부모를 따라 인도로 이주한 그가 방글라데시에서 박해사실을 입증하기란 쉬운 일이 아닌 것이다.

한국에서 난민으로 살아가기

한국의 난민신청자들은 난민으로 인정받는 것을 하늘에서 별 따기와 비슷하게 생각할 것이다. 나도 그렇게 생각했다. 그런데 정작 문제는 난민인정을 받기 전후의 사정이 현실에서는 그다지 차이가 없다는 점이다. 한국에서 난민인정을 받는다는 것은 장기적인 거주자격이 허용되는 것 정도일 뿐이다. 난민에 대한 생활정착지원이나 교육지원은 전무하다. 난민인정을 받아도 생존과 관련된 모든 일은 스스로의 힘으로 해결해 나가야 한다.

한국에서 정착할 때 가장 힘든 점은 경제적 어려움이 아니다. 이른바 3D 업종으로 알려진 직장들에서는 외국인 누구라도 환영해 주기 때문이다. 물론 그런 곳에서 일을 해서 부자가 될 수는 없을 것이다. 그러나 한국 사회에서 굶어 죽을 수도 있다는 공포를 느낄 이유는 없는 것이다.

한국생활의 어려움은 사회적 적응이 어렵다는 점이다. 예를 들어 한국의 교육제도는 너무나 빨리 변해서 수용은 고사하고 파악하는 것 자체가 아주 어렵다. 한국 같은 사회에서 교육을 받지 못하면 밝은 미래를 전망할 수 없다는 점에서 이런 문제는 심각하다. 나는 내 아들이 초등학교 4학년이 되기까지 그 아이에게 무엇을 해주어야 하는지 도무지 감을 잡을 수 없었다. 한국의 교육제도와 교육방식에 대해 아는 것이 아무것도 없었기 때문이다. 그런 탓에 아들은 교재도 제대로 챙기지 못하고 학교에 가곤 했었다. 나와 아내는 알림장이나 가정통신문에 기재된 준비물을 챙겨주지 못할 때가 아주 많았다. 가장 큰 장애물은 언어였다. 가정 통신문의 내용을 일일이 나와 친분이 있는 시민사회단체 활동가들에게 번역을 의뢰한다는 것은 아주 미안하고 번거로운 일이었다. 이런 점에서 한국 사회는 외국인들에게 그다지 관대한 곳이 아니었다.

한국 사회는 특히 우리와 같은 소수민족, 선주민, 난민의 인권문제에 대해 적극적인 관심을 보이지 않는다. 그것은 한국을 비호국으로 선택한 우리의 기대와 어긋나는 점이기도 하다. 한국 사회는 민주주의에 대한 관심이 강하다. 그러나 한국인들이 관심을 갖는 민주주의는 자신들과 직접적이거나 밀접한 관련성이 있는 경우로 제한된다. 최근 들어 한국 시민사회는 이주노동자들과 한국인과 결혼한 이주여성들의 권리보호에 매우 적극적인 관심을 보이고 있다. 한국 시민사회는 국제적인 인권의제에 더 이상 후진적인 모습을 보이지 않는다. 2008년 봄 서울에서는 티벳의 자치권 촉구를 위한 대규모 캠페인이 열렸다. 동남아시아의 쓰나미(2006), 미얀마의 폭풍(2009), 아이티의 지진(2010)이 일어났을 때에도 대규모 모금 활동이 있었다. 그러나 한국의 시민사회와 정부가 스리랑카의 타밀 소수민족을 포함하여 전세계의 소수민족들의 인권보장과 관련하여 적극적인 조치를 취했다는 소식을 들은 바는 전혀 없다.

줌머의 문제도 마찬가지이다. 한국인들 대다수는 여전히 줌머인들을 잘 알지 못할 뿐만 아니라 소수민족의 인권문제에 무관심하다. 많은 한국인들은 아직 난민에 대해서 잘 모른다. 실의에 빠져 있는 사람들이거나 전쟁이나 자연재해로 인해 소중한 것을 잃어버리고 곤궁에 처한 사람들이라고 알고 있는 정도이다. 난민이 되는 가장 중요한 조건이 '인권유린에 의한 피해'라는 점을 알고 있는 한국인들은 별로 없다. 이런 무관심 속에서 재한 줌머인들이 다른 이주민들과는 구분되는 소수민족 선주민이요, 난민으로서의 특수한 인권적 위상을 가지고 있다는 점은 별로 주목받지 못한다. 한국인들에게 줌머인들 역시 가난한 나라 출신의 돈벌이가 목적인 이주노동자와 다를 바 없이 대접받고 있을 뿐이다.

새로운 출발

나는 십여 년 이상 한국 사회에서 어렵게 살면서도 치타공 산악지대의 자치권 회복과 재한줌머인들의 자조적인 생활터전 마련을 위해 여러 가지 일을 게을리하지 않았다. 법무부 직원들 가운데는 내게 "난민으로 인정 받았으니까 이제부터는 돈도 벌고 편하게 살" 생각을 하라는 사람도 있었다. 하지만 내가 한국을 택한 이유는 돈벌이가 아니다. 치타공 산악지대의 줌머인들이 여전히 인권과 자치권을 유린당하는 고통 속에서 투쟁하고 있는데 나 자신의 안일만을 위해 살아갈 수는 없는 것이다.

　나와 동료들은 줌머인들의 상황을 한국 사회에 알리고 치타공 산악지대의 인권보호에 보탬이 될 수 있을 만한 여러 가지 일을 하였다. 문화행사와 교육프로그램도 그중 하나였다. 한국 사회의 소수자로서 소수자 지원단체들과의 우리의 사회적 연대는 한국의 힘겨운 사회현실을 이겨 낼 수 있게 해 주는 버팀목이 되었다. 많은 인권단체들과 시민사회단체들이 주저 없이 우리를 지지해 주었고 동참해 주었다. 그를 바탕으로, 우리는 우리 공동체와 한국의 시민사회 사이의 사회문화적 교류활동을 보다 많이 할 수 있었다.

　그러한 과정에서 우리에게도 많은 변화가 일어났다. 가장 주목할 만한 변화는 우리들의 주체적인 역량이 자라갔고 그에 따라 한국 사회에의 적응도도 높아졌다는 점이다. 우리가 처음 조직활동을 시작했을 때, 우리는 언어문제와 정보부족으로 한국인 활동가의 직접적인 도움 없이는 단순하고 사소한 일조차도 해결할 수 없었다. 모임을 통해 우리는 많은 사람들을 만날 수 있었고, 한국과 한국 사회에 대해 배울 수 있었다. 그런 과정에서 우리 자신의 독자적인 역량이 길러질 수 있었다. 지금은 크건 작건 일상생활에서 직면하게 되는 모든 문제들을 우리 자신이 해결하는데 아무 문제가 없다. 법적인 문제가 생겼을 때조차 우리는 공무원이나 관계당국을 직접 만나서 문제를 해결하곤 한다.

　그간의 활동을 통해 재한줌머인연대는 큰 발전을 이루었다. 이제 많은 지지자들과 후원자들 그리고 활동기반을 갖게 되었다. 그러나 회원들 개개인의 일상적인 삶에서의 변화는 거의 일어나지 않았다. 난민지위를 인정받은 줌머인들은 한국에서 합법적으로 체류하고 노동할 수 있도록 허용된다. 그러나 그뿐이다. 난민들을 위한 특별한 사회통합이나 정착지원 프로그램이 전무한 한국 사회에서 줌머인들은 다른 이주노동자들처럼 육체노동을 강요받으며 하루하루 생계를 이어 가야만 한다.

　나는 힘겨운 노동만을 반복하는 생활양식이 개선될 수 있어야 한다고 생각한다. 줌머 난민들의 생활수준을 향상시켜 줄 수 있는 프로그램의 도입이 절실하다고 생각한다. 이 프로그램은 난민 및 난민 신청자들을 법적으로 지원하는 것을 넘어 인도적인 차원을 근간으로 보다 광범위하고 다양한 영역에서 지지해 줄 수 있어야 한다. 경제적 능력이나 물질적 풍요만으로 난민들은 결코 한국 사회에 통합될 수 없을 것이다.

이런 생각으로 최근에 재한줌머인연대에 우리는 자체적으로 교육프로그램을 도입하기로 결정하였다. 교육만이 우리 줌머인연대의 일상적인 삶을 변화시킬 수 있다고 판단했기 때문이다. 재한줌머인연대에는 훌륭한 교육적 배경을 가진 회원들이 많이 있다. 그들의 교육적 역량이 조금만 향상된다면 한국 사회에 참여도와 기여도를 훨씬 높일 수 있을 것이다. 문제는 그들을 어떻게 그런 교육과정에 참여하게끔 유도하느냐 하는 것이다. 강요보다는 자연스러운 참여를 유도하는 것이 좋은 방법이다. 이런 문제의식으로 2009년 중반부터 주말에 정규적인 한국어 과정을 진행하게 되었다. 우리가 한국어와 한국 사회에 능숙해지면 질수록 한국 사회에서 줌머인의 자치권 투쟁은 더욱 효력을 발휘할 수 있을 것이다.

나는 치타공 산악지대의 줌머 자치권운동에 대해 계속적인 투쟁이 필요하다고 믿는다. 방글라데시는 뱅갈리 민족이 지배하는 민족국가이다. 줌머인은 방글라데시의 소수민족일 뿐이다. 따라서 두 집단 사이에는 수많은 갈등과 모순이 존재할 수밖에 없다. 두 집단의 역사와 종교, 문화 그리고 사회체계 등은 확연히 구분되기 때문이다.

나는 민주적인 투쟁이건 무장투쟁이건, 단순한 투쟁만으로는 줌머인들의 자치권을 확립하는 데 충분하지 않다고 생각한다. 줌머인들의 인권을 보호하고 보장하는 것은 줌머인과 뱅갈리인 모두의 책무이기 때문이다. 치타공 산악지대의 자치권을 확립하고 평화와 인권을 보장하는 것은 방글라데시 전체의 민주주의의 발전과 뱅갈리 민족의 사회진보가 없다면 불가능한 일이다.

줌머인들의 정체성과 권리를 헌법적으로 인정하기 위해서는 뱅갈리 사회

다수의 지지와 동의가 선행되어야 한다. 그렇지 않다면 갈등은 계속될 수밖에 없다. 또 한 가지 중요한 사실은 어떤 사회건 민주화가 자동적으로 이루어지지 않는다는 점이다. 민주주의의 발전은 국제 사회가 참여함으로써 좀 더 쉽게 이루어질 수 있을 것이다. 국제사회의 참여를 이끌어 내는 일은 가장 중요하면서도 어려운 과제이다.

줌머인들은 지난 30여 년 동안, 프랑스, 영국, 캐나다, 미국, 호주, 일본, 한국 등 세계 여러 곳에서 줌머 커뮤니티를 형성해 왔다. 이런 줌머인 디아스포라들은 치타공 산악지대의 줌머 사회에 경제, 사회, 문화 그리고 인권 영역에서 큰 공헌을 하고 있다. 독자적인 언어와 전통 그리고 문화가 없다면 좋은 민족이 될 수가 없다.

줌머인들에게 한국은 여전히 가장 전망이 밝은 나라이다. 한국인과 줌머인은 공통점이 아주 많고 공유할 수 있는 점도 아주 많다. 종교적 유사성, 인종적이며 인류학적인 유사성은 줌머인과 한국인을 연결시켜 주는 중요한 매개체이다. 이것은 줌머인과 한국인이 종교, 문화, 경제, 사회적 교류를 할 수 있는 좋은 조건이 존재함을 의미한다. 이러한 교류는 두 민족 모두에게 도움이 될 수 있을 것이다. 그러나 교류를 넘어 서로를 이해하기 위해서는 좀 더 많은 노력이 요구된다.

한국에서 살아가는 줌머인들이 줌머 민족 자치권과 인권 활동을 계속해 나가고 한국인들이 그러한 활동을 좀 더 적극적으로 지지해 주기를 희망한다. 그렇게 된다면 나를 포함한 줌머인들은 훌륭한 한국인이자 긍지 있는 줌머인으로 거듭날 수 있게 될 것이다.

공안수의 감옥살이

김형주*

모두진술(冒頭陳述)[1]

저는 학생운동을 하다 2002년 5월 28일 충북 청주시 흥덕구 모충동 소재 서원대학에서 경찰에 강제 연행된 김형주라고 합니다. 연행 후 광주교도소에 수감되고 2003년 6월 19일 목포교도소로 이감[2]되어 2004년 6월 8일 0시 만기출소 할 때까지, 741일 동안 수감생활을 했습니다. 저는 오늘 공안수[3]의 감옥살이에 대해 진술하고자 합니다. 제가 이 글을 쓰고자 함은 일반수와 다른 공안수의 감옥살이를 진술함으로써, 사회에서 이단으로 낙인찍혀 단칼에 잘려진 그들이 감옥에서 어떻게 다시 분리되고 배제되고 생존해 나가는지 드러내 보여주기 위함입니다. 흔히 공안수는 매우 특별한 존재로 감옥에서 대우받거나, 철저히 단절된 생활을 할 것이라고 생각합니다. 모두 다 일견 타당한

---

* 전남대학교 사회학과 박사과정 수료.
1 모두진술 공판을 시작할 때 검사와 피고인이 공소사실과 그에 대한 의견을 밝히는 절차.
2 이감 구치소에서 구치소, 구치소에서 교도소, 교도소에서 교도소로 거처를 옮기는 것.
3 공안수 공안사범을 말한다. 흔히 공안사범은 공공의 안전을 해친 범죄자로 대표적으로 집회와 시위에 관한 법률, 국가보안법 등을 위반하고 수감된 자를 일컫는다.

면이 있습니다.

그러나 공안수는 감옥 안에서 매우 복잡한 위치에 놓여 있습니다. 그들은 감옥 안에 있음에도 불구하고 감옥 밖의 정치·사회·경제 상황에 민감해야 합니다. 동시에 감옥 안의 처우문제 등의 상황에도 촉각을 세우고 있어야 합니다. 감옥안팎의 요구에 민감해야만 하는 그들이지만 그러기 전에 그들도 한 인간입니다. 개인의 욕망과 잡념의 그늘에서 자유로울 수 없습니다. 이 글은 그런 공안수들의 번뇌와 생활, 저항과 투쟁을 온전히 드러내 보이고자 합니다.

이를 통해 우리는 감옥 안의 '특수한 소수자'인 공안수에 대해 이해할 수 있을 것이며, 감옥살이 전반에 관한 이해는 덤으로 주어질 것입니다. 이 글을 쓰고 있는 저는 매우 복잡한 심경에 놓여 있습니다. '공안수'라고 불리는 '특수한 소수자'의 모든 것을 드러내야 하기 때문입니다. 그러나 최대한 진실된 마음으로 있는 그대로의 사실만을 진술할 것을 약속드립니다. 하나 당부 드리고 싶은 것은 제가 가진 경험은 매우 한정적일 수밖에 없다는 것입니다. 따라서 오류도 있을 수 있습니다. 이 모든 것을 감안해 주시길 부탁합니다.

알몸수색[4]

공안수의 모든 것을 까발리는 것을 목적으로 하고 있는 이상, 모든 것이 까발려졌던 이야기부터 해야겠습니다. 경찰서 유치장[5], 검찰청 유치장, 구치소[6], 교도소[7] 등 모든 수감시설에 들어가기 앞서 가장 먼저 행해지는 것이

---

4 알몸수색 수감시설에 구금되기 전 가지고 들어올 수 없는 금지물품(흉기, 담배, 약물 등)을 휴대했는지 확인하는 절차.
5 유치장 현대식 감방 유치장(留置場)은 구류형을 복역하는 자 및 노역장유치자 등 경범죄자와 피의자를 수감하는 경찰서의 시설이다.
6 구치소 형사 사건의 피의자 또는 피고인으로서 영장이 집행되어 구속된 사람을 판결이 내려질 때까지 수용하는 시설. 미결수용자를 수용한다는 점에서 징역형·금고형·구류형, 또는 노역장유치 등의 처분을 받은 자 등의 행형사무를 맡아 보는 기관인 교도소와 다르다.

알몸수색입니다.

  알몸수색을 이해하기 위해서는 피의자가 연행된 후 교도소로 수감되기까지의 과정에 대한 설명이 필요합니다. 통상 범죄를 저질렀다고 의심되는 사람을 연행하게 되면 경찰서 유치장에 감금하고 48시간 안에 구속영장을 청구해야 합니다. 48시간 안에 피의자의 죄에 대해 상당히 입증했거나, 피의자가 증거인멸 및 도주의 우려가 있다면 구속영장이 청구됩니다. 반대의 경우에는 영장이 기각됩니다. 영장이 발부되면 피의자는 최대 10일간의 경찰수사를 받고 검찰로 송치됩니다. 검찰청 유치장에서 피의자는 다시 구치소로 수감되어 최대 20일간의 검찰 수사를 받게 되고, 구치소에서 수감되어 있는 상태로 재판을 받습니다. 재판 결과에 따라 형이 확정되면 교도소로 이감됩니다. 이처럼 피의자는 경찰서 유치장, 검찰청 유치장, 구치소, 교도소를 거치는 동안 그때마다 알몸수색을 받게 됩니다.

  알몸수색은 수감시설에 가지고 들어올 수 없는 금지물품(흉기, 담배, 약물 등)을 걸러내기 위해 행해집니다. 수감기관은 이를 통해 혹시 있을 사고(살인, 자살, 난동)를 예방하고자 합니다. 그러나 알몸수색은 수감자의 입장에서는 매우 불합리하게 다가옵니다. 알몸수색은 속옷 한 장, 실오라기 하나 걸치지 않은 상태에서 진행됩니다. 수감자는 아무것도 입지 않은 상태에서 자기 몸을 의경이나 경찰, 교도관에게 보여주는 것도 모자라, 심하면 쪼그려 뛰기까지 해야 합니다. 여성의 경우는 더욱 심해 여경이 음부까지 들여다보는 경우도 있습니다. 항문이나 음부에 담배나 약물을 비닐에 싸서 휴대하고 들어가는 경우가 종종 적발되었기 때문입니다.

  저 역시 알몸수색을 경험한 바 있습니다. 다른 모든 곳에서는 공안수라 하여 약식으로 몸수색이 진행되었으나, 검찰청 유치장에서 혈기왕성한 의경이

---

7 교도소 죄인을 가두어 두는 곳, 행형 사무를 맡아보는 기관으로, 징역형, 금고형, 노역장 유치나 구류 처분을 받은 자, 재판 중에 있는 자 등을 격리 수용하여 교정, 교화하는 국가 시설이다.

가운을 입히고 옷을 벗긴 다음 앉았다 일어났다를 반복적으로 시켰습니다. 의경 역시 같은 남자였지만 그 순간의 수치심과 모멸감은 지금도 잊지 못할 정도로 치욕적인 것이었습니다. '내가 왜 여기에서 이러고 있어야 하는가?', '도대체 무슨 대단한 죄를 지었기에 이런 모멸감을 느껴야 하는가?' 짧은 순간이었지만 수많은 생각이 스쳤습니다. 다행히 뒤늦게 들어온 직원의 만류로 의경은 야단을 맞고 몸수색은 중단되었지만, 참을 수 없는 치욕이었던 것만은 분명합니다. 물론 구치소 수감과 교도소 이감 시에는 교도소 측의 배려로 알몸수색을 받지 않았습니다.

5033번

제 수번(수감번호)입니다. 구치소에 들어가게 되면, 수복(수감복)으로 갈아입고, 마치 훈련소의 훈련병처럼 수번을 부여받습니다. 수번을 들고 신분장[8](주소, 성명, 입소일시, 사유, 범죄개요)에 들어갈 사진을 예쁘게 전면, 측면으로 찍습니다. 이것은 실제상황인데도 불구하고 마치 범죄영화 속 주인공이 된 듯한 착각을 불러일으킵니다. 저는 적갈색 딱지로 된 5033번을 부여받았습니다. 적갈색 딱지는 공안수라는 표지이고, 일반수는 보통 흰색입니다. 수번은 수복 가슴에 부착해야 합니다. 저는 이 수번을 처음에는 어떻게 할지 몰라 주머니에 넣고 다녔습니다. 다른 수인[9]들은 모두 가슴에 붙이고 있는데 처음 들어간 저는 도대체 이 수번을 어떻게 가슴에 붙여야 하는지 방법을 몰랐기 때문입니다. 감방 안에는 풀도, 본드도, 바늘과 실도 없었기 때문입니다. 나중에서야 소지[10]의 도움으로 관구실[11]에서 양면테이프를 구

---

8 신분장 교도소에서 재소자 및 직원의 이력이나 성적 따위를 모아 둔 장부.
9 수인 죄를 짓고 옥에 갇힌 사람.
10 소지 '사동청소'를 줄여 '사소'라고도 한다. 하지만 흔히 소지라 부른다. 소지는 일본말로 청소를 뜻한다. 사동소지는 청소나 배식을 담당하고, 사동 복도를 오가며 수인들의 심부름을 돕는다. 주로 군탈영병이나 여호와의 증인 등 나이가 어리고 죄가 가벼운 믿을 만한 수용자(모범수)가 소지를 한다.

해 가슴에 붙일 수 있었습니다.

기껏해야 손가락 두 개만한 이 적갈색 수번은 저에게 하나의 낙인이기도 했지만, 다른 한편으로는 자부심이자 방패막이이기도 하였습니다. 보통 공안수는 수감되자마자 다른 일반수와 분리 수용됩니다. 적갈색 수번은 다른 수인과 교감할 수 없게 만든다는 측면에서 하나의 낙인입니다. 그러나 '나는 적어도 내 개인의 욕심과 실수로 인해 죄를 짓고 들어오지 않았다'는 하나의 자부심을 갖게 하기도 합니다. 또한 수감된 날부터 마주치게 되는 빵잽이들의 폭언과 괴롭힘으로부터 저를 보호해주기도 합니다. 일반수는 공안수를 자신들과는 다른 수인으로 인정하기 때문입니다.

0.75평 독방

말씀드린 것처럼 보통 공안수는 수감되자마자 다른 일반수와는 분리되어 독방(독거실)[12]에 수감됩니다. 혼거실[13]에 수감되더라도 경제방, 주로 사기나 부도, 카드 빚 등으로 들어온 비교적 죄질이 가벼운 수인들이 사는 곳에 수감됩니다. 저는 광주교도소 미1하2방에 수감되었습니다. 다시 말해 미결 1사동[14] 1층 2방에 수감되었다는 뜻입니다. 만일 미2상3방에 수감되었다고 하면, 미결 2사동 2층 3방에 수감되었다는 것을 의미합니다. 형이 확정되지 않은 수인(미결수)은 구치소에 형이 확정된 수인(기결수)은 교도소에 수감되는데, 광주교도소는 교도소 안에 구치소를 운용하고 있어 미결사동과 기결사동으로 구분하여 수용하고 있습니다.

---

11 관구실 관구를 관리하는 관리실. 사동이 너무 많으면 관리·감시하기가 힘들기 때문에 몇 개의 사동씩 구분지어 하나의 관구로 나누어 관리하고 있다.
12 독방(독거실) 혼자 생활하는 방을 말한다. 독거실에는 보통 국가보안법위반 등의 사상범과 혼거에 문제가 있는 수형자, 전염병 수용자 등이 수용된다.
13 혼거실 여러 사람이 생활하는 방, 보통 소방-3인, 중방-7인, 대방-10~12인이 생활한다.
14 사동 아파트의 동처럼 교도소에서 수용자가 생활하는 동을 일컫는다.

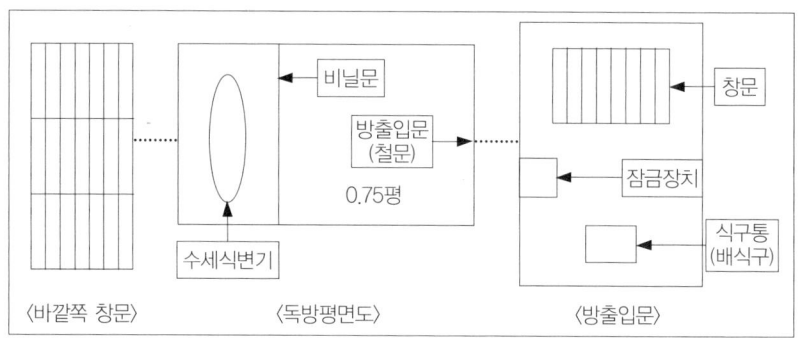

〈그림 1〉 독방 구조(창문, 평면도, 출입문)

　제가 처음 들어간 방은 독방으로 크기는 0.75평이었습니다. 길이는 방문에서 보통걸음으로 4걸음 반, 폭은 누워서 가슴에 손을 얹고 팔꿈치를 벌리면 팔꿈치가 양쪽 벽에 닿는 아주 좁은 방이었습니다. 방 안에는 비닐 막과 나무틀로 짜인 문으로 구분되어 있는 뺑기통(화장실)이 있습니다. 처음 이 방에 들어갔을 때의 기분은 그야말로 참담했습니다. 이 좁은 방에서 어떻게 생활하나 걱정이 앞섰기 때문입니다. 그러나 아직 형이 확정되지 않았기에 머지않아 출소할 수 있을 것이라는 믿음과 그나마 안정적인 공간이 생겼다는 사실에 안도하기도 했습니다.
　처음 생활은 매우 힘들었습니다. 6월 9일이었으니 모기는 얼마나 많던지요. 교도소 측으로부터 모기장을 지급받았지만, 모기장을 어떻게 창문에 붙여야할지 몰라 이틀밤을 꼬박 시달렸습니다. 3방 형님을 통해 치약을 방문 창살 가장자리에 바르고 그 위에 모기장을 붙이면 된다는 말을 듣고서야 모기장을 설치할 수 있었습니다. 그러면 찐득한 치약에 모기장이 붙고 나중에는 저절로 굳어져 훌륭하게 접착제 역할을 합니다. 치약, 일회용 칫솔, 모포 등 기본적인 생필품은 지급되었지만, 세숫비누, 빨랫비누, 전기면도기, 시계 등도 영치금을 사용해 구입해 사용할 수 있다는 것도 며칠이 지나서야 알게 되었습니다. 더운 여름 10여 일 이상을 샤워, 면도도 못하고 비누칠 한번 못했으니, 내 몸에서 나는 냄새가 내 코를 파고들어 종일 괴롭힐 지경이었고, 세제가 없어 대충 씻은 그릇에 식사를 할 정도였으니, 그 불편함은 두말할 필요가 없겠습니다.

이 모든 것은 처음으로 살아 보는 옥살이에서 비롯한 무지함이었지만, 공안수로 분리되어 다른 일반수들과 소통할 수 없는 조건도 크게 작용했습니다. 그런 점에서 공안수는 대단히 불합리한 상황에 처해 있었습니다. 특히 이 시기에는 검찰조사가 끝나지 않아 거의 대부분의 시간을 검찰청 유치장과 조사실에서 보내고 일과가 끝난 뒤에야 교도소로 다시 돌아왔기 때문에 적응이 대단히 더딜 수밖에 없었습니다. 다행이 아주 가끔 운동시간에 만난 일반수들과 이웃인 옆방 형님들의 도움, 면회 오는 선배들의 조언을 통해 옥살이 방식을 터득하였고, 나중에는 관구담당 교도관이나 공안수 담당 보안과[15] 교도관을 통해 요구사항을 제출하고 불편함을 풀어나가기도 하였습니다.

특히 3방에 있던 형님은 밥 먹을 때 깔고 먹으라고 폐지(오래된 신문지)를 넣어주기도 하고, 여성잡지, 소설까지 빌려 주어 매우 고마웠습니다. 폐지를 받자마자 처음부터 끝까지 광고 한 줄 한 줄, 숫자 하나 하나까지 한 글자도 놓치지 않고 읽었던 기억이 납니다. 거의 10일 만에 만나는 활자인지라, 마치 활자중독에 걸린 사람처럼 글을 읽어 나가며 옥살이의 지루함을 달랬던 기억이 납니다.

저는 독방에 배치된 지 약 2주 후 1.2평 정도의 기결사동 독방으로 이방[16]을 갔습니다. 기5사12방이었는데 이 사동은 예전에 장기수들이 머물렀던 곳이기도 합니다. 광주교도소의 경우 장기수와 선배 공안수들의 투쟁으로 미결수였지만 공안수인 저를 5사로 보내 주었습니다. 교도소의 입장에서는 공

---

15 보안과 직원훈련, 직원점검, 적성, 가석방, 분류, 계호, 상벌, 접견, 보호, 무기, 구금, 처우, 교육, 작업 등의 업무를 담당하는 과.
16 이방 기존 방에서 다른 방으로 거처를 옮기는 것.

안수를 분리시켜 좋았고, 공안수의 입장에서는 기결수로서 오래 생활한 수인들이 짜인 일과를 소화하며 체계적인 생활을 구축한 사동에서 한층 더 안정적인 생활을 할 수 있다는 장점이 있습니다. 미결사동은 재판이 끝나지 않은 수인들이 거주하기 때문에 상대적으로 신입과 석방 등 수인들의 출입이 잦고, 재판결과에 따라 석방이 될 수도 있다는 희망이 있었기 때문에 항상 들떠 있고 매우 소란스러워, 거주하기에는 불편한 면이 있습니다.

5사 12방은 기존 독방과 비교했을 때 길이는 4폭 반으로 비슷했지만 양팔을 벌렸을 때 양손 끝이 양쪽 벽에 충분히 닿을 정도로, 기존 방에 비해 상대적으로 넓었습니다. 왜 사람들이 집 평수를 늘려가며 이사를 다니는지, 세대주의 마음이라는 것이 이런 것이라는 것을 처음으로 이해하게 되었습니다. 그만큼 기쁘고 생활하기도 편리했습니다. 한편으로 일반수들의 경우 이런 방에서 3~4명이 생활하고 있었기 때문에 특권을 누리는 것 같아 마음 한 구석이 불편하기도 하였습니다.

하루살이

이 공간으로 이사를 와서야 비로소 스스로가 마련한 일과표에 따라 체계적인 생활을 하게 됩니다. 검찰조사가 끝나서 수갑과 포승에 묶여 매일같이 검찰청으로 출정[17] 나가는 일도 없었거니와, 본격적으로 재판준비를 위해 생각을 가다듬고, 관련 법률을 공부하고 방어논리를 연구해야 했기 때문입니다. 하루 일과는 주로 6시경 아침에 기상하여 방 청소를 하고, 아침식사 후 1시간의 운동, 샤워와 빨래, 점심식사 후 신문구독과 독서, 저녁식사 후 TV시청과 독서 후 취침의 형태로 진행되었습니다. 물론 그 사이사이 접견[18]과 서신[19]을 주고받는 일도 매일같이 진행되었습니다.

---

17 출정 재판이나 검찰청 조사를 받기 위해 구치소에서 법정으로 출두하는 것을 말한다.
18 접견 면회. 교도소에는 아직도 일제강점기 때 만들어진 법의 잔재와 용어가 많이 남아 있다.

교도소는 보통 아침에 기상하여 점검[20]을 받는 것으로 하루가 시작됩니다. 아침식사 전 사동교도관의 '점검~', '각방차렷~'이라는 외침으로 점검이 시작됩니다. 그러면 과장이나 직급 높은 교도관이 각 사동을 순시하면서 인원수가 제대로 맞는지 파악합니다. 저는 이 점검을 교도소 생활 처음부터 끝까지 거부하였는데, 이미 감방 안에 있는 수인들을 굳이 정좌하게 하면서까지 인원파악을 할 필요는 없다고 생각했기 때문입니다. 이후에 물이 배식되고, 식사가 배식됩니다. 이 역시 소지의 '식수~', '배식~'이라는 외침으로 시작됩니다. '배식~'이라는 말이 들리면 부지런히 밥그릇과 국그릇, 반찬그릇을 챙겨 식구통[21] 앞에 쭈그려 앉아 있다가 식구통으로 그릇을 내밀어 배식을 받습니다. 배식은 소지들이 담당하기 때문에 한 수저라도 더 먹으려면 소지들과 평상시에 친해놓지 않으면 안 됩니다. 밥은 쌀보리 비율이 6:4정도 1국, 2찬입니다. 주마다 식단이 다르고 월마다 전체 식단이 교체되지만 큰 차이는 없습니다.

아침식사를 한 후에는 뼁기통[22]에 앉아 구입한 세제와 수세미를 이용해 설거지를 합니다. 물은 잡수통[23]에 받아 놓고 쓰는데 특정시간에만 물이 공급됩니다. 설거지를 끝내고 허리를 펴 창밖을 내다보고 있노라면, 여기저기서 피워대는 담배 냄새가 코끝을 파고듭니다. 담배는 교도소에서 허용되지 않은 물품이지만, 어디서 어떻게 들어왔는지 용케도 피웁니다. 감옥 안에서 안 되는 것은 없습니다. 담뱃불은 전기면도기를 분해해 +−극을 이용해 만듭니다. 수건에서 실을 뽑아 둘둘 꼬아 엮어 수세미를 만들기도 하고, 마른 오징어를 사이다에 넣고 불리고 레모나를 이용해 오징어 무침을 해 먹기도 합

---

19 서신 편지.
20 점검 교도소에서 실시하는 인원점검으로 하루 두 번 개방 전, 폐방 후 실시한다.
21 식구통 감방 출입문 아래나 옆에 수인들의 식사배식을 위해 뚫어 놓은 구멍.
22 뼁기통 감방 안에 있는 변기, 화장실을 의미하나 설거지와 샤워도 하는 공간이다.
23 잡수통 설거지 물이나 세숫물 등을 담아 놓은 통.

니다. 과거에는 식빵을 요구르트에 넣어 발효시켜 술을 만들어 먹기도 했다고 합니다.

하여튼 아침식사 시간 즈음인 7시경부터 라디오 방송 '이수경의 파워FM'이 방 안의 스피커를 통해 흘러나옵니다. 8시경에 중단되는 이 방송은 12시부터 1시까지 방송되는 '최화정의 파워타임'이라는 라디오 방송과 함께 유일하게 '생방송'으로 들을 수 있는 방송입니다. 저녁 6시부터 2시간 동안 뉴스와 오락프로그램, 드라마가 방 안에 있는 TV로 방송되지만, 모두 '녹화방송'입니다. TV는 일요일의 경우 일과시간 내내 틀어주는데 오전 비디오 영화 상영과 전국노래자랑, 오락프로그램이 주로 방송됩니다. 그리고 때에 따라 국가대항전 축구가 있는 날에 밤이 늦었더라도 끝까지 방송을 합니다. 그렇게 하지 않으면 수인들이 고함을 치고, 난리가 나기 때문입니다. 한번은 드라마 '야인시대'가 주먹세계를 다룬 드라마라 하여 교도소 측에서 방송을 하지 않았는데, 이 때문에 수인들이 청원도 하고, 소리를 지르고 강하게 항의해 결국 방송되기도 하였습니다.

아침식사 후 9시경부터 운동을 하고, 점심식사는 11시 30분경에, 폐방[24]은 출역[25] 나간 수인들이 들어오는 5시경에, 오후 점검도 폐방 즈음에 진행되고 이후에 5시 40분경 저녁식사를 하고 TV시청 시간이 2시간 동안 주어집니다.

라디오, TV와 더불어 세상과 소통할 수 있는 창구는 신문과 서신, 접견입니다. 모두 교도소 측의 통제를 받기 때문에 제한적이기는 하지만 빼놓을 수 없는 중요한 소통창구입니다. 특히 서신과 접견은 힘겨운 옥살이를 하는데 크나큰 위안과 힘을 줍니다. 신문은 1998년 김대중 정부 이후에 허가되었습니다. 그나마도 교도소와 관련되거나 교도소 안에서 동요를 불러일으킬 만

---

[24] **폐방** 모든 일과가 끝나면 사방의 수인의 이상 유무와 인원수를 확인하는 점검 후 1차, 2차 잠금장치를 모두 잠그는 것을 말한다.
[25] **출역** 징역형을 받은 기결수들이 일터로 출근하는 것을 말한다.

한 내용은 가위로 오려져 지면이 뻥 뚫린 채 들어오기 일쑤입니다. 서신 역시 검열을 통해 검열 도장이 찍혀야만 밖으로 내보낼 수 있고, 접견도 마찬가지로 교도관이 옆에서 내용을 기록하기 때문에 깊은 이야기까지 하지는 못합니다.

한 가지, 제가 시간을 정확히 기억하지 못하는 것은 교도소에는 시계가 없을 뿐더러, 방과 복도는 24시간 불이 켜져 있기 때문입니다. 손목시계를 구매할 수 있지만 시계가 있더라도 굳이 시계에 얽매이지 않습니다. 교도소 체계는 그만큼 꽉 짜인 시스템 안에서 매일매일이 흘러가기 때문입니다.

'특수한 소수자' 공안수

제가 모두에 말씀드린 것처럼 공안수는 매우 '특수한 소수자'라고 할 수 있습니다. 우리가 알고 있는 '소수자'는 획일화된 주체를 거부하며 다른 생각과 삶을 추구해 나가는 사람입니다. 소수자는 국가 권력으로부터 배제되어 있으면서 표준화를 거부합니다. 소수자들은 자기 정체성을 집단적으로 확인해 나가면서 자신들의 고유하고 색다른 공간을 만들어 나가려고 합니다. 제가 공안수를 '소수자'가 아니라 '특수한 소수자'라고 부르는 데에는 다소 복합적인 이유가 있습니다. 공안수는 '소수자'인 것처럼 보이면서도 '소수자'가 아닌 것처럼 보이기도 하기 때문입니다. 감옥 안에서 공안수라는 지위는 그리 호락호락하지 않습니다. 물론 공안수이기 때문에 교도소 측과 수인들의 배려 속에 생활하지만 교도소 안에서 공안수로서 그만큼의 몫을 해야 한다는 부담감도 있습니다. 제가 공안수를 '특수한 소수자'라 칭한 데에는 다음과 같은 이유가 있습니다.

우선, 공안수는 다른 사상, 다른 주의 주장을 가지고 이를 표현했다는 이유로 국가로부터 배제되어 구금에 처해진 사람입니다. 더구나 감옥 안에서도 공안수는 다른 일반수와 구분되어 수용됩니다. 말하자면 수용소 안에서 다시 분리 수용되는 이중의 차별을 겪는 것입니다. 공안수는 서신과 접견,

운동, 면담, 목욕 등 일상생활 전반이 일반수와 분리된 장소에서 이루어집니다. 공안수는 그 특성상 교도소 내 잘못된 규칙이나 인권침해에 대해 민감하고, 일반수형수들을 선동해서 교도소를 소란케 하거나 수인들에게 잘못된 사상이나 의식을 주입시켜 문란케 할 소지가 크다고 판단해 격리시키는 것입니다. 교도소 역시 하나의 작은 사회인지라 수인들과 어울려 지내는 것이 필요합니다. 제 경험상 독방에서 1년을 지내고 보니, 정신적으로 피폐해졌다는 것을 스스로 느꼈습니다. 즉 모든 것에 민감하고 예민해집니다. 교도관이 무슨 말을 하면 '나를 또 어떻게 하려고 하는 건 아닌가.' 하는 생각이 들기도 하고, 벽과 이야기하거나 비둘기에게 말을 거는 경우도 허다합니다. 정신적으로 매우 힘들어지는 것은 당연한 일이겠습니다.

다음으로 공안수는 공안수라는 이름 때문에라도 함부로 살 수 없습니다. 안과 밖의 요구들이 늘 생겨나기 때문입니다. 밖에서 정치적인 사건이 생기거나 요구가 있으면 공안수는 감방 안에서 선전도 해야 하고 때로는 단식투쟁도 불사해야 합니다. 또한 안에서는 수인들이 "무엇이 잘못 되었다.", "이런 것은 고쳐야 한다.", "내가 이런 억울한 일을 당했다."면서 도움을 청하기도 합니다. 그러한 이야기를 들었을 때에는 문제를 해결하기 위해 최대한 노력하지 않을 수 없습니다. 이 모든 요구를 받아서 그때마다 문제를 제기하고 투쟁하기에는 매우 역부족일 수 있습니다. 그러나 공안수는 이 모든 것을 감내해야만 합니다. 이러한 부분은 누구에게도 드러낼 수 없기에 독방 안에서 몸과 정신은 때때로 쇠약해질 수 있습니다.

마지막으로 공안수는 공안수이기 전에 한 인간이기도 합니다. 따라서 자신과의 싸움에서 자유롭지 못합니다. 육신의 욕망에서 자유로울 수도 없고, 끊임없이 파고드는 잡념에 정신적으로 나약해질 수도 있습니다. 어떤 장기수가 자신의 수기에서 언급했듯이 감옥생활의 90%는 잡념과의 싸움이라고 했습니다. 육체의 묶임에 대해 보상이라도 받을 듯이 정신은 끊임없이 갖가지 잡념들을 쏟아냅니다. 생각지도 않았던 어린 시절 잘못했던 일이나 불안정한 미래나 부모님의 고통이나 갖가지 잡념들이 온종일 괴롭힙니다. 또한 육신의 욕망은 자신의 의도와는 상관없이 불시에 찾아들기도 합니다. 독방에서 유일하게 할 수 있는 일은 자신의 몸의 일부를 붙잡고 흔드는 일밖에 없다고 한 어느 시인의 표현처럼 욕정은 끊임없이 스스로를 괴롭힙니다. 이러한 번뇌망상과 고통은 공안수로 분리되어 독방에 갇혀 있기에 더 처절하게 느껴질 수밖에 없습니다.

그럼에도 불구하고 공안수는 자신만의 투쟁을 일궈가기도 합니다. 매일매일 시시각각 잡념과 번뇌와의 한판싸움부터 지독한 단식투쟁까지 투쟁은 감옥생활 내내 계속되었습니다. 때문에 공안수는 소수자로서의 지위를 획득할 가능성도 존재합니다.

공안수의 저항과 투쟁

자의든 타의든 공안수는 교도소 안에서도 저항과 투쟁을 전개합니다. 우선, 저항은 소극적 의미의 투쟁입니다. 저항은 거부하거나 버티는 것을 의미하는데 주로 점검과 검방[26]의 거부, 서신제한과 검열에 대한 항의, 접견 운동시간의 준수 촉구 등이 해당됩니다. 저의 경우 하루 두 번의 점검을 정좌로 거부하면서 무시하며 생활하였고, 검방 역시 거부하였습니다. 검방은 교도소에서 빨간모자라 불리는 기동순찰반과 경비교도대에 의해 행해지는데, 수인들이 없는 사이 혹은 수인들을 밖으로 나오게 하고 방 안을 수색하여 금지물품들을 적발해 가는 것을 말합니다. 검방은 방 안 곳곳을 샅샅이 뒤지기 때문에 사생활을 침해 받는 것 같아 대단히 불쾌합니다.

저는 만약 방 안에 외부에서 들어온 금지물품이 있다는 것은 어떤 식으로든 교도관에 의해 들어왔을 것이 분명하므로 책임과 처벌은 교도관들이 받

---

26 검방 교도관들이 수시로 수용자의 사방을 검사하여 부정물품이나 탈옥, 수용자 상태를 점검하는 것을 말한다.

아야 마땅하다는 이유로 검방을 거부하였습니다. 검방을 하는 것이 아니라 교도관들을 잘 교육시키고, 업무를 충실히 하게 해 금지된 물품이 방 안으로 들어오지 않게 하면 된다는 논리였습니다. 상식적으로 방 안에 있는 수인들이 외부물품을 들여올 여지는 그리 크지 않기 때문입니다. 그러나 한번은 검방과 관련해 웃지 못할 일을 겪기도 했습니다. 젊은 소지 하나가 어느 날 갑자기 뛰어와 방문을 두들기더니 "오늘 검방이 있을 것 같다."면서 남성잡지 여러 권을 넣어주었습니다. 제 방은 검방을 하지 않는 것으로 알고 있었기에 잠시 보관해 달라는 말이었습니다. 난처하기도 했지만 책에 대한 호기심이 없는 것도 아니어서 선뜻 그러겠노라 하고 보관해 두었는데, 제가 운동을 나간 사이 제 방을 불쑥 검방한 것입니다. 운동을 하고 들어오니 방문은 열려 있고, 웬 경비교도대 한 명이 제 방 안에 쭈그려 앉아 남성잡지들을 넘기고 있었습니다. 방에 들어가려는 저와 그의 눈이 마주쳤는데, '당신도 어쩔 수 없구만' 이런 식의 눈빛이 제 머리부터 발끝까지 훑고 지나감을 느꼈습니다. 그 상황에서 소지가 맡겨 놓은 거라는 말도 할 수 없고, 내가 좋아하는 책이라고 할 수도 없고, 그냥 두고 가시라는 말만 했던 기억이 납니다.

　서신의 경우에도, 저는 서신의 양을 제한하거나 검열을 하는 것에 수시로 항의하였는데, 밖에서 편지를 보내거나 받은 사람이 면회를 와 확인해 주지 않는 한 제한과 검열을 확인할 수 있는 방법이 없었기 때문에 변화여부는 가늠하기 어려웠습니다. 접견은 미결수인 경우 법적으로 하루 1회 30분의 시간이 주어져 있습니다. 그러나 교도소의 접견실은 매우 수가 적고, 찾아오는 접견인들도 많아서 5분도 채 주어지지 않습니다. 저의 경우 공안수에게 암묵적으로 승인된 10분 접견만을 지켜내고자 노력하였고, 그마저도 그만 끝내자고 재촉하는 교도관에 맞서 접견실에서 버티기도 하였습니다. 그러나 이 역시 일반수와의 형평성 문제 때문에 강하게 제기할 수는 없었습니다. 운동시간의 경우 최소 1시간을 보장받았고 길게는 2시간도 보장받았습니다. 이는 일반수와 비교하여 매우 파격적인 대우였기 때문에 특별히 이의를 제기하지는 않았습니다. 그러나 저와 같은 상황은 매우 특수한 상황으로 기결사동에서 기결수들이 출역을 나간 후 텅 빈 운동장을 혼자 걷고 뛰거나 가끔씩 극소수의 노역자나 독거수[27]들과 운동을 했기 때문에 크게 문제될 수는 없는 것이었습니다.

다음으로 투쟁의 경우 어떤 목적을 달성하거나 문제를 적극적으로 알리기 위해 싸우는 것을 의미합니다. 저는 감옥 안에서 모두 3번에 걸쳐 약 20여 일간 단식투쟁을 하였습니다.

교도소에서는 단식투쟁이 가장 수위 높은 투쟁인데, 단식투쟁이 전개되면 수용자의 생명이 위험에 빠질 수 있어 수용자의 감금과 관리를 최우선으로 생각하는 교도소 입장에서는 매우 난처한 상황에 빠질 수 있기 때문입니다. 또한 단식투쟁이 전개되면 상부에 보고도 해야 하고, 매일 건강도 체크해야 하며, 외부로부터 압력이 가해지기 때문에, 교도소는 매우 귀찮은 상황에 처해지게 됩니다. 공안수의 입장에서도 단식투쟁은 매우 힘든 투쟁입니다. 곡기를 끊는다는 것 자체는 물론이거니와, 불규칙적인 생활과 수배와 도망으로 피폐해진 몸을 겨우 감옥에서 원상복귀 시켜놓은 상태에서 행해지는 것이기에, 건강에 대한 부담을 느끼지 않을 수 없습니다.

단식투쟁은 주로 교도소 안의 수인들의 요구와 정치적 요구를 결합하여 진행합니다. 감옥 안의 수인들과 동떨어진 구호를 제기하며 투쟁할 수는 없습니다. 수인들의 관심과 호응도 얻지 못할 뿐더러 자칫 혼자만의 고립된 싸움이 될 수 있기 때문입니다. 또한 그동안 스스로 느끼고 수인들에게 들었던 교도소의 문제를 정치적인 문제와 함께 해결하자는 전술적인 고민도 있습니다.

가장 기억에 남는 단식투쟁은 12월 1일 국가보안법 제정일에 맞춰 9일 동안 진행했던 것입니다. 국가보안법 위반 혐의로 들어온 저로서는 당연히 국

---

27 독거수 독방에 사는 수인.

가보안법의 부당함에 대해 수인들에게 알리고, 비록 감옥 안이었지만 단식을 통해 외부에도 경종을 울리고자 하였습니다. 단식투쟁 기간 동안 매일매일 TV시청시간이 끝난 후 취침에 들기 전 시간, 저의 연설이 시작되었습니다. "재소자 동지들 안녕하십니까. 저는 12방에 사는 김형주입니다."라는 인사로 시작되는 연설은, 매일매일 주제를 바꾸어 국가보안법의 제정과정과 국가 안전의 이름으로 국가 권력의 폭력을 정당화하거나 이에 반대 또는 저항하는 세력을 억압하거나 말살했던 국가보안법의 역사를 고발하였습니다. 이와 더불어 공안수의 처우개선과 수인들의 처우개선의 요구도 선전하였습니다. '공석인 교도소 의무과장 자리는 어떻게 해결하고 있는가, 외부진료 횟수를 늘려야 한다. 독거실도 TV가 설치되어야 한다.' 는 등의 요구사항을 정리하여 발표하였습니다.

방문 창살을 양손으로 붙잡고 얼굴을 최대한 밀착시킨 채 사동 전체가 쩌렁쩌렁 울리도록 외치고 있으면 "시끄럽다."고 소리치는 분도 있고, "옳소." 라고 외쳐 주시는 분도 있고, 박수 쳐 주시는 분도 있습니다. 오가며 "고생한다."고 "며칠째냐."고 물어보시는 분들도 있고, 단식이 끝난 뒤에는 음식을 잔뜩 넣어 주시는 분들도 계셨습니다. 무엇보다 이 단식에서는 부소장과의 면담을 통해 요구사항을 전달하고 교도소 측의 성실한 답변을 이끌어 냈습니다.

단식투쟁은 매우 힘든 과정을 동반합니다. 단식 전 감식, 단식 후 회복식까지 합치면 거의 단식일의 두 배 이상의 시간을 준비하고 견뎌내야 합니다. 여기에 감옥 안의 단식은 오로지 홀로 방 안에서 견뎌내야 한다는 사실 때문에 더욱 힘듭니다. 단식투쟁 기간에는 오로지 물과 소금으로만 버텨야 하기에 배식시간이 얼마나 증오스러웠던지 모릅니다.

옥에 갇힌 사람들

공안수에게 감옥은 거대한 대학입니다. 방 안에서 주로 할 수 있는 일은 활자를 쫓는 일입니다. 밖에서는 생각해 보지 못했던 것들에 대해 사색할 수 있고, 소홀히 했던 공부도 할 수 있습니다. 그러나 무엇보다 감옥이 대학일 수 있는 것은 그곳에서 만난 사람들 때문일 것입니다. 사실 공부로 치자면 수인들이 훨씬 똑똑한지도 모릅니다. 저에게 『자본론』을 넣어 주며 읽어 보라던 수인도 있었고, 『성의 역사』를 권한 수인도 있었습니다. 대학 초년 시절을 거의 거리에서만 보낸 저로서는 매우 생소하고 어려운 내용이어서 수십 페이지를 넘기지 못하고 공안수의 체면도 살리지 못한 채, 다시 빌려 주신 분에게 반납해야 했습니다.

수인들은 대선 때 개표 방송을 들으며 노무현 후보가 앞서 나가자 "가석방 가자."며 환호할 정도로 재미있기도 순진하기도 합니다. 사실 대선결과와 가석방이, 가석방과 자신이 직접 관련되지 않을 경우가 허다합니다. 추측하건대 그것을 알면서도 기대와 희망으로 징역살이를 깨가는 것이겠지요.

하지만 수인들이 마냥 순종적이지만도 않습니다. 저는 한 수인이 교도관의 머리를 돌로 찍는 것을 목격한 적이 있습니다. 그분은 전두환 정권 시절에 감방에 들어와 18년을 살고 있었는데, 독방에서만 살았기 때문에 핸드폰이 뭔지도 모르는 분이었습니다. 운동시간에 만날 수 있는 몇 안 되는 수인이었는데, 감옥에서 사고를 많이 일으켜 곱징역을 살고 있는 분이었습니다. 통상 요시찰[28] 대상자들끼리 모아 운동을 시켰으니 그분 역시 저와 더불어 요시찰 대상자였나 봅니다. 어느 날 운동시간에 운동장을 돌고 있는데, "악" 소리가 들려 뒤를 돌아보니 사동담당 교도관이 머리를 쥐고 뒷걸음질 치고 있었습니다. 그 수인의 손에는 큼지막한 돌이 들려 있었고, 하얀 눈밭에는 벌써 선혈이 낭자해 있었습니다. 사연은 모르겠으나 가끔 대화해 보면 교도관들에 대한 불만이 많았던 것으로 보아 그 불만이 쌓여 교도관의 머리를 돌로 찍은 것으로 보입니다. 운동장에는 저와 그 수인, 그리고 교도관밖에 없

---

28 요시찰 사상이나 보안 등의 문제와 관련하여 특별히 감시하는 것.

었기 때문에 상당히 위급한 상황이었습니다. 그분은 결국 기동 순찰반에 끌려가긴 했지만 끌려가기 전까지 교도소 철창을 돌로 내리치며 울부짖던 모습이 아직도 생생합니다.

요시찰이라는 말이 나왔으니 잠시 말씀드리겠습니다. 요시찰은 주로 감옥에서 문제를 일으키거나 교도소 측을 귀찮게 하거나 그렇게 할 소지가 있는 수인을 감옥에서 따로 지정하여 관리하는 것을 말합니다. 이 수인들은 출역도 나가지 못하고 독방에 하루 종일 수감되어 있습니다. 이들은 주로 교도소에 저항하는 수인들입니다. 교도소에서는 수인들의 저항도 활발하게 일어나는데, 저항은 주로 정말 부당하다고 느껴서 하는 경우와 감옥 안에서 편하게 살기 위해 하는 경우가 있습니다. 저항의 형태는 단식, 자해, 아무거나 집어삼키기, 자살, 교도관 혹은 수형자 때리기, 소리 지르기, 시끄럽게 하기, 다른 언어로 통방하기, 꼬투리 잡기, 약 많이 먹기, 교도관에게 말 걸기, 못들은 척하기, 타협하기 등 여러 가지가 있습니다.

제가 있던 사동이 특별사동이라 요시찰 수형자들이 많았습니다. 교도관들은 그들을 소위 '코걸이'라고 불렀습니다. 교도소 입장에서는 교도소를 귀찮게 하는 사람들이라 하여 그렇게 불렀는데, 수인들 입장에서는 다른 투쟁을 전개하는 수인들이기도 합니다. 그분들이 감옥과 투쟁하는 것을 보면 정말 대단합니다. 각자마다 나름의 특색이 있는데, 어떤 분은 법조문을 다 알고 있는 것은 기본이고 교도관 근무수칙도 모두 알고 있어서 교도관이 근무를 잘못 서고 있으면 꼬투리를 잡아서 고소해 버립니다. 메리야스가 소비자 품질규정에 맞는지 실험하는 분도 있고, 날마다 아픈 데가 생겨 의무실을 들락날락 거리는 분도 있습니다. 또 한 분은 교도관들을 살살 꼬셔서 먹을 것을 같이 먹고는 나중에 고소해 버리기도 했습니다. 인권위 진정, 헌법소원 전문가도 있었고, 교도관 폭행만 일삼는 수인도 있었습니다.

일상 속에서 수인들과 깊은 만남을 갖지 못한 저로서는 세세하게 모두 기억하지 못하지만, 대략적으로 기억나는 분들은 칼침을 일곱 방 맞고 정신이 돌아버린 가짜 조폭형님, 억압에 못 이겨 자신의 성기를 잘라 버린 웃는 모습이 정겹던 아저씨, 20년 징역살이에 갈 곳은 갱생원 뿐이라던 청송 출신으로 씨발을 입에 달고 살아 씨발아저씨, 예쁜 문신 콘테스트에 나갔으면 틀림없이 일등 먹었을 뽕쟁이[29] 형님, 비질이 어설퍼 보였는지 빗자루를 빼앗아 대신 눈밭을 쓸던 짧은 철회색 머리카락과 턱수염이 멋졌던 한 아저씨와 그가 내뱉었던 한마디 "노동은 신성한 것이여.", "내가 너보다 훨씬 오래 살았지만 인생은 네가 더 보람되게 산 것 같다."던 교도관 아저씨, "나가면 좋은 일 많이 하라."던 소지 동생, 갇혀 있는 나에게 "참 좋아 보인다."고 말했던 가난한 노동자 불알친구. 곡절 많은 사연의 수인들과 교도관 아저씨들, 이곳을 거쳐 간 수많은 운동 선배의 이야기들이 많은 깨달음을 주었습니다.

최후진술(最後陳述)[30]

저는 제가 겪은 공안수의 감옥살이를 진술하고자 하였습니다. 최대한 감정을 배제한 채 있는 그대로의 사실을 담담하게 진술하고자 하였습니다. 주로 공안수의 감옥살이를 중심으로 알려지지 않은 이면의 모습까지 드러내는 방향에서 쓰고자 했고, 공안수와 관련되는 내용은 되도록 빠짐없이 서술하고자 했지만, 여전히 빠진 부분들이 많습니다. 저와 함께 생활한 몇몇 공안수들의 이야기는 여기에 담지 못했습니다.

공안수는 국가에 의해 사회로부터 격리되어 감옥에 수감되지만, 감옥에서도 다른 수인들과 분리되는 상황에 처합니다. 또한 공안수는 감옥 안에서도 공안수답게 살아야 한다는 안팎의 요구와 개인적인 욕망 사이에서 갈등하기도 합니다. 그럼에도 불구하고 그는 저항과 투쟁을 계속합니다.

---

29 뽕쟁이 마약사범.
30 최후진술 형사소송법 303조 규정. 공판기일의 최후에 이루어지는 진술. 검사 다음 피고인 측의 순서로 한다.

이 글은 공안수 전체의 경험과 현황을 대표한다고 볼 수 없습니다. 다만 2000년대 초반의 광주와 목포 교도소의 체계와 공안수를 비롯한 수인들의 생활을 엿볼 수 있을 것입니다. 이 글이 의도한 바와는 달리 관련된 관계자들이 상처받지 않을까 걱정입니다. 이 글로 인해 감옥을 경험했거나 경험하고 있는 공안수들, 성실하게 수감생활을 하고 있는 수인들, 역시 정직하게 반(半)수감생활을 하고 있는 교도관들에게 상처가 되지 않았으면 합니다.

글을 쓰는 내내 즐거움보다는 괴로움이 더 컸습니다. 무엇보다 먼저 개처럼 끌려갔던 연행의 상황부터 떠올려야 했기 때문입니다. 묵비권을 조롱하던 한 경찰과, 비웃음으로 농락하던 검사 나리, 거대한 철창에 매달린 제 얼굴을 떠올려야 했기 때문입니다.

아픈 상처를 드러내는 작업이었지만 이 기회를 계기로 옥살이를 어느 정도 정리할 수 있었습니다. 감사의 말씀을 드립니다. 제가 할 말은 여기까지입니다.

이상으로 최후진술을 마칩니다. 경청해 주셔서 감사합니다.

관계와 관계

혜 리*

　호적을 정리하고 싱글맘으로, 이름을 바꾸어 '이혜리'로, 직업을 바꿔 '창녀'로 살게 된 지 5년차다. 내년이면 그 숫자는 6으로 바뀌겠지. 시간은 늘 빠른 것 같지만 지리하게도 천천히 간다.
　'창녀'.
　언제 들어도 가슴이 아리고 저릿저릿하고, 늘 묘한 기분이 드는 말. 용어를 정화하여 성노동자라고 하긴 하지만 창녀는 아직도 의식 없는 층에서 빈번히 쓰이는 말이므로.
　나는 성노동자다. 나의 일은 성서비스. 서비스로서의 관계. 관계를 가졌다라고 표현하기도 하는.
　내가 일하는 곳은 집결지가 아닌 길에 나가면 흔한 휴게텔(남성전용 휴게실)이다. 현재 있는 곳은 업주가 욕심이 많아 페이가 좀 짠 편이라 50분 일하고 손님에게 12만 원을 받아 아가씨에게 6만 원을 주는 곳이다. 보통은

---

* 성노동자.

30~40분이 한 타임이고 페이 분배는 업주랑 5:5 혹은 아가씨가 6, 업주가 4이다.

손님이 셀프샤워를 하고 아가씨는 속칭 연애(섹스)만 하는 곳도 있지만, 지금 일하는 곳은 안마→샤워→연애를 모두 아가씨가 하며 가게에서 먹자(24시간 풀 근무, 숙식하며 손님이 오면 일하는) 시스템이다.

물론 출퇴근하며 밤에만 일하는 게 가능한 업장도 있고, 24시간 오픈이기에 먹자 아가씨를 원하는 업장도 있다.

예전의 이미지처럼 업주들이 큰 금액의(마이킹라고 부르는) 선불금을 땡겨 주고(소액은 아가씨나 업주나 믿음이 있는 경우 필요에 따라 서로 빌려 쓰기도 한다) 인신매매나 감금 등을 하는 것이 아니라, 서로의 필요에 의해 아가씨와 함께 일하는 동업자 형태라고 볼 수 있다. 업장이 아무리 좋아도 아가씨가 없으면 손님을 받을 수 없으므로 어찌 보면 아가씨가 좀 더 우위에 있다고 할 수도 있겠다.

아가씨들은 이직이 자유로운 편이고 일한 페이는 마감치고 바로(보통 일한 다음 날 아침) 현금으로 정산해 주므로 밀릴 임금 걱정 같은 건 거의 없고, 그 업장과 맞지 않으면 다음 날 당장이라도 관두고 나올 수 있다. 업장에선 장소를 제공하고 아가씨는 서비스를 제공하니 각각 자영업자라고 볼 수도 있겠고, 샵인샵(shop in shop)이란 개념으로 생각하면 이해가 빠를 수도 있겠다. 지명(지명손님: 내 이름을 대며 찾는 단골손님)을 잡거나 연장(시간 추가)을 끊으면, 그만큼 위험부담을 안고 겪어 보지 못한 새 손님을 받는 것보다 아가씨로선 유리한 면도 존재한다. 현재 우리나라는 성매매가 불법이라 손님의 진상 짓(강간, 콘돔 사용 기피로 원치 않는 임신이나 성병 전염, 후장삽입 등의 모든 동의 없이 이루어지는 행위들)이나 협박 앞에 아가씨들이 무기력한 상황이다. 업장에 소속되어 일하지 않고 개인적으로 손님을 받으면 업주와 나누지 않고 전액 내 수입이 될 수도 있겠지만, 위험한 상황에 보호해 줄 장치가 없다는 것이 함정이다. 그래서 최소한의 궁여지책 혹은 원

원하는 방식으로 업주는 아가씨를 보호해 주고 아가씨는 한 명당 얼마의 페이를 업주와 나누며 업장에서 일하는 것이다.

업장 안에 탕(목욕탕 달린 방)이나 방엔 대체로 인터폰이 있고, 위급상황에 인터폰을 들면 업주가 들어오거나 인터폰을 통해 통화를 할 수도 있다. 업장의 사장이 남성인 경우 직접 아가씨들을 보호하고, 여성이거나 위험에 대처하기 힘든 경우 돈을 주고 소위 건달이라고 불리는 조폭들에게 정기적으로 일정액을 지급하고 '삼촌들'로 쓰며 위급 상황일 때 (심각한 행패를 부리는 진상이 있을 때) 부르기도 한다.

요새는 경기가 안 좋아 손님 자체도 많이 줄었거니와 계절 중에서도 겨울, 그중에서도 2월은 특히나 손님이 없는 달이다. 보통 하루에 1~4개(손님 1명을 1개라고 한다) 정도의 일을 한다. 예전엔 명절이 대목이었지만, 요즘은 돈 쓸 일이 있는 날을 앞두고는 다들 주머니를 꽁꽁 싸매기 때문에 명절이 대목이란 것도 옛말이다.

불법이지만 아는 사람은 다 알아서 찾아오고, 손님 연령대는 지역마다 어느 층이 많이 오느냐가 조금씩 다르긴 하지만 갓 20세부터 상상을 초월하게 나이 먹은 할아버지까지 다양하다(남자는 숟가락 들 힘만 있으면, 문지방 넘을 힘만 있으면… 이란 말도 있지 않은가). 단속은…(여러 경우가 있겠지만 위험부담 때문에 밝히기 힘든 부분이 있고) 연락책을 통해 미리 단속정보를 귀띔 받는 업주도 있다.

모든 일에는 양면성이 있겠지만, 내가 하는 일에도 양면성은 여러 부분에서 극명하게 나타난다.

사회적으로 보통 멸시당하고 인생막장의 나쁜 년, 못 배우고 가난하고 게을러 다리만 벌리면 쉽게 돈 벌 수 있는 일을 한다는 편견이 있긴 하지만, 다른 한편으로 보면 둘만의 내밀한 시간과 공간 안에서 허용된 범위 안의 일들을 나누고, 섹스에 대한 코치랄지 리드 혹은 보조를 맞춰 가며 그 누구에게도 하지 못하는 말들을 하며 치유하고 용기를 얻어 가게 한다는 점에서 '테

라피스트' 같기도 해 뿌듯하다.

관계

누구나 관계에서 자유롭지는 못할거라 생각한다.

언젠가부터 이것은 인연과는 조금 다르다는 생각을 하는데, 나는 매일 소위 말하는 '관계'를 가지는 일을 하고 있고, 늘 그래왔지만 특히나 '관계 맺는 일'을 시작한 뒤부터는 '관계'로부터 절망도 얻었고 희망도 얻었다.

처음의 '관계'는 내가 하는 일, 서비스로서의 섹스이다.

이것은 대체로 나를 지치게 하고, 대부분이 힘들고 어두운 내 삶에 한 줄기 어둠을 더해 주는데, 그럴 때마다 모 유명인과 나눴던 1년이 다 되어 가는 대화가 또렷하게 떠오른다.

"너나 나나 똑같아. 네가 하는 일도, 난 광대고… 옛날로 치면 기생이잖아?"

늘 웃어야 한다. 기분이 안 좋거나 집에 일이 있어 근심이 한가득 있어도, 진상을 치고 지옥을 경험했어도 구매자(손님) 앞에서 울 순 없다. 울어도 나와서 혼자 울고 그 다음 손님에겐 친절히 대해야 한다. 그들을 즐겁게 해 주는 게 나의 업무이자 의무이다. 나는 사람이지만 사람이 아니다. 적어도 일 하는 동안은.

하루는 개시는 기분 좋게 팁 받고 시작했으나 씨발 존ㄴㄴㄴㄴ나 짜증나는 두 번째 새끼가 내 밑을 쑤시고 질 입구에 깔짝대다 찢어져 버리고. 다 망쳐 놓아서 약 바르고 세 번째 일 들어갔는데 아파서 좀 짜증났으나 손님이 너무 안쓰러워서 눈물 날 뻔했었다.

비록 나에겐 똑같이 5~6만 원일 뿐이고, 내가 데리고 살거나 사귈 남친도 아니라 할배가 오건 훈남이 오건 마찬가지인데, 기분도 안 좋은데 하필 술도 좀 마시고 말도 어눌하고 더듬는 손님이 온 거다. '뭐야 이 찌질이는?' 하고 속으론 생각했지만, 어쨌든 친절, 경어 또 친절, 숨을 습습후후 두 번쯤 가다

듣고 "술 좀 드셨네요? 이래서 연애는 하겠어요? 오빠(미소)." 그랬더니, "자기야~"하고 다정하게 불러가며 지금까지 자신에게 이리 친절한 언니는 처음 본다며(이럴 때 살짝 미안해요 고객님들) 본인의 알콜중독 치료기를 이야기하더라.

5년 전엔 (술을) 너무 많이 마셨는데 지금은 조절한다고 하기에 "조절해야 징!! 그래서 병원도 갔다왔엉?? 응?!" 했더니, "그때(5년 전)엔 그럴 수밖에 없었어…"라기에 "힘든 일이 있으셨어요?" 하니까 굉장히 쓸쓸한 얼굴로 "마누라가 하늘나라로 갔거든…"

어쩐지 한 번 더 미안해져 이것저것 말을 붙였더니 이분이 자기 마나님 화장해서, 사람들 말에 어디어디 산이 좋다 해서 거기서 새들이 모이로 먹고 자유롭게 날아가라고 그 산에 뿌렸는데, 그곳에 양봉장이 생겨서 어쩐지 가기도 그렇다기에 "그건 가도 되는 거야! 양봉장에 여기다 돌아가신 사모님 뿌렸다고 얘기하고 가!"하니까, "몰래 몇 번 갔는데… 벌 때메… 못 가겠더라고… 날 도둑 취급하는지 CCTV도 달았고…"라며 기운 없이 말하는데 어쩐지 너무 안쓰럽고 눈물이 날 뻔했다.

괜히 명랑한 척하며 "시원하게 마사지 받았으니 얼렁 씻자!!"하고 성심성의껏 서비스를 해드렸다. 그랬더니 십 분 남겨 놓고 사ㅋ정. 감사함미당.

사연 없는 사람이 어디 있겠으며, 일하다 보면 무신경하게 '5~6만 원 왔구나' 하며 친절하되 언제나 방어막을 치고 있었는데, 이럴 때면 예고도 없이 쳐들어오는 공격에 나도 모르게 울컥.

그리고 며칠 후 그 손님이 다시 찾아와 조심스레 내민 건 평소 내가 좋아하던 병에 들은 커피. "미나(카운터 언니)한테 물어보니 자기가 이거 좋아한다 그래서…"

어쨌든 그 손님은 술만 먹으면 그 업장에 찾아와 자기야~를 찾아 대다 울다 가곤 했다는데, 그 뒤로는 얘기하고 싶으면 날 찾아와 한두 시간씩 얘기만 하다 가기도 하고 여러 타임 끊어 서비스 받기도 하고.

이렇게 나까지 가슴 따뜻해지고 뿌듯해지는 경우가 열 명에 한 명 혹은 백 명에 다섯 명 꼴로 있긴 하지만…

일을 시작한 지 얼마 안 됐을 때 나는 인테리어(성기성형) 손님에게 강간을 당할 뻔하기도 했고, 허다한 경우지만 경력이 쌓여 제법 능숙하게 체크하고 방어하는 편임에도 엊그제 역시 나는 콘돔 일부러 빼 버리고 빠졌다 핑계 대는 놈과 싸웠으며, 손가락으로 밑을 쑤시는 새끼한테 하지 말라고 했다가 쌍욕을 듣기도 했고, 어제는 인테리어를 한 새끼한테 자기 정도면 준수한 편인데 별것도 아닌 걸로 밑이 아프다고 징징댔다며 살이 부르트고 손자국이 나도록 엉덩이와 허벅지 사이 즈음을 짝소리가 나게 맞았다. 나와서 혼자 대기실에서 울고 욕하며 하늘에 대고 이불에 대고 발차기를 했지만, 내가 할 수 있는 건 아무것도 없었다. 일이 싫어지고 무력해지는 순간은 이럴 때 더 크게 다가오곤 한다.

주로 내가 입에 달고 사는 소리는 "콘돔 빼시면 안 돼요. 키스는 못하게 되어 있어요. 손가락 밑에 넣으시면 상처 나서 일 못해요. 후장에 삽입하시면 안 돼요." 등등등.

"왜 안 되냐.", "나는 깨끗하다.", "유난 떤다." 등등의 말들부터 쌍욕에 폭력까지 시전하시려는 분들도 많은데.

관계라는 건 때론 돈에 의해 좌우되기도 하기에, "돈을 냈으니, 나는 너를 샀다, 넌 나에게 무조건 복종해야 해!"라며 밖에선 나에게 말도 못 붙일 찌질이 쓰레기 같은 것들이 업장에 와선 반말 찍찍 예의도 안 갖춰 명령하고 무리한 요구를 하고 무례하게 구는 것을 보면, '사회에서 핍박하고 인정받지 못하고 무시당하는 찌질이들은 피해의식이 넘치는구나, 그래서 돈이면 다 되는 줄 아는 건가?' 하는 생각이 들며 참 안 됐다 싶기도 하고 우습기도 하다.

일단 너님이 사신 건 내가 아니고 나의 시간과 서비스에 대한 비용이구요, 너는 돈을 냈고 나는 서비스를 제공하니 기본적인 예의는 좀 지켜주십사 하면, "싸가지 없는 년"이라거나 이런 요구는 처음이라 황당하다는 반응이 대부분이다. 알고 보면 누군가의 가장이고 누군가의 아빠이기도 하고 아들이기도 한 이들이 상대를 존중하지 못하고 돈으로 샀다 여기며 관계를 가지는 데 있어 가장 중요한(서비스 제공자와 받는자가 가질 수 있는 친밀감의 발로가 되는) 존중을 발로 뻥! 차 버리는 것이다.

개중에는 인간적으로 도의적으로 좋은 손님(인격체로 '대우' 해 주는 손님)도 있고 성노동자의 입장에서 착한 손님(빨리 사정하는 손님. 어차피 한 타임의 시간은 정해져 있는데 빨리 끝나고 나가면 그만큼 쉴 시간이 늘어나므로)이 있기도 하지만, 8~9할이 저런 개새끼들이라 난 늘 좌절 또 좌절. 잘못된 성교육과 제대로 배울 곳 없는 안전하고 즐거운 섹스, 그리고 그로 인해 양산된 수많은 개새끼 구/현남친들과 진상 손님들. 제발 업장에 와선 기본적인 서비스 한계만 지켜주십사, 언니들(아가씨들)에게 예의 좀 지켜주십사, 늘 바라고 말하고 또 기대한다.

"일한 지 얼마 안 되었냐?"는 질문을 자주 받는데 어제 오늘 두 번이나 들었고, 이 가게 와서 특히 더 자주 듣는 듯. "혹시 뭐 불편하셨어요?" 또는 "제가 뭐가 서툴렀나요?"라고 물으면 "착해서.", 혹은 "친절해서."라는 답이 돌아오는데, 손님들은 이전에 다른 아가씨들에게 "내상 입었다."라고 표현하는데, 내상 입힌 다른 아가씨들아 너네 대체 어떻게 일하는 거니?

적어도 상대가 나쁘게 하지 않는 이상 나는 최대한 친절하려 하고 경어를 쓰는데, 그리고 돈 받고 하는 일이니 만큼 정해진 시간 안에선 열심히 일하는데, 가끔 "안마 쉬어."라거나 "너 힘드니 안 해도 돼." 라는 분들께 "어차피 돈 내고 받으러 오셨는데 기분 좋아야죠." 혹은 "안마(서비스) 시원하게 받고 가셔야죠." 라고 하면 백퍼센트 저런 반응.

심지어 어떤 손님은 내가 끝까지 물 빼려고(사정시켜 주려고) 땀 뻘뻘 흘리며 애쓴다고 한두 타임 더 연장하거나 팁 준 적도 있다. "너는 시간만 때우면 그만 아니냐, 근데 왜 이렇게 열심히 정성을 쏟는 거냐?"면서…

성노동자들 역시 바뀌어야 할 부분이, 문제가 많다고요 이 언니들아…

그렇지만 내가 기운을 주었다 여겨지는, 나에게 기운을 주는 1~2할의 손님들이 있고, 나와 얘기를 하며 "맞아 맞아, 어떻게 그딴 식으로 일을 해? 돈을 받는 임노동이면 최소한 열심히는 해 줘야지!"라고 하는 언니들이 있어 아직은 내가 이 일을 하는 거겠지.

인간은 사소한 것과 그렇지 않은 것들에 분노하고, 사소한 것에 주로 감동하는 동물이라 '구매자는 8~9할이 쓰레기다.' 라고 생각하면서도, 날 위해 사 왔다며 "너만 먹어." 하며 소고기를 건네는 손님, 머리핀이나 초콜릿 혹은 밥이라도 사 먹으라며 꼬깃꼬깃 쌈짓돈을 꺼내 주는 손님, 나랑 얘기하고 문제가 개선되었다거나 타인과의 관계가 조금 나아졌다며 웃는 이들이 있어 그나마 웃을 수 있는 거겠지.

그리고 이 업계를 빨리 떠나야겠다는 생각보다 '음, 성산업엔 손님도 아가씨도 구조적으로도 고칠 점이 많군!' 하며 고칠 점부터 생각해 보는 나는 아마도 이 일을 많이 좋아하는 것 같다(재능은 물~론 기본 장착 아이템).

우리나라에서는 대체로 마르고 예쁘고 나이 어린 언니들을 원하고 나이가 들수록 변방으로 밀려나게 마련이지만, 아마도 우리나라에서의 상황이 좀 좋아진다면 나도 할 수 있을 때까지 일하자 싶은 마음도 생기게 되지 않을까.

또 다른 '관계'

아이들 아빠와의 '부부로서의 관계'를 끊고 '관계 맺는 일(성노동)'을 시작했을 때, 처음엔 나는 이 일을 한다는 것을 밝히기 꺼려했다. 창피했다거나 부끄럽다는 표현보다는 '두려웠다'는 표현이 적절할 것 같다. 흔히들 말하는 명문여고에 썩 좋지는 않지만 반듯한 대학을 나오고 그러한 환경의 친구들과 부대끼며 살아온 내가 흔히 생각하는 편견과 시혜적 시선에 둘러싸인 막장인생의 직업이라고 인식되는 성노동자가 되었다는 것을 그들이 이해하고 받아줄 리 없다고 생각했으므로. 그리고 명칭이 정립되기 전(물론 지금은 주로 성노동자라 불리고 있으나, 아직도 툭하면 창녀 창녀 거리는 종족들이 있긴 하지만, 어쨌든 내 주위엔 저 용어를 쓰는 이가 드물다) 어쩐지 통칭 '창녀'가 주는 느낌은 늘 '나는 망했다'는 기분이 들게 하였으므로. 하지만 이것은 어디까지나 내가 내 일을 '직업'으로 인식하지 못하고 내 직업에 대한 입장이 정해지지 않았을 때의 얘기이다. 누구의 말처럼 "끝날 때까진 끝난 게 아니다." 나는 아직 인생의 끝을 본 적도 없고 그러려면 한참 멀었으며, 어느 모로 봐도 딱히 망하지 않았다. 내가 원해 결혼도 해 봤고 누구보다 사랑스러운 아이들도 둘이나 있으며, 이혼을 겪은 후 성노동자로서의 삶은 나를 잠시 좌절하게 하고 괴롭게 했지만, 어쨌든 난 망하지 않았다. 지금 나는 내 직업 역시 하나의 일이라 주장하고 있고 그렇게 생각하며 주위 사람을 설득하지는 못해도 내 직업이 왜 '노동'인가에 대해 그 자리를 피하지 않고 함께 얘기를 나눌 수 있는 내공쯤은 갖게 되었다.

사람마다 사는 방법과 방식이 다르고 뭐 꼭 내 삶을 이해하고 인정받아야 하는 것은 아니나, 적어도 존중은 받아야 관계가 유지되는 것이 아닐까 싶었는데, 역시나 대부분 결혼해서 사는, 결혼 예정이고 1:1 연애 중이고, 사회의 평범한 구성원으로 살아가는 그들은 나를 '존중' 해 주지 않거나 존중하지 못했다. "네가 뭐가 부족해서.", 혹은 "왜 하필 그런 나쁜 일." 등등등… "그건 할 짓 없는 년들이 최후에 해먹는 짓이야. 남의 가정 파탄내기 딱 좋은 일, 남의 남편 뺏는 나쁜 년." 등등… 난 들을 소리 못 들을 소리 다 들어가며 (개중에는 물론 나에게 나름의 회유책과 강경책을 번갈아 쓰듯 달램과 협박, "이러면 나도 더 이상 네 편을 못 든다, 너랑 친구관계를 끊을 수밖에 없다."는 얘기를 해 가며 날 설득하려던 관계도 있었지만) 나는 상처받았고 지쳤고 그들과 멀어졌고 결국 그들과의 관계는 끝이 났다.

내가 언제나 든든한 나의 버팀목, 힘들 때나 즐거울 때나 함께할 수 있을 거라 믿었던, 그리고 친구라고 생각했던 이들이 나에게 돌을 던지고 나를 내치고 배척하고 하는 과정을 겪으며 어쩌면 이 세상의 관계는 무언가 보이지 않는 손이 이해관계에 따라 타이밍과 상황에 따라 움직이게 하는 건지도 모른다는 생각을 했다. 그러면서도 한편으론 그들과 여전히 잘 지내고 싶었고 그럼에도 날 이해나 존중해 주지 못하는 그들을 미워하며 '아 귀찮아… 모두에게 친절할 마음도 없지만, 그나마 챙기고 싶은 좋아하는 사람들마저 매번, 전부, 그들과 온전히 틀어지지 않고, 그들을 온전히 기분 상하지 않게 할 수 없고 그들의 동의를 이끌어 낼 수 없다. 귀찮다. 매우 귀찮아.' 라는 생각을 수시로 했던 것 같다.

그리고 그 무렵 나는 모 자동차회사의 부당해고자들이 농성하고 있는 대한문 앞에서 '밥셔틀'이라는 말 그대로 일주일에 한 번 밥을 해다 주는 연대를 시작하게 되었다.

그들과, 그리고 함께 연대하는 이들과 나는 차츰 가까워지고 시덥잖은 농담도 하고 소소한 일상도 나눌 수 있는 사이가 되었을 때, 그들은 나, 그리고 함께하는 이들도 서로에 대해 자연스레 궁금해 하고 대화 중에 묻고 답하며 내가 왜 늘 밤에 일을 하는지, 한숨도 못 자고 늘 새벽같이 준비해 피곤에 쩔어 밥셔틀을 오는지에 대한 얘길 하다가 내가 '성노동자'임을 알았고, 그것에 대해 적잖이 놀라는 분도 계셨지만 그것 때문에 나를 색안경 끼고 다르게 보거나 평가하거나 내 일을 폄하하거나 배척하지 않았다. 이렇게 얘기하긴 좀 우습지만 기저에는 '어쨌든 나에게 좋은 방향으로 지지를 해 주는 사람' 이라는 인식이 있어서 일 수도 있고, 이미 '밥'이란 것을 함께 먹고 나누며 우린 친구가 되어서 일 수도 있었다.

여기서 조금 신기했던 건 닭이 먼저인가 달걀이 먼저인가의 문제일까 싶기도 했던 것. 어렸을 때부터 나를 보고 함께 자라 온 친구들은 성노동자 이전의 나를 이해하고 믿어 주는 척했지만, 때론 그게 진심일 때도 있었겠지만, 그들은 내가 본인들과 전혀 다르지 않은데 달라 보이는 삶을 택한 것에 대해 받아들이지 못하고 관계를 끝냈다(물론 견디지 못한 내가 끝낸 것일 수도 있다). 그런데 생판 모르던 남이던 이들은 나를 그저 한 명의 연대자로 알고 보다가 친구로 여기게 되고 이미 나를 충분히 호의적으로 보게 된 상황에서 내 일을 알고 내 일까지도 지지하거나 그렇진 못해도 적어도 존중은 해주는 상황. 이것도 관계의 문제일까. 나의 배경을 알고 나를 겪는 사람과 나를 겪고 충분히 느낀 후에 내 일을 알게 된 관계의 차이일까? 수차례 생각했지만 그리 따지면 어릴 때의 친구들도 나를 모르는 게 아닌데 다만 조금 이해의 폭이 다른 세상에 살고 있구나 라고 여긴다면 쉬울 것도 같고. 사람 관계란 상황에 따라 달라지기도 하는 것이니까.

어쨌든, 일을 시작한 후 어떤 '인간적인 관계'를 맺는 것에 대한 두려움이 커지기도 했고, 그것에 대해 크게 생각하지 않으려 하기도 한다. 매일매일 맺는 관계(섹스)에 대한 비중을 어떤 진지한 인간관계나 친밀함이 아닌 '일로서의 서비스 제공자와 제공받는 자의 관계'로 보고 있고, 몇 년쯤 이 일에 익숙해지고 뼈가 굵다 보니 이젠 그저 손님을 5~6만 원(내가 받는 페이 부분)으로 볼 수 있게 되었기 때문이기도.

실제로 손님과 사귀거나 만나서 발전하는 단계에서 늘 걸림돌이 되고 상처를 받기도 했던 부분이 내 직업이기도 했었기 때문일 수도. 대부분의 그들은 처음엔 나를 존중하는 듯, 내 일을 인정(?)하고 '나'라는 사람과의 관계에 집중하는 듯했지만, 조금씩 더 가까워질수록 나에게 일을 그만둘 것을 종용하거나, 일을 그만뒀을 때에도 과거랍시고 내가 성노동자였던 것을 들먹거렸다. 물론 내가 개새끼, 마초, 꼰대, 쓰레기들에게 걸렸을 수도 있는 거겠지만, 이 나라 이 사회의 서비스 구매자들마저 성노동자를 어찌 여기는지에 대해 한층 더 잘 알게 된 계기였고(심화학습이었다고나 할까), 그 뒤론 절대 네버, 나를 친구가 아닌 서비스 판매자로 알게 된 사람과는 사귀거나 개인적인 인간관계를 갖지 않게 되었다.

손님들은 '난 돈 내고 온 손님이고 손님은 왕이다. 난 왕이니 내 맘대로 해도 된다. 나는 너에게 모든 것을 요구할 권리가 있다.'라고 여기는데, 일단 '정해진 시간 안에서 정해진 한계의 서비스를, 서로에 대한 예의를 지킬 때 가능한 것'이란 항목을 잊은 듯했고, 이러한 해괴망측한 생각은 손님에서 가까운 사이로 발전한 이들에게서 또 다른 모습으로 나타났다. 그들은 대체로 항상 '내가 원치 않는 꽁떡(돈 안 내고 섹스하는 것)에 무려 본인들이 가만히 있으며 나에게 돈을 냈을 때와 같은 양식의 서비스'를 요구했는데, 연인관계에서 섹스는 의무가 아니지 않은가. 그래서 "내가 원하지 않을 때에 당신이 섹스를 원하면 손님처럼 돈을 내라, 그럼 좋건 싫건 똑같은 서비스를 제공하겠다."는 것을 나름의 협박으로 내걸었는데(돈 달라 하면 설마 요구하지 않겠지 싶어서), 돌아온 것은 뜨악한 반응과 "역시 창녀는 어쩔 수 없군." 하는 비난이 대부분이었다. 그것이 임노동일 때야 상대가 내가 좋아하는 스타일이건 아니건, 내가 섹스를 원하건 원하지 않건 돈을 벌기 위해 하는 일이지만, 내가 개인적인 관계에서까지 성노동자라 강요받는 부분이 생겼다는 것이 싫었다. 차라리 손님으로 온다면 얼마든지 정해진 시간 안에 정해진 서비스를 제공해 줄 수 있으련만. 암튼 보통의 편견을 가진 사람들에게 직업을 밝힐 때도 느꼈지만 역시나 손님이 내 개인생활로 들어왔을 때 더욱 커지는 원치 않는 대상에게 성적으로 어필되고 있을지 모른다는 불편함.

그렇지만 나는 일을 시작하고 충분히 좋은 관계를 많이 맺기도 했고 더 많은 다른 종류의, 나로선 과분하리만치 좋은 친구들을 사귀게 되는 계기가 되었다. 일례로 존재여부 자체도 몰랐던 '성노동자 권리모임 지지(GG)'의 사람들을 만나고 알게 되어 반도의 흔한 시민으로선 흔히 하기 힘든 경험인 경순 감독의 〈레드마리아〉라는 영화의 GV(guest visit, 관객과의 대화)의 패널로 참여하는 경험도 했고, 늘 역동적이고 멋진 경순 감독, 냉철하지만 사랑의 눈을 가진 환상적인 멤버들의 GG 활동가들을 포함하여, 성노동자를 지지하고 응원해 주는 수많은 숨은 사람들도 알게 되었다. 또한 SNS에서 친해진 의사 친구들이 지금의 주치의와 무료 의료상담을 해 준다는 명목으로 (사실은 수다 떨고 놀며) 절친이 되기도 했고, 늘 나에게 "넌 소중한 존재다, 너는 아무나 못하는 일을 하고 있다, 너는 정말 멋진 사람이다."라고 말하며 내 맘을 치유해 주고 다스려 주는 사진작가 오빠, 개인적으론 알기 힘들었던 저명한 인사들, 그리고 나를 친딸보다 아껴 주는 새로 생긴 우리 아빠(모 중공업 부당해고자이시다), 늘 마음을 달래 주고 위로하고 지지해 주는 수많은 친구들(CEO, 자발적 백수, 주부, 대기업 임원, 평범한 회사원, 부당해고자, 3D노동자, 프리터족, 학생, 대학 교수, 선생님, 고시생, 늘 열심히 하는 시민연대자, 영화감독, 의료인, 방송작가, 사진작가, 뮤지션과 배우 등의 연예인, 이외 다수의 기타 등등등. 암튼 이 순간에도 난 당신들께 늘 감사하고 있으니 일일이 직업과 이름을 밝히지 않았음을 서운해 하지 않으시길. 부디). 지지활동을 통해 또 다른 '관계' 나 그에 얽힌 생각들을 여러 차례 해 보는 계기도 있었고 해외연대활동도 다녀오게 되었으며 색다른 종류의 좌절을 겪기도 했다(PC를 하지 못하는 것에 대한 질책과 힐난, 그리고 강요. 그래서 지지 활동을 관둬야 하나 고민하기도 했었다. 난 활동가라고 밝힌 적이 없는데, 지지에 속한 당사자일 뿐인데, 나의 개인적인 부분을 지지와 싸잡아 욕하니 내가 열심히 하는 멤버들에게 민폐만 끼치는 것 같아서. 그렇지만 그들은 그 부분에서의 나의 성격적 업무적 특수성(당사자로서 습관화된 욕설이랄지 직설적인 면)을 인정해 주고 여러모로 내 맘을 다독이고 감싸 안아줬으며, 그들이 뿜어내는 좋은 기를 받아 여전히 난 지지 활동을 하고 있고, 그들은 단언컨대 내가 만나 본 최고로 사랑 가득하고 매력적인 에너지 넘치는 걸들이다!!). 새롭고 흥미로운 경험도 했다. 물론 지금의 내 모든 친구들이 나의 일을 100% 좋아한다거나 무조건 지지한다거나 옹호한다는 게 아니다. 아무나 못하는 일, 힘든 일이라며 멋지다 존경한다 지지한다 여기는 이들도 있고, 그냥 그것이 나의 일이므로, 나의 부수적인 부분이므로 그러려니 한다는 이, 혹은 좀 더 나은 노동조건과 안전한 환경, 그리고 사회적으로 인정받지는 않아도 지탄받지 않는 직업을 찾길 바란다는 이도 분명히 존재한다.

나는 어떤 관계에 능숙하거나 여우 같은 면이 없고, 좋고 싫음이 너무 분명해 사실 인간관계에 익숙하거나 잘하는 편이 아니라 관계에 대해 늘 고민하고 많은 생각을 하지만, 나아지는 게 없기도 하거니와 역시나 그만큼의 노력을 들여 내가 나를 바꾼다는 것 또한 나로서는 의미 없는 일로 여겨지기 때문에, 난 그냥 지금처럼 좋은 사람은 보고 싫은 사람은 말도 섞지 않고 살아가겠지.

삼십 몇 년을 살아오고, 5년을 일했지만 아직도 관계는 나에게 어렵다.

이래저래 떠나고 싶은 맘만 간절해져 간다.

최소한의 기본권도 보장받지 못하는 이 관계 맺는 일에서도, 쉽지 않고 부담스러운 모든 관계에서도.

하지만 내 열망과 상관없이, 그러거나 말거나, 잘하거나 최악이거나, 어쨌든 나는 계속적으로 '관계' 와 '관계' 속에서 살아가겠지.

양성애/여성의 횡단적 주체성 실험
– 김경희 씨 이야기[1]

박이은실*

김경희 씨에 관한 간단한 소개

　김경희 씨(인터뷰 당시 56세)는 1957년 전북의 한 도시에서 2남 3녀 중 둘째(딸들 중 첫째)로 태어났다. 초등학교를 입학하기 전, 가족들이 모두 서울로 이사 온 뒤부터는 줄곧 서울에서 생활해 왔다. 경제적으로 어렵지 않은 집안에서 자라며 초, 중, 고등학교를 모두 서울에서 다녔고 대학 재학 기간 4년 동안을 줄곧 전액장학금을 받으며 학교생활을 했다. 대학원에 진학해 공부를 더 하고 싶었지만 아버지의 극심한 반대로 계획은 무산되었고 이에 불만을 품고 집을 나와 3개월 동안 가출생활을 감행했다. 다시 집으로 돌아온 후로는 곧바로 직장생활을 시작했다. 직장생활을 시작한 지 얼마 되지 않아 직장동료였던 한 남자와 결혼을 하고자 하였으나 부모님이 극심하게 반대하였는데 이에 아랑곳하지 않고 동거를 시작했고 몇 년 후 그 남자와 결혼

---

* 지구지역행동네트워크 섹슈얼리티 공작소 연구/활동가.
1 이 글은 박이은실의 박사학위청구논문 「양성애/여성의 주체성 형성과 도전」에서 김경희 씨(가명)와의 인터뷰 내용을 일부 발췌하여 재정리한 것이다.

했다. 25년의 결혼 생활 동안 아들 둘을 낳았고 인터뷰 당시로부터 5년 전 1년의 별거기간을 정리하면서 공식적으로 이혼을 했다. 지금은 사회복지 관련 일을 하면서 혼자 살고 있다.

이성관계의 경험

〈이성애적 관계표〉

	B(남)	C(남)
만난 시기	20세	24세
만난 기간	4년	25년
관계 유형	애인	애인→ 남편→ 전남편

김경희 씨는 고등학교 때(1973년 즈음) 남자 선생님을 좋아하면서 처음 이성을 좋아했다고 했다. 김경희 씨 여동생의 기억에 의하면 김경희 씨가 초등학교 때 이미 '동네 슈퍼 총각'을 좋아해서 일부러 심부름을 가고는 했다고 하지만 김경희 씨의 기억에는 남자 선생님을 좋아했던 경험이 이성을 좋아한 첫 경험이다.

이후 대학교에 입학한 김경희 씨는 1학년 때 나갔던 미팅에서 만난 한 학년 위의 S대 공대 남학생 B와 4년 동안 사귀었다. B는 외모도 출중하고 집안도 좋은데다가 학벌도 좋아 보수적인 김경희 씨의 아버지조차 흔쾌히 교제를 묵인해 준 상대였다. 대학 4학년 때, B와의 관계에 그다지 큰 애착을 갖지 않고 있던 김경희 씨에게 B가 성행위를 요구해 왔고 B의 끈질긴 요구에 김경희 씨는 자꾸 요구해 오는 B를 상대하는 것이 '귀찮아서' B의 요구에 응했다고 한다. 대학 졸업 즈음에 김경희 씨와 B의 부모 사이에서는 두 사람의 결혼이야기가 오가기 시작했다. 그러는 와중에 가고 싶던 대학원을 아버지가 허락해 주지 않아 포기해야 했던 김경희 씨는 한 수입품 판매업체에 취직을 했고 그곳에서 동료직원남자 C를 만났다.

C는 준수한 외모에 성실한 사람이었다. 그러나 가난한 집안에서 자라 고

등학교도 채 마치지 않은 상대였다. 그런 C가 어느 날 동료직원과 함께 갔던 여행길에서 김경희 씨에게 청혼을 했고 김경희 씨는 가족들의 반대를 무릅쓰고 아버지에게 쫓겨나다시피 집을 나와 C와 동거를 시작했다.

그러나 C를 삶의 반려자로 생각했던 김경희 씨와 달리 C는 김경희 씨가 자신의 아내로서, 자식들의 엄마로서, 전업주부로서 생활하기만을 기대하고 요구했다. 사회생활을 통해 자아를 실현하고픈 욕구를 항상 가지고 있었던 김경희 씨는 C와의 가치관 차이로 끊임없는 갈등을 겪으며 결혼생활을 이어갔다. 김경희 씨는 C가 김경희 씨의 아버지와는 달리 가장으로서 생계를 책임지려 하는 모습을 높이 샀다. 그렇지만 C의 꿈과 인생계획이 김경희 씨 자신의 것이라고 느껴지지는 않았다고 한다. 25여 년의 결혼생활 끝에 김경희 씨는 C와 이혼했다.

김경희 씨의 이성 관계는 남성 쪽에서의 적극적인 구애로 촉발되었다는 점에서 매우 전형적이다. B와 헤어지고 C와 결혼을 한 것도 매우 전형적이었다고 할 수 있다. 김경희 씨의 원가족은 매우 가부장적인 아버지의 '통치' 하에 있었고 김경희 씨는 억압적이고 성차별적인 아버지 중심의 원가족으로부터 벗어나기 위해 여러 가지 방식으로 저항했다고 한다. 권위적이고 보수적인 아버지가 매우 탐탁해하는 사윗감이었던 남자친구 B와 부모들 간에 결혼이야기가 나오던 와중에 헤어지고 B와는 비교가 안될 만큼 '나쁜 조건'을 가지고 있었던 C와 동거를 감행한 것도 아버지 가부장에 대한 저항이었다고 한다. 그러나 아버지 가부장에 대한 저항이 남편 가부장의 공간으로 인입하는 것으로 표출될 수밖에 없었던 당시 상황은 결국 남편이라는 가부장에 대한 저항으로 이어질 수밖에 없는 것이기도 하였다. 이렇게 50여 년이라는 생애 동안 김경희 씨의 관계 서사에는 늘 이성인 남성만이 존재했다.

그러나 이성애적 서사만을 공인하는 사회에서는 이성애적 관계 서사만이 드러내 놓고 이야기될 수 있을 뿐만 아니라 심지어 '인식가능'한 유일한 관계 서사가 되기도 한다. 그렇기 때문에 이성애적 관계 서사에 포함되지 않는 관계는 때로는 기억되지조차 못하거나 기억된다고 하더라도 언어화되지 못해 드러나지 못하기도 하며 언어화할 수 있다고 하더라도 이성애적 규범성 체제검열에 걸려 발화되지 못하는 경우도 있다. 그리고 이성애적 관계 서사에 포함되지 않는 관계에 대해 '말할 수 있는', 즉, '인지될 수 있고', '인정받을 수 있는' 사회문화적 조건이 형성되면 개인의 관계 서사는 때로 새롭게 재구성되고는 한다. 아래는 이렇게 재구성된 김경희 씨의 관계 서사이다.

재구성된 관계 서사

김경희 씨가 중학교 3학년(1972년, 16세) 때 자신을 '배타적으로 좋아하던 아이'가 있었다고 한다. 그렇지만 당시 김경희 씨는 그 일에 큰 의미를 두지를 않았다. 고등학교(1973~73년, 17~19세) 때는 학교에서 유난히 가깝게 지내는 여학생들이 종종 있었는데 당시는 '동성애'라는 말이 쓰이지도 않았고 그런 말을 들은 적도 없었지만 그런 여학생들을 지칭하는 그와 비슷한 의미를 가졌던 다른 말들이 있다는 것은 김경희 씨도 이미 들어 알고 있었다고 한다. 그런 김경희 씨에게 유난히 김경희 씨를 챙기면서 도시락과 간식을 늘상 가져다 주던 부잣집 딸인 여자 친구가 있었다. 어느 날, 김경희 씨는 그런 그 친구가 어느 순간 귀찮다는 생각이 들기 시작했는데 그 생각이 드는 순간 그 친구가 자신을 단순한 친구로서가 아니라 '성애적으로 좋아하고 있다'는 것을 깨달았다고 한다.

한편, 김경희 씨에게는 당시 '고차원적 사랑'을 나누던 절친한 여자 친구 A가 있었다. A와 책에 대한 이야기를 나눈다거나 철학적 고민을 나누면서 김경희 씨는 A를 삶의 '동반자'라고 생각했다. 그 일이 있은 지 30여 년이 지난 어느 날, 김경희 씨는 당시 A와의 관계가 레즈비언적이었다고 생각하게 되었다고 했다. 자신이 A를 육체적으로 욕망하지는 않았지만 당시 자신은 상대가 남자냐 여자냐라는 문제가 아니라 육체적인 성 자체를 부정적으로 생각하고 있었기 때문에 A를 육체적으로 욕망하지 않았다는 것이 곧 A

와의 관계가 레즈비언적 관계가 아니었다고 말할 수는 없다고 말했다.

〈재구성된 관계표〉

	A(여)	B(남)	C(남)	D(여)	E(FTM)
만난 시기	18세	20세	24세	48세	51세
만난 기간	2년	4년	25년	2년 6개월	2년 2개월
관계 유형					
정체성 재/규정 시기: 48세(2004년)					

A와의 관계를 재의미화하게 된 시기인 48세(2004년) 즈음에 김경희 씨는 일관계로 만나 알게 되었던 레즈비언 친구의 소개로 D를 만나게 된다. D는 김경희 씨보다 14세 연하의 여성이었다. 김경희 씨는 D에게 한눈에 마음이 갔다고 한다. 그러나 D는 김경희 씨가 당시 남자와 결혼관계에 있다는 것을 부담스러워 했다. 그렇지만 D와의 관계는 이내 진전이 되었고 그런 D와의 관계를 통해 김경희 씨는 새로운 '삶의 기쁨과 활력, 에너지와 생명력'을 느꼈다고 한다. 김경희 씨는 자신이 새롭게 관계를 맺은 상대인 D가 자신의 삶을 공감할 수 있는 동성이라는 사실이 반가왔다고 했다. D와의 관계가 점점 깊어지면서 김경희 씨는 D와 단순한 연애가 아닌 '정식 관계'를 갖고 싶어졌다. 김경희 씨는 그동안 여러 가지 문제로 갈등이 끊이지 않았던 C와의 이혼을 결정하게 되었고 C의 이혼반대를 무릎쓰고 집을 나오면서 C와의 관계를 정리한 후 D와 함께 살기 시작했다.

D와는 2년 6개월 정도를 함께 살았다. 그리고 51세가 되던 해(2007년)에 D와 헤어졌고 이후 일관계를 통해 만나게 된 트랜스젠더 남성 E와의 관계가 시작된다. 김경희 씨는 E가 남성이지만 남성성을 과시하지 않는 사람이고 트랜스젠더 남성이기 때문에 여자의 몸이 경험하는 것을 잘 이해하고 공감한다는 점에서 매우 이상적인 파트너라고 말했다. 인터뷰 당시는 E와 만난 지 2년 2개월 정도가 되어 가고 있었지만 함께 살고 있지는 않았다. 대신 일

주일에 한두 번 주로 김경희 씨의 집에서 만나 데이트를 즐겼다.

앞에서 보았듯이 김경희 씨의 관계 서사에서는 여자들과의 관계가 체험된 시기 면에서는 선행했다. 그렇지만 그 관계가 이후의 삶에서 차지하는 비중은 남자 B와 남자 C에 대한 구술 내용과 길이를 통해 드러나듯이 매우 경미하게 의미화되어 있다. 그럼에도 불구하고 김경희 씨는 생애의 어느 한 계기를 통해 B를 만나기 이전의 기억을 재의미화하게 된다. 그리고 그런 과정을 거치면서 남자인 C를 만난 이후에 만난 여자들에 대한 끌림에 성애적인 의미를 적극적으로 부여하기 시작했다. 이런 과정을 통해 김경희 씨는 자신의 성 정체성을 재의미화하게 되었고 자신을 이성애적 주체나 동성애적 주체가 아닌 양성애적 주체로 규정하게 된다.

그런데 김경희 씨가 친밀하거나 성적인 관계의 대상을 어떻게 선택하고 또 그 관계를 어떻게 시작하고 유지하거나 종결했으며 그러한 관계에 대한 서사와 그 관계를 기반으로 하는 자기 정체성을 어떻게 의미화하고 또 재의미화하는지 등의 과정은 김경희 씨의 또 다른 측면에서의 개인 서사와 밀접히 연관되어 있다. '가족 자아'라는 개념이 있을 만큼 한국 사회의 개인은 서구 근대적인 '자아' 정체성과 개인 주체성과 달리 고립된 근대적 개인 주체로서보다는 가족 구성원들과의 밀접한 혹은 느슨한 연결을 놓지 않고 또 놓을 수 없는 사회구조와 문화 속에서 느슨한 공동체적 주체로 살고 있다고 해야 할지도 모른다. 그런 측면에서 다음에서는 김경희 씨의 또 다른 개인 서사를 살펴보자.

딸

전라도의 소도시에서 태어나 어렸을 때 서울로 이주해 지금까지 서울에서 거주하고 있는 김경희 씨는 평생 가부장에 저항하는 것이 자기 삶의 지향점이었다고 이야기할 만큼 가부장적 가족 안에서 큰딸이라는 위치로 인해 구성된 자신의 삶에 대해 깊은 문제의식을 가지고 있다. 부잣집 막내아들로 태어난 김경희 씨의 아버지는 결혼 후에도 경제적 책임이나 의무를 위해 별로 노력하지 않은 사람이었다고 한다. 그런 아버지는 그럼에도 불구하고 매우 가부장적인 사람이었다. 김경희 씨는 초등학교 때부터 공부뿐만 아니라 운동도 잘 했는데 김경희 씨가 자신이 좋아하는 농구부나 탁구부 등에 들어갈 수 있는 기회를 애써 잡을 때마다 아버지의 반대로 번번이 기회를 포기해야만 했었다.

한편, 어머니는 집안일에 대한 결정에 있어 남편(김경희 씨의 아버지)의 의사에 크게 반대하지 않는 사람이었다. 어머니는 억압이고 권위적인 가부장인 아버지와 종속적인 관계에 있는 아버지의 아내였다. 그런 면에서 어머니 본인도 가부장적 억압과 종속관계의 피해자였지만 아버지가 방기한 집안 경제를 본인이 돌보느라 미처 혼자 다 감당하지 못했던 가사노동과 돌봄노동을 큰딸인 김경희 씨가 도맡아 하게 만든 장본인이기도 했다. 게다가 어떤 결정을 내려야 하는 상황에서 어머니는 늘 아버지 편에 섰고 아들들과 딸들, 특히 맏아들인 김경희 씨의 오빠와 김경희 씨를 매우 차별대우했다.

"(큰기침) 흔히 말하면 그런 거죠. 다 같이 앉아서 밥을 먹는데 그렇게 못사는 집도 아닌데 생선이나 이런 거에 내 젓가락이 가면 엄마가 툭 쳐냈던 기억. (중략) 초등학교 1학년 들어갈 때도 (중략) 그때 ○○초등학교라고 노란색 교복을 입는 괜찮은 사립학교가 있었는데 그 학교에 오빠를 넣으려고 시험을 보고 이랬어요. 초등학교시험을 봤는데 오빠가 떨어진 거예요. (중략) 나도 그때 막연하게 ○○초등학교에 대한 환상이 좀 있었던 거 같은데. 왜 나한테는 시험을 보라는 소리를 안 하는지, 나는 붙었을 텐데, 나는 오빠보다 잘하니까. 오빠한테는 보라 그리고 나한테는 그런 말을 전혀 안 하는지 그런 것들이 기억에 남는 게 있지. (중략) 오빠가 6학년 때 (중략) 그때 오빠가 시험을 보는 세대여서 초등학교 5, 6학년 때 굉장히 열심히 공부를 했는데 아침마다 자기 도시락 싸가는 거를 안 싸가고 항상 울 엄마가 나한테 오빠 갖다 줘라 그랬는데. 그 도시락을 갖다 주면 (중략) 오빠네 반 아이들이 (중략) 나와서 놀리기도 하고 막 이러는 거라. (중략) 내가 큰딸이다 보니까 동생들을 챙기는 일, 밥을 챙겨 주거나 하여튼 집안일과 관련해서는 어렸을 때부터 했던 거죠. (중략) 한번은 내 여동생 친구가 와갖고, 내 바로 밑에 여동생이랑 나하고 다섯 살 차이가 나는데 (중략) 얘의 친구들이 우리 집에 왔다가 애한테 날 보고 니네집 식모냐 이런 말을 했는데. 그게 너무너무 화가 났던 거야."

김경희 씨의 어머니는 큰딸의 학교생활에는 그다지 신경을 쓰지 않았다. 그렇지만 김경희 씨는 내성적인 오빠와 달리 활달하고 활동적이었으며 운동과 공부를 모두 잘 했는데 유독 가정과목 성적만은 늘 나빴다고 한다. 다른 친구들은 가정과목 과제물을 어머니들이 대신 해 주거나 세탁소에 맡겨서라도 도와주었기 때문에 성적을 잘 받았지만 김경희 씨의 어머니는 그런 일에 신경을 써 주지 않았다. 어머니는 김경희 씨가 학교 백일장에서 선생님들에게 큰 칭찬을 받으며 시 장원을 해 왔을 때도 별스럽게 여기지 않았다고 한다. 당시 중학생이었던 김경희 씨의 시를 남다르게 봤던 학교에서는 큰 상을 받은 학생들이 으레 그래왔듯 김경희 씨의 부모님이 학교에 크게 한턱을 내 주기를 기대하기까지 했다고 한다. 그렇지만 김경희 씨의 어머니와 아버지는 그 일을 중요하게 여기지 않았고 어머니는 선생님을 포함한 모두에게 사탕 하나씩을 돌리는 것으로 상황을 마무리하였다.

대학입시를 준비하면서 김경희 씨는 전공을 살려 졸업 후에 취직할 수 있는 공부를 하고 싶어 했다. 하지만 아버지는 김경희 씨가 원하는 학교와 전공에 지원하는 것을 반대했다. 아버지는 김경희 씨가 대학 졸업 후 곧 바로 좋은 혼처로 시집가기를 바랐고 그렇게 하도록 만들기 위해 한 여대의 가정학과 입시원서를 직접 사서 집으로 들고 오기까지 했다. 김경희 씨는 그런 아버지의 말을 따르지 않고 시험 당일 백지답안지를 내고 집으로 돌아오는 것으로 저항했다. 그러나 결국 학교 선생님의 설득을 받아들여 장학생으로 입학할 수 있는 다른 여대의 가정학과에 원서를 냈고 4년 동안 장학금을 받으며 대학을 다녔다.

대학 졸업 후 김경희 씨는 대학원에 진학하고 싶었다. 그리고 대학학비를 스스로 해결했으니 대학원 입학금 정도는 부모님이 내줄 것이라고 기대했다. 그러나 아버지는 김경희 씨의 진학 계획에 반대했고 졸업을 하자마자 결혼하기를 바랐다. 대학원 입학금 납부 마지막 날까지 등록을 하지 못하자 바로 그 다음 날 김경희 씨는 가출을 감행했다.

그러나 갈 곳도 없고 돈도 없었던 김경희 씨는 당시 4년 동안을 사귀고 있었던 남자친구가 군복무 대체 근무를 하며 살고 있던 기숙사를 찾아갔고 그곳에서 한 달 반 정도를 머물렀다. 그렇지만 김경희 씨는 그곳에서도 마음이 편하지 않았다고 한다. 남자친구는 틈틈이 집으로 돌아가라고 충고했고 결국 그런 남자친구의 성화에 못 이겨 다시 서울로 돌아왔다. 그러나 그 길로 집으로 들어가지 않았다. 또다시 한 달 반 정도의 시간을 이번에는 어느 교수의 집에서 기숙 가정부 일을 하면서 보냈다. 어느 날, 김경희 씨의 사정을 알게 된 교수 내외의 설득 끝에 집으로 돌아가겠다는 약속을 한 후 가정부 일을 관두었지만 김경희 씨는 그 뒤에도 곧장 집으로 돌아가지 않고 며칠을 더 밖에서 방황했다고 한다. 그러던 어느 날 불쑥 집으로 돌아가자는 생각이 들어 집으로 들어갔다.

집으로 돌아온 뒤 한 작은 회사에 취직해 다니던 중 김경희 씨는 대학 4년 동안 사귀었던 남자친구 대신 직장에서 만난 남자동료와 결혼을 결심했다. 오랫동안 사귀고 있던 남자친구는 집안, 학벌, 외모 등 소위 '완벽한 조건'을 가진 신랑감이었기 때문에 보수적인 아버지조차 교제를 반대하지 않았던 사람이었다. 반면 김경희 씨가 결혼을 하기로 결심한 직장동료 남성은 모든 조건이 남자친구와 비교할 수가 없을 만큼 나빴다. 그러나 김경희 씨는 결혼을 강행했고 남자가 집으로 인사온 날 아버지에게 쫓겨나는 남자를 따라 김경희 씨도 집을 나왔다. 그리고 그 길로 그 남자와 신혼살림을 시작했다. 거적대기로 비를 막아 부엌을 만든 달동네 셋방에서 동거를 시작한 김경희 씨는 그 후로 오랫동안 그 남자처럼 가난해져서 살았다.

여/학생

'식모' 나는 오해를 받을 정도로 집안일을 도맡아 해야 했고 오빠에 비해 항상 차별대우를 받았던 '딸'인 김경희 씨가 스스로에 대해 새로운 시선을 갖게 된 계기는 초등학교 3학년 때 담임선생님으로부터 받은 칭찬이었다.

> "초등학교 3학년, 이 시기가 나한테는, 나라는 존재가 나한테 느껴지기 시작했던 때였거든. 집안에서는 계속 그렇게 2남 3녀에 그중에 오빠가 있고 그중에 딸, 온갖 집안일을 가장 열심히 도와야 되는 위치에 있는 큰딸. 이런 위치로서 취급되는 나였다면, 학교에서 내가 저 선생님이 나를 알아주는구나 라고 느낀 게 초등학교 3학년 때였어. 그 선생님을 굉장히 좋아했다고. (중략) 그 사람은 나를 알아준 거야. 너가 똑똑한 아이구나, 이런 아이구나라고 알아주어서 내가 정말 괜찮은 사람이다라고 느끼기 시작했고."

초등학교 3학년 때 학교 선생님이라는, 아버지가 아닌 또 다른 권위에 의해 총명한 학생으로서 칭찬받고 인정받은 경험을 계기로 김경희 씨는 새로운 자의식을 형성하게 된다. 그리고 이 경험을 계기로 아버지의 권위 아래 있는 가족들이 자신에게 강제하는 '큰딸'이라는 위치를 비판적으로 보기 시작했다. 김경희 씨가 갖게 되었던 최초의 문제의식은 초등학교 3학년인 자신에게 초등학교 6학년인 오빠의 도시락을 매일 배달하도록 시키는 어머니와 자기의 도시락을 스스로 챙겨가지 않는 오빠에 대한 것이었다. 이 체험을 통해 김경희 씨에게 형성된 서로 다른 두 위치에서의 서로 다른 자의식은 이후 아버지가 김경희 씨의 삶에 미치는 영향에 대한 갈등으로 이어진다. 그것은 김경희 씨 자신이 주체적으로 하고 싶었던 일들이 남성인 아버지의 의지에 의해 번번이 좌절되는 경험이 반복되면서 점차 심화되었다. 그리고 아버지가 집에 있는 시간이 잦아지고 길어지면서 김경희 씨는 아버지와 한 공간에 있는 시간을 피하기 위해 최대한 일찍 집을 나와 등굣길과 학교에서 자신만의 시간을 보내기 위해 많은 노력을 했다.

> "그때 통금시간이 있을 때거든. 12시부터 4시까지 통금시간이 있었는데. (중략) 첫 버스가 한 4시 35분이면 오는데. 새벽에 일어나서 대강 청소도 하고 부엌에 설거지도 하고 치워 놓고 이러고. 4시 35분 버스를 타러 나오는 거야. (중략) 근데 그것보다 더 일찍 나와서 버스정류장에 쪼그리고 앉아서 기다리고 있어 그 버스를. 그리고 나가서 버스를 타고 학교를 가면 학교 교문이 아직 잠겨 있어. (중략) 벨을 누르고 서 있으면 아저씨가 나와서 아휴, 왜 이렇게 일찍 오냐며. 그런데 그렇게 교문을 열고 들어가는 그 길이 너무 좋았어."

고등학교 2학년이 되었을 무렵 김경희 씨는 '내가 누구인지'를 고민하기 시작했는데 그때부터 심한 내적 갈등을 겪기 시작했다고 한다. 그때를 김경희 씨는 '파열할 거 같은' 때라고 묘사했다.

> "세상은 저렇게 저렇게 굴러가고 있고 나는 적당히 적당히 하고 애들이랑 잘 놀고 적당히 적당히 했지만 내 근본적인 존재 자체가 도대체 뭐냐 이거에 대한 고민은 나한테 정말 고 2때부터는 굉장히 심각한. (중략) 성격 자체는 낙천적이고 이런저런 사람과 놀고 관계를 잘 만들고 하니까 굉장히 그 외향적이고. 이런 것과 함께 굉장히 이중적인, 어떤 자기 속으로 또아리를 틀고 들어가는 일이 굉장히 심각했던 거 같고. 이런 두 가지의 나를 소화가 안 됐던 거 같애. 내가 도대체 이중적인 인간인가, 남들 앞에서 좋고 잘하고

할 때 그럼 좋은 척을 했던 건가. (중략) 나는 어떤 인생을 선택해서 살 것인지, 주어지는 대로 살아지지는 않고 (중략) 근데 그럼 내가 어떻게 살 것인가는 모르겠고. 이런 게 나는 근본적인 고민의 지점이었고."

대학 입학 후에도 김경희 씨의 내적 갈등은 계속되었고 새벽에 집을 나서는 일도 계속되었다. 대학을 다니는 동안에는 새벽 4시 50분 정도에 서울역에서 출발하는 교외선을 타고 2시간 10여 분 동안 시 외곽을 돌고 온 후 아침 8시 정도에 등교를 했다고 한다. 그것이 멀리 여행을 가거나 외박하는 것을 절대 허용하지 않았던 보수적인 아버지를 피해 김경희 씨가 집 밖을 나와 내적 방황을 할 수 있었던 유일한 시간이고 방법이었던 것이다. 그런 방황 속에서 김경희 씨는 늘 자신이 다른 사람들과는 뭔가 다르다는 어떤 느낌을 지울 수가 없었다고 한다. 그러나 그것이 무엇인지를 알 수 없었고 그렇기 때문에 늘 마음이 괴로웠다고 말했다.

소녀

어린 시절 김경희 씨는 오빠를 위해 몸소 나서서 싸워 오빠를 보호해 줬을 만큼 활달하고 용감한 아이였지만 십대 시기를 거치면서 집안에서의 성차별뿐만 아니라 자신의 몸에서 나는 냄새(액취증)로 인한 수치심 등으로 심한 내적 갈등을 겪었다. 그리고 그것은 이후 활달하고 외향적이었던 김경희 씨의 성격까지 바꾸어 놓았다.

"나는 오히려 남자, 여자 섞여 갖고 잘 놀고 다마치기(구슬치기)라든지 딱지먹기라든지 잘 하고 하니까는 오빠가 모처럼 한 번씩 나가서 놀이 하다가 다 잃고 오면 내가 나가서 다 따오고. (중략) 오빠랑 누구랑 싸우다가 맞거나 억울하거나 그냥 참고 들어오면 내가 나가갖고 막 개네들이랑 싸우고 (중략) 공부를 비교적 잘 했으니까 시험이나 이런 데서 힘들지가 않았고 (중략) 그때 뭐에 관심이 있었냐면 월화수목금 이렇게 시험을 보는 그 시험지 값을 애들한데 걷는 거야. (중략) 근데 그때 누구한테 그런 말을 들었었는지 (중략) 그 시험지 값을 선생님이 띠어먹는다. 그 담임을 내가 무지하게 싫어했어. 굉장히 차별하는 사람이었어. 잘 사는 집 아이, 가난한 집 아이 굉장히 차별하는 남자 선생님이었는데. (중략) 내가 저 선생님이 시험지 값을 띠어먹는다 이런 소문을 내면서 시험지 값을 내지말자 (중략) 공부는 잘하니까 저걸 어쩌나 이런 거였겠지만 그때 내 생각에 저 선생님 참 골치 아플거다 이런 생각을 했지. (중략) 중학교 2학년 때 내 인생에 중요한 어떤 상처고 자국이고 극복지점이기도 한데 액취증이라고 겨드랑이에서 암내 나는 그게 나한테 있었거든. (중략) 그게 내 성격을 굉장히 이중적으로 만들었던 거 같애. (중략) 그 증상이 나한테는 그렇게 수렁이었고. (중략) 특히 여성으로서 자기 몸에 나는 냄새로 해서 남들과의 관계에서 소외된다고 느낀다거나 스스로를 소외한다거나 그것에 열등의식을 갖는다거나 이런 거는 이제 그때 내가 생각하기에 여성이라던가 이런 거로는 굉장히 큰 거였지."

금지된 유희

"중3 때 한 아이가 굉장히 나를 좋아했던 기억이 있어. (중략) 다른 아이들이 나를 좋아하는 혹은 내가 다른 아이들을 좋아하는 것보다 훨씬 더 그 아이가 나를 배타적으로 생각했었던 거 같고. (중략) 고등학교 때 한 여자애는 나를 굉장히 집착해서 좋아했어. (중략) 아버지가 무슨 고위직까지 갔다가 예편하고 공무원하고 이런 식이었고 얘는 그 집의 공주 같은 딸이었고. (중략) 내 도시락도 걔가 싸오고 저녁 때 간식도 싸오고, (중략) 나 있는 교실만 쫓아오는 거야. 내가 거기서 공부하는 줄 알고. 가방 싸들고 딴 방으로 가면 또 쫓아오고. (중략) 나랑 같은 공간에만 있게 해 달라, 네가 공부하는 모습을 보면은 그럼 나도 공부가 된다. 그렇게만 해 달라 그랬는데. 그건 네가 알아서 하고 그러면서 걔한테 참 매몰차게 했던 거 같애. (중략) 어……
그리고 걔랑 그런 관계에 있는데 내가 또 딴 아이와 각별한 관계가 계속 진
행됐었거든. 한 고2, 고3 땐데 한 친구랑 상당한 정도의 동성애적인 그런
관계가 있었거든. 근데 걔랑은 이렇게 집착의 관계가 아니었어. 서로 적당
한 거리를 항상 두고 그런데 아주 철저하게 잘 관리되는. 공부도 잘하는 아
이였고. (중략) 그런 관계의 친구가 있었기 때문에 특히 얘의 이 집착에 대
해서는 지긋지긋했던 거지."

결혼압력

아버지의 집으로 상징되는 아버지의 권위와 권력으로부터 독립해 나오기 위해 아버지가 환영하지 않는 남성과 24세에 결혼해 독립해 나왔고 25년 동안의 결혼생활을 이혼을 통해 청산한 김경희 씨는 자신의 결혼생활에 대해 이렇게 말한다.

"그 사람의 사회에 대한 시선이 나와 달랐던 거고. (중략) 나는 사회적으
로 활동을 계속 해야만 한다고 생각을 했던 거고. (중략) 아이들, 가정, 사
회, 그 담에 나의 이거를 균형을 맞추기 위해서 칼날 위에 올라서 바들바들
떠는데 균형은 언제나 안 맞어. 내가 요기에 가 있으면 아이들은 비어 있고
내가 집에 가 있으면 이쪽에서 나한테 요구하는 어떤 걸 내가 못 하겠는 거
야. 균형은 언제나 안 맞아서 매번 이쪽에서 이쪽으로 이동할 때 어떤 불안
감. 저녁 늦게까지 사람들이랑 회의를 하고 집에 갈 때 오늘도 남편이 나한
테 시비를 걸고 한바탕 싸우겠구나. 오늘 집에 가면 상황이 또 이렇게 돼 있
겠구나 그런 불안감, 실망스러움. (중략) 10년 정도는 서로 사랑한다고 생각
을 했을까? 그 이후에는 정말 그것이 없다는 확인이 됐으면서도 여전히 그
관계를 유지하면서 구태여 끝내지 않은, 구태여 이혼하겠다고 생각을 안 한
거는 경제인 거 같애 역시 나한테는. (중략) 경제적으로 무능한 사람이 아니

고 돈을 잘 버는 시기든 못 버는 시기든 책임을 지려는 사람일 거라는 신뢰가 결혼관계를 계속 유지하려고 한 거에 굉장히 중요한 거였고. (중략) 나 아닌 자기를 맞춰 줄 수 있는, 자기가 괜찮다고 생각하는 그런 아내다운 여성과 만났으면 그럭저럭 잘 살 수 있겠다 그렇게 생각해서 오히려 내가 이혼을 결단했을 때는 정말 헤어지는 게 낫다고 생각했던 거지. 나만을 위해서가 아니라 저 사람을 위해서도."

25년 동안의 결혼생활을 이혼으로 정리하고 지금은 혼자 살고 있는 김경희 씨는 구체적인 자신의 결혼생활 경험을 바탕으로 결혼과 동거에 대해 다음과 같은 생각을 가지고 있었다.

"가정 안에서의 나는 계속 번민하며 살았다고 한다면 이제 그거에 질려버린 거 같애. 그리고 나서 그 다음 번 파트너와의 관계에서 결국 일상의 문제 때문에 그렇게 돼가지고. 그래서 혼자 살자. 이게 나한테 굉장히 중요한 원칙이야. (중략) 내가 한 50살 정도까지 계속 누군가와 같이 살았으니까. 비교적 많은 친척들 속에서 한 25년을 살았고 그리고 내가 만든 이 가족과 부대낌 속에서 또 25년을 살았고 이랬다고 한다면 나머진 그냥 혼자 살아도 좋지 않을까 이렇게 생각을 하는데. (중략) 어떤 친구들 보면 혼자 있는 거 너무 싫어하더라고. 집에 불 꺼져 있는데 혼자 문 열고 들어가면 그 외로움을 아느냐 어쩌구 그러는데. 나는 그때마다 너무 행복하거든. 항상 나한테는 가족, 집은 들어가서 내가 뭔가를 해야 하는 그거였어. 어렸을 때부터 큰딸로서 집, 아버지로 대표되는 이거는 내가 들어가서 뭘 해야 되고 간섭 받아야 되고 잔소리 들어야 되고 나는 그것에 대해서 부글부글 끓어야 되는 이거였고. 그 다음에 내가 만든 그 가족도. 뭐 연애하면서 그때야 좋았지만. (중략) 그 집, 가족 이거는 나한테 그런 것들, 해야 되는 의무들 이걸로 떠오르는 거지. (중략) 요즘 집에 들어가서 혼자라는 게 (중략) 나한테는 이제 집은 휴식이고 쉬는 곳이고 내 마음대로 할 수 있는 곳이고 그런 거지."
　결혼 경험이 있는 김경희 씨가 이야기하는 비혼상태의 삶은 이처럼 매우 긍정적이다.

관계 속에서의 갈등

　24세에 두 번째 남자친구 C를 만나 결혼해서 25년 간의 결혼생활을 하고 이혼한 김경희 씨는 남성과의 관계에서는 남자들이 자신의 남성성을 과시하고 대접받기를 원하기 때문에 그 관계를 지속하기 위해서 그런 남성성 과시에 대해 어느 정도는 동조하고 타협해야 했다고 말했다. C는 어떤 경우에도 가사노동을 하지 않는 것이 자신의 남성성을 지키는 길이라고 생각했고 김경희 씨가 봉사활동 등을 통해 사회생활을 시작한 이후 그 점은 갈등의 핵심 중 하나가 되었다. 가사노동이란 일상생활을 유지시키는 노동이기 때문에 누군가 하지 않으면 안 되는 노동이다. 그렇기 때문에 김경희 씨가 불가피한 상황에서 집안일을 미룬 채 바깥일을 보고 돌아왔을 때 C가 결코 건드리지 않는 집안일을 항상 혼자 감당해야 하는 것에 김경희 씨는 늘 화가 났었다고 한다. 그런 상황은 많은 스트레스를 가져다 주었다. 김경희 씨는 C와의 그런 갈등이 가부장제 안에서 김경희 씨가 여자의 위치에 있어서 요구되는 것이었기 때문에 자신과 C 사이에서 개인 대 개인의 갈등으로 풀기 힘든 문제라고 생각했다. 즉, 문제는 김경희 씨가 C와의 결혼관계를 깨고 나오지 않는 이상 지속될 수밖에 없는 갈등이라 생각했던 것이다.
　그러나 그렇게 남성성을 과시하고 대접받기를 원했던 C는 자신이 하던 사업이 망하는 일이 되풀이될 때마다 채무자들의 독촉을 모면하기 위해 김경희 씨를 앞세워 당장을 모면하기 위해 거짓말을 시키고는 했다. 김경희 씨는 그런 C의 태도가 너무 분노스러웠다고 했다. 가장 책임감이 요구되는 순간에 자신만이 난처한 상황을 모면하기 위해 보통 때는 그저 집안일이나 하는 게 당연한 것이라 주장해 왔던 자신의 아내에게 늘 뒤처리를 감당하게 만들었기 때문이었다.

그러던 중 어느 날부터 C의 사업이 잘 풀리기 시작했고 약간의 돈이 모이자 두 사람은 전셋집을 얻었다. 당시 전셋집은 김경희 씨의 이름으로 계약을 했는데 이후 돈이 더 모여서 집을 구입하게 되었을 때 C는 자신의 이름으로 집을 계약했다. 김경희 씨는 자신과 한마디 의논도 없이 자신의 이름으로 집을 구매하는 C를 용납하기가 힘들었다고 한다. 그리고 그런 C의 모습을 보면서 김경희 씨는 자신의 명의로 된 재산이 반드시 있어야 되겠다는 생각을 하기 시작했고 자신이 하고 싶은 사회생활을 계속하기 위해서 스스로 경제적 주체가 되어야겠다는 결심도 했다고 한다. 그때부터 김경희 씨는 직접 돈을 벌기 시작했다. C는 계속해서 김경희 씨의 사회생활을 반대했다. 집안에서 전업주부의 역할만을 해 주기를 바랐기 때문이다. C는 자신의 그런 요구가 받아들여지지 않자 김경희 씨에게 물리적인 폭력을 가하기 시작했다. 때로는 식칼을 들고 협박을 하기도 했다고 한다.

그러던 어느 날 김경희 씨는 D를 만나 사랑에 빠졌고 더 이상 애정도 없고 삶의 목표도 다른 C와의 관계를 계속하고 싶은 마음이 없어졌다. 얼마 동안의 별거 후 김경희 씨는 C와 이혼했다.

D와 함께 사는 동안 김경희 씨는 D에게 C와 같은 경제적인 기대는 하지 않았다. 대신 D도 자신에게 경제적인 기대를 해 주지 않기를 바랐다. 그렇지만 열 살이 넘는 나이 차이와 서로 다른 경제적 배경은 어쩔 수 없이 김경희 씨에게 은근한 경제적 부담을 가했다. 그러면서 이어진 일상생활에서의 부딪힘은 곧 둘 사이의 관계에도 영향을 미쳤고 함께 산 지 2년 6개월 정도가 지난 후 김경희 씨는 D와 헤어졌다.

D와 헤어진 후 만나게 된 트랜스젠더 남성 E와의 관계는 일반 남성과의 관계와 다르다는 점이 좋았다고 한다. 일반 남성들과의 관계는 남성생식기 중심이 되기 마련이었지만 E와의 관계에서는 우선 E가 남자대접을 바라지 않아야 한다는 김경희 씨의 강력한 요구를 적극 수용하고 실천해 주는 것부

터가 달랐다. 그러면서도 김경희 씨의 집에 올 때마다 스스로 찾아서 이것저것을 수리하고 손보는 등 일상생활에 도움을 주는 것도 좋다고 한다. 그리고 무엇보다도 두 사람 모두 경제적으로 가난하고 또 그것을 서로 인정하고 그 사실을 불편해 하지도 않고 서로에게 경제적 기대를 하지 않는 것도 좋다고 한다.

김경희 씨의 관계는 이렇듯 각 관계 안에서 각자에 대해 갖게 되는 기대, 요구, 문제 등으로 인한 갈등과 그것을 해결하는 방법 등에서 차이를 보여준다. 그 안에는 성 역할에 관한 갈등도 있고 계층적 차이에서 오는 갈등도 있었다.

사회적 관계망 접속

김경희 씨는 모든 형제자매들에게 자신의 성 정체성에 대해 알렸다. 형제자매들은 적어도 한 달에 한 번씩은 가족모임을 갖는데 이때 자신들의 성 파트너들도 함께 데리고 온다고 한다. 이들 파트너들은 결혼절차와 국가 신고를 통해 법적 친인척이라는 사회적 관계망을 공유하게 된 이들이다. 김경희 씨도 각 형제자매들의 파트너들을 좋아하건 안 하건 상관없이 법적 가족이라는 관계망 안에서 그들과 관계 맺어야 한다. 가족모임에 참석한 형제자매들과 그들의 파트너들은 자주 각자의 관계에 대해 서로 이야기를 나눈다고 한다. 자신의 파트너에 대한 흉을 서로 보기도 하고 각자 자신의 위치와 입장에 대해 다른 가족 성원들로부터 이해와 지지를 받으려고 노력하기도 한다. 그런데 형제자매들은 김경희 씨에게도 파트너가 있다는 것을 모두 알고 있으면서도 가족모임에서 누구도 김경희 씨의 관계에 대해 언급하지 않는다고 했다. 형제자매들은 자신들이 자신들의 성 파트너를 모임에 데리고 오는 것처럼 김경희 씨도 자신의 성 파트너를 가족 모임에 데려올 수 있다는 것을 생각조차 하지 않는다고 한다. 평소 누구보다도 김경희 씨를 가장 잘 이해하고 지지해 주는 막내 남동생도 그 점에서는 마찬가지라고 했다.

"이 관계를 내가 지금 알고 있는 내 어떤 네트워크, 가족도 되고, 그런 네트워크들과 얼만큼 공유할 수 있느냐. 사실 공유 안 해도 돼. 그런데 그것이 한 사회인으로서의 결격인 거지, 한계일 수밖에 없는 거지. 내가 이 관계에서 내 형제들에게, 자식들에게, 부모들에게 얼만큼 편안하게 이것이 이야기 되는가. 그것이 안 된다고 하는 것은 그쪽의 한계인 거지. 그게 나한테 구체적으로 어떤 상처나 이런 거는 아닐 텐데. 일단 그게 안 되는 것은 사회적인 문제든 뭐든 문제인 거죠. (중략) 우리 형제들이 어쨌든 여기까지는 나름대로 잘 용인을 했어. 그 사람들 입장에서 용인을 했는데 형제들 모였을 때 나의 사생활에 관해서는 완전히 노코멘트거든. 더군다나 내가 내 파트너를 데리고 오겠지 라거나 그 관계에 대해서 얘기할 거라고는 전혀 기대를, 생각을 안 하는 거지. 그리고 제발 안 해 줬으면 좋겠는 거지. 이런 식으로 둘의 관계에 대해서 내 주변의 공유할 수 있는 사람들의 폭이 굉장히 좁다는 거지."

김경희 씨는 형제자매들의 요청으로 가족모임에 참석하기는 하지만 자신에게 가족모임은 늘 재미없는 자리라고 했다. 형제자매들과 그의 혼인 파트너들 그리고 자식들이 함께 참석하는 '중산층 기혼 이성애자들의 모임'인 이 가족모임에서는 주로 김경희 씨에게는 관심사가 아닌 주식과 재산 그리고 자식 문제, 남편 문제에 대한 온갖 이야기들이 오간다. 이혼 후 혼자 살고 있는 김경희 씨는 자식들도 데려가지 않고 혼자 모임에 참석하는데 그곳에서 자신은 형제자매들이 하는 그런 이야기들을 다 들어줘야 하면서도 자신의 관계나 삶에 대해서는 아무것도 공유하지 못하고 돌아오게 되는데 가족모임을 갈 때마다 이 일이 반복된다고 했다. 형제자매들과의 관계에서 그들이 김경희 씨와 다른 형제자매들에게 하듯이 김경희 씨 자신의 사적인 영역을 이야기하고 공유할 수 없다는 것은 그런 관계의 모임에 갈 필요가 없다는 말과 같은 것이 아니겠냐고 말하는 김경희 씨는 형제자매 모임에 갈 때마다

'갑갑하고 부당하다는 느낌, 자신이 이물로 끼어 있다는 느낌'을 받고 돌아오게 된다고 했다. 김경희 씨는 자신의 비규범적 파트너와의 관계에 대해 이야기할 수 있는 곳은 여전히 오직 '성소수자 판' 밖에 없다고 말하고 있다.

다른 욕망하기

결혼생활 유경험자인 김경희 씨는 25년 간의 결혼생활을 정리하고 상대방과의 관계가 제도에 의해 강제되거나 제도에 의해 부여된 역할을 충실히 수행하는지를 근거로 자신의 존재가 평가받지 않는 삶을 선택하였다. 김경희 씨는 제도에 의해 강제되지 않는 관계가 설사 그 안에서 갈등이 생긴다 하더라도 그것이 제도가 강제하고 있는 것이 아니기 때문에 두 사람이 어떻게 의논하고 결정하느냐에 달려 있어 "머릿속이 깨끗한 갈등"을 할 수 있는 관계라고 말한다. 그리고 그런 관계를 "동등하고 자유로운 관계"라고 부르며 그런 관계 안에 있을 때는 갈등 속에서도 자유롭고 그래서 정말 행복하다고 말했다.

김경희 씨는 또한 이성애/남성이 아닌 파트너가 이성애/남성 중심 사회에서 여성으로서 살아온 경험과 느낌을 공유할 때 훨씬 잘 소통할 수 있고 그 관계 또한 개방적이고 상호배려적일 수 있다고 말한다. 현재 만나고 있는 트랜스젠더 남성 파트너의 경우에도 아버지나 전 남편과 같은 주류 남성들이 원했던 '남자대접'을 바라지도 않고 동시에 적절히 남성성을 발휘하기 때문에 그런 것이 좋은 관계를 만드는 데 큰 영향을 준다고 한다. 그리고 같은 성소수자의 위치에서 그리고 여성의 몸에 대한 공통된 이해가 있다는 면에서도 서로를 이해하고 지지하고 적극적으로 쾌락을 향유할 수 있게 해 준다고 했다. 김경희 씨는 그것이야말로 이 관계에서 누릴 수 있는 기쁨이자 삶의 자원이라고 말한다.

김경희 씨는 또한 아버지 가부장이나 남편 가부장과 살아가는 동안 가부장들에게 경제적인 기대를 했기 때문에 경제적으로 의존했고, 그래서 자신이 온전히 자유롭지 못했던 때와 달리 서로에게 경제적인 기대나 부담을 주지 않는 것도 관계 유지에 중요한 부분이라고 말한다. 서로에게 소소하게 드는 데이트 비용을 반씩 부담하는 것 이상의 요구를 하지 않는 것이 관계에 대한 만족도를 높여주기 때문이다. 서로가 경제적으로 가난하고 서로의 경제적 가난을 불편하지 않게 받아들이고 있다는 것 또한 김경희 씨에게는 관계 유지에 있어 중요하고 좋은 요소라고 했다.

한편, 같이 살지 않는 것도 경제적 시비를 겪을 일을 만들지 않는 이점이 된다고 말했다. 50여 년을 계속 누군가와 함께 살아왔기 때문에 김경희 씨는 이제는 혼자의 시간과 공간을 향유하며 가난하게 사는 것이 꿈이라고 했다.

"같이 살지 않는 거, 일단 따로 떨어져 사는 거. (중략) 나는 혼자 사는 게 제일 편한 거 같아. 절대 누구랑도 안 살고 특히 관계에 대해서 국가에 등록하는 일은 절대 안 한다. (중략) 그런 상황이 올 수 있다고 생각해. 혹은 필요하다면 전략으로 관계를 등록할 상황도 있다고 생각을 하고. 근데 관계를 등록한다는 것은 그 관계를 해지하는 데의 자유로움도 반드시 포함되어야 하고. 그런 면에서 얽히는 관계는 안 하겠다는 거지. (중략) 나한테는 가난은 자긍심이고. 나는 자본주의 체제에서 가장 잘 사는 방법은 일단 가난이 최선의 방법이다. 자본주의에 기여하지 않으면서 가장 생태적으로 사는 방법의 첫 번째 조건은 가난이라고 생각하는데. (중략) 살림을 안 늘리는 게 굉장히 중요한 목표야. 더 갖고 살고 싶지가 않은 거지. 가능하면 간단하게 살고 싶은 건데. 내가 소위 그 가부장에서 탈출할 때 별거하고 나올 때 들고 나온 게 고 정도라 그랬잖아. (중략) 간단하게 살고 싶어. (중략) 빌려 쓰는 거면 족하다고 생각해."

김경희 씨는 성차(gender) 경계와 이성애/동성애 경계를 자유롭게 넘나들 수 있는 자신의 양성애적 주체성을 있는 그대로 인정받는 삶, 여성이라는 특정한 성차를 강요받지 않는 삶, 자신이 자신의 삶에서 주체가 되는 삶, 이성애/남성 중심적인 현재의 가치질서와 욕망이 아닌 다른 가치를 추구하는 삶 등을 꿈꾸면서 가부장제 밖 그리고 자본주의 밖에서 이성애/남성 중심적 체제에 포섭되지 않는 삶의 가능성을 시도하고 있다.

노동하는 유령들, "우리는 어디에나 있습니다"
– 정상과 비정상 사이에서 성소수자 노동자로 산다는 것

곽이경*

> "예예, 소개팅이요? 아이, 됐어요… 저 사귀는 사람 있다니까요. 예? 사진 보여달라구요?"

등에 진땀이 쭉 흘렀다. 처음 일을 시작할 때에는 같이 일하는 사람들과 애인 이야기까지 해야 하는 것인 줄은 몰랐는데, 웬걸? 이제 막 이십 대 후반에 들어선 여직원이 들어오자 밥 먹으면서도 대수롭지 않게 남자친구는 있냐고 물어보는 것이다. 그렇다고 "아니요, 하지만 여자친구는 있지요."라고 태연하게 대답할 수는 없는 일. 아직 거짓말은 습관이 안 되어 대충 사귀는 사람이 있다고 얼버무렸더니 어떤 사람인지 궁금해하며 사진을 보자고 한다. 나는 미처 바꾸지 못한 그녀의 얼굴로 가득 찬 핸드폰 배경화면이 신경이 쓰여, 식사를 하면서도 주머니 속 전화기를 만지작거렸다. 결국 화장실로 부리나케 달려가 엉뚱한 배경화면으로 바꾸어 놓고는 인터넷 메신저로

---

* 동성애자인권연대 활동가.

게이 친구에게 말을 걸었다.

"회사에서 남친 사진을 보여 달래. 어쩌지?"

대학 동성애자 모임에서 만나 5년이 넘도록 친하게 지내는 우리는 서로의 사진을 교환하고 서로의 남친 또는 여친이 되어 주기로 했다. 이런 일 쯤이야 친구 사이에 어려운 일도 아닌데 뭐. 처음에 난 이런 종류의 거짓말들을 대수롭지 않게 생각했다. 동성애자로 살아온 짧지 않은 시간 동안, 사회적으로는 이성애자로 살기 위해 많은 거짓들을 말하고 살아왔고 거짓말도 능숙하게 하기 위해 다이어리에 내가 한 거짓말들을 써 놓기도 하는 스킬을 발휘하는 등 꽤 익숙해졌다고 생각한 것이다. 하지만 아침부터 저녁까지 함께 생활하는 직장 동료들과 나눠야 할 이야기들은 생각보다 많았다. 나의 이야기 속에서 여자친구는 때로 남자로 둔갑하여 등장했고 갑자기 외국으로 나가기도 했으며 때로는 헤어져서 기분이 축 처져 있는 척도 해야만 했다. 나는 이런 것들을 동성애자로 살기 위한 '기술' 가운데 하나라고 생각해 왔다. 하지만 어느 날 문득 더 이상의 거짓말이 지겨워졌다. 나는 그 후 직장을 옮겼고 몇 년이 지난 지금에 와서는 좀 더 자유롭게 일할 수 있는 상황이지만, 나의 동성애자 친구들은 여전히 일터에서 끊임없이 자신을 숨기고 살아간다. 가끔은 그것이 너무 자연스러울 지경이지만 어느 순간 우리는 한 가지 질문을 던져보기로 했다.

"일터에 왜 성소수자가 없어 보일까? 우리가 이렇게 있는데 말이야."

질문에 답하기 위해 나를 포함한 몇몇이 모여 성소수자 노동자들의 이야기를 기록하기 시작했다. 이 글에서 인용한 대화는 그렇게 인터뷰한 성소수자 친구들의 일터 경험에서 따온 것이다.

거짓말 스트레스

동성애자가 받는 스트레스는, 우리의 성적 지향이 동성에게 향한다는 그 사실 때문이 아니라 동성애자에 대한 사회적 편견 및 오명 때문에 더 심해진다고 한다. 또 어떤 조사 결과들은 동성애자들은 드러내기에 대한 강박적 불안이 방어적으로 생겨 남을 지적하며, 그래서 우리의 생활 스트레스가 극심하다는 사실을 알려 주었다. 우리는 이런 '사소한' 문제들에 필요 이상 신경 쓰고 싶어 하지 않았고 딱히 이것이 당장 먹고사는 문제가 아닌 이상 한쪽으로 미뤄두어도 되겠다고 생각했다. 그러는 사이 누구는 '쿨한 이성애자 독신남'이 되어 있었고, 갓 입사한 게이 친구에게는 없는 여자친구가 생겼으며, 어떤 친구는 오랜 시간 함께한 동성 파트너의 성별을 바꾸어 이야기하곤 했다. 우리는 어느새 거짓말과 함께 생활하고 있었다.

> "너 남자 좋아하지? 그러면 웃고 넘겨. 결혼 언제 할 거냐고 꼭 물어보지만 난 그럴 때마다 독신으로 산다고 하거든. 마흔이 다 되어 가니 이제 좀 그러려니 하지."
>
> "원래 만나던 애인을 여자친구라고 해요. 나이가 많지만 아직 학생이라 결혼은 생각이 없다고 하면 여자가 불쌍하다고 하면서 저를 철면피로 만들어요."
>
> "사진뿐만이 아니에요. 동반모임을 하자고 하고 결혼식에 데려오라고도 하죠."
>
> "쟤는 이상하단 말이야, 사귀는 사람도 없나? 하면서 결혼하라고 하지."

몇몇은 마음이 불편하다.

> "내가 게이라는 게 창피하기보다는 내가 여태까지 친한 사람들에게 거짓말을 해 왔다는 게 제일 마음에 걸릴 것 같아."

"나는 이상하게 여자친구가 있다는 말을 못하겠어. 그 사람들한테 거짓
말한다는 것보다 나에 대해 거짓말 하는 것 같은 느낌을 받으니까."

더 심각한 경우는 단지 거짓말로 끝나지 않을 때다. 우리 직장문화에서 빼
놓을 수 없는 회식과 접대는 동성애자들에게는 특별한 고통으로 다가온다.
접대마저 일의 연장이라고 보기 때문에, '인화'를 중시한다는 우리나라 기
업 풍토에서 회식과 접대에 강한 직원을 인정하고, 여기에 빠지는 직원은 회
사에 관심 없는 '개인주의자'로 치부한다. 우리는 회식자리에 참여할지 말
지에 대한 선택권을 빼앗긴 셈이다.

"처음에 입사해서 회식 쫓아다니고 그런 것도 일 년 반쯤 하다 보니까
내가 가기 싫음 안 가게 되더라고. 그러다 보니 술자리에 부르는 횟수도 적
어지고 이런 게 약간 좀 기분이 나쁘기도 하면서 오히려 그게 편하더라고.
사실 별 재미없거든. 애 키우는 얘기하고 여자 얘기 하고. 그래서 재미없어
안 갔는데 아직 우리 정서에서는 그런 행동이 굉장히 튀는 거지."
"윗사람들하고 친하지 않으니까. 같이 술 잘 마시고 해야 하는데 그렇게
못하니까."
"회식을 가면 여자분들 나오는 데 가서 2차하고 뭐 그러는데, 나는 한 번
도 안 가니까 이상하게 생각하는 것 같았어. 출장 가서도 그런 델 가는데 난
안 간다 호텔서 쉬겠다 그러면 이상한 애로 찍히죠. 어쩔 수 없이 몇 번 끌려
간 적은 있는데 그때 또 나만 어색하게 행동하니까, 회식할 때 룸싸롱, 노래
빠 이런 데 안 갔으면 좋겠어요. 접대할 사람이 나밖에 없어서 상황이 그렇
게 된 건데, 참 난감했던 적이 있었어. 여자가 내 앞에서 옷을 벗고 춤을 추
는데 이걸 어떻게 해야 할지 모르겠더라구, 그런 문화가 없으면 좋겠어."

일터에서 커밍아웃 할 수 있는 삶. 그것은 지금까지 사회적으로 의미 있게

이야기되지 못했다. 성소수자들은 분명히 지연이나 태우 등의 이름으로 입사하고 출퇴근하며 승진을 기대하고 직장 동료들과 점심을 함께하며 때로는 상사의 뒷담화에 참여하는 평범한 노동자로 살아간다. 하지만 한편으로 우리는 자신의 정체성을 드러내지 못하는 유령처럼 살아가기도 한다. 일터는 일만 하는 곳이 아니다. 사회적 관계 및 대인 관계의 주축이 되고 개인의 삶을 구성하는 가장 중요한 공간 중 하나인 일터. 그런데 왜 우리는 지금까지 일터를 벗어난 후의 삶만 생각해 보았을까? 왜 우리는 스스로 주중에는 이성애자로 살고 주말에는 동성애자가 되어 짧은 밤을 하얗게 불태우는 '주말 게이'로 살아갈까? 성소수자 노동자들이 존재하니 이들을 위한 정책이 필요하다고 이야기하면 보통은 "커밍아웃하는 사람이 없기 때문에…"라며 말끝을 흐리기 마련이다. 커밍아웃은 쉽게 할 수 있는 것이 아닌데 말이다.

혐오와 낙인 – 커밍아웃 할 수 없는 이유

성소수자가 이곳에 없다고 생각하면 동성애자를 우스꽝스럽게 만드는 농담 정도야 쉽게 할 수 있을 것이다. 문제는 아무도 자신 곁에 성소수자 동료가 있을 거라는 생각을 하지 않는다는 점이다. 그러한 인식의 한계는 결국 우리가 지속적으로 정체성을 숨겨야 하는 상황을 만들어 낸다. 아마도 거의 모든 성소수자들이 자신이 있는 자리에서 일어난 동성애 혐오 발언이나 농담 때문에 상처받거나 당혹스러워한 경험이 있을 것이다.

나의 경우는 크리스마스를 앞둔 회식 자리에서였다. 2차를 가기 위해 자리를 옮기는데 엘리베이터 앞에서 술에 취한 두 남자가 서로 끌어안고 비틀거리는 것을 본 여선배가 "어머, 동성연애자들인가 봐, 보기 안 좋게."라고 한 것이다. 그걸 보기 좋게 쳐낼 만한 넉살조차 없었던 당시의 나는 먼 산을 쳐다보며 어서 이 순간이 지나가기를 바랐다. 다른 곳에서는 명쾌하기만 했던 호모포비아에 대한 판단이 여기서는 왜 어려웠던 것일까? 아마도 내일 또 보게 될 직장 동료가 한 말이었기 때문이겠지. 그래서 대응할 수도 없지만 모른 척할 수도 없는 불편한 상황이 이어졌던 것 같다.

대체로 혐오 발언이 흔한 편은 아니다. 그도 그럴 것이 보통 사람들의 머릿속에서 동성애에 대한 인식은 매우 옅기 마련인데, 그러다 보니 "호모들은 다 총으로 쏴 죽여야 한다."거나, "레즈비언을 출근길에 봤는데 아주 불쾌했다."는 등의 위협적인 이야기는 아주 가끔씩 등장할 뿐이다. 어쨌거나 우리는 동성애에 대해 호의적인 동료를 거의 발견할 수 없다. 동성애에 무관심하거나 가끔 농담 거리로 여기거나 아예 적대적인 동료만 만날 수 있을 뿐이다. 우리는 그런 속에서 점점 위축되고 만다. 직장에서의 커밍아웃을 자살골 넣는 것과 마찬가지로 여기게 되는 것이다.

> "내가 일도 잘하고 부족한 것도 없는데 (내가 동성애자인 것) 그 하나로 갑자기 내가 이 세상에 있어서는 안 되는, 흠이 엄청 많은 사람이 되는 게 너무 싫은 거죠. 문제가 없다가 문제 있는 사람으로 낙인 찍히는 게 싫은 거죠."
>
> "회사에서 커밍아웃 하는 건 위험하다고 생각했어요. 지금은 동기가 사이가 좋지만 회사일이란 건 나중에 어떻게 얽힐지 모르기 때문에 철저하게 나를 보호하기 위해서……."

직장에서 커밍아웃은 약점이 된다. 우리는 여전히 조용히 지내고 있으며, 덕분에 우리의 직장 동료들은 성소수자 동료에 대해 고민해 볼 기회를 아직 가져보지 못하고 있다.

레즈비언이 문제가 아니라, 여자 같지 않은 것이 문제

친한 레즈비언 친구인 성아와 저녁 약속. IT업계에서 십 년 가까이 일하는 성아는 지금까지 대부분의 기간을 2년짜리 비정규직 노동자로 지내왔고, 2년에 한 번씩 새 직장을 잡기 위해 면접을 보곤 했다. 그날도 성아는 면접을 본

후 피곤에 절은 표정으로 나타났다. 그녀가 면접관들에게 본인이 레즈비언임을 밝히기라도 했다면 덜 억울할지 모르겠다. '등발 있고 머리 짧고 남자 같은 여자'인 그녀는 단정하게 치마 정장을 차려입은 다른 여성 면접자들 사이에서 자신을 괴상하게 바라보는 시선에 진땀도 나고 주눅도 들었던 것이다.

"나처럼 등발 있고 머리 짧고 남자같이 생긴 여자들은 일반 사무직에서는 안 받아줘. 그런데 이쪽(IT업계)에서도 외모 가지고 사람 뽑는 건 있지. 오늘 N사에 면접 보러 갔거든. 그런데 면접관들이 '머리 기르고 살 빼고 올 생각 없냐'고 대놓고 말하더라. 속으로 생각했지. '개기름 흐르고 배 나온 아저씨나 잘하시죠.' 어릴 때부터 난 머슴아 같다는 이야길 많이 들었어. 나이 들수록 그게 더 콤플렉스로 느껴져. 나는 그냥 나로 살고 싶을 뿐인데."

'여성성'이 일하는 것과 무슨 상관일까?

"직장 상사들이 술 취하면 막말을 하지. 너 언제까지 그러고 다닐 거냐고, 시집은 가겠냐고 말이지. 근데 나 회사에서 생활 잘하거든. 능력 있다는 말도 많이 듣고 인간관계도 원만하고, 그런데 꼭 외모 때문에 한 소리 듣고야 마는 거지. 난 그냥 삼십 대 여자처럼만 보이면 좋겠어."

남성과 여성 둘 외에는 전혀 고려대상이 되지 않는 이 사회에서 일단 그 나이에 맞는 여자로 보이지 않는다는 것은 '여성성'을 가지지 못한 것뿐만 아니라 '비정상성'까지 덤으로 얻는 것이다. 머리가 짧고 걸음걸이나 말투가 여성스럽지 않다는 것뿐만 아니라 예쁘지 않고 몸매도 호리호리하지 않다면, 거기에 결혼까지 하지 않았다면 더욱 정상적이지 않다.

"정상으로 사는 것이 제일 쉬워!"

먹고사는 일을 유지하기 위해 내가 지녀왔던 정체성, 내게 가장 편한 모습들이 충돌을 일으킬 때 나는 어떤 선택을 할 수 있을까? 성별 역할의 공고함이 성소수자에게 가하는 압력의 정체도, 정체성이 훼손되는 것과 다름 없는 고통을 달리 설명할 단어도 찾지 못했던 어느 날, 우체국에 다니는 동성애자인권연대 회원으로부터 그의 직장 선배를 소개받았다. 국가에서는 그를 주민등록번호 앞자리 2번으로 등록하고 있었지만, 그는 여성으로 살아오지 않았다.

치마 교복과 공장 유니폼

우체국 노동자이고 사십 대 후반의 그를 우리는 임 선생이라고 불렀다. 주로 이삼십 대의 동년배 친구들이었던 우리는 그를 통해 앞으로 어떻게 살아야 '성소수자'로 살 수 있는지 알고 싶기도 했고, 트랜스젠더가 한 직장에서 어떻게 오래 일할 수 있었는지 궁금하기도 했다. 그도 그럴 것이, 그를 만나기 1년 전 우리는 성소수자 노동권을 홍보할 포스터를 만든 적이 있는데 여러 정체성을 지닌 성소수자 노동자들이 함께 일하고 있다는 뜻에서 가장 의외일 것 같은 예시를 들자고 했었다. 그렇게 해서 나온 것 중 하나가 트랜스젠더 우체국 노동자 김 씨였다. 그런데 정말 트랜스젠더 우체국 노동자를 만나게 될 줄이야.

> "학교 다닐 때 (치마)교복을 입기 싫었어요. 그래서 거의 체육복 바지 입고 견딘 거에요. 고등학교 때는 교복을 안 입으면 못 버티기 때문에 그만두고 공장엘 들어갔죠. 교복 때문에 학교도 안 간 사람이 공장엘 가니 다 여자들이야. 그런데 또 (여자)유니폼을 입는 거야. 난 그걸 너무 하기 싫은 거야."

임 선생은 학교와 공장이라는 기막히게 닮은 두 기관에서 유니폼과의 사투를 벌였다. 노동자에게 정형화된 성별과 그에 따른 역할에 순응하도록 만

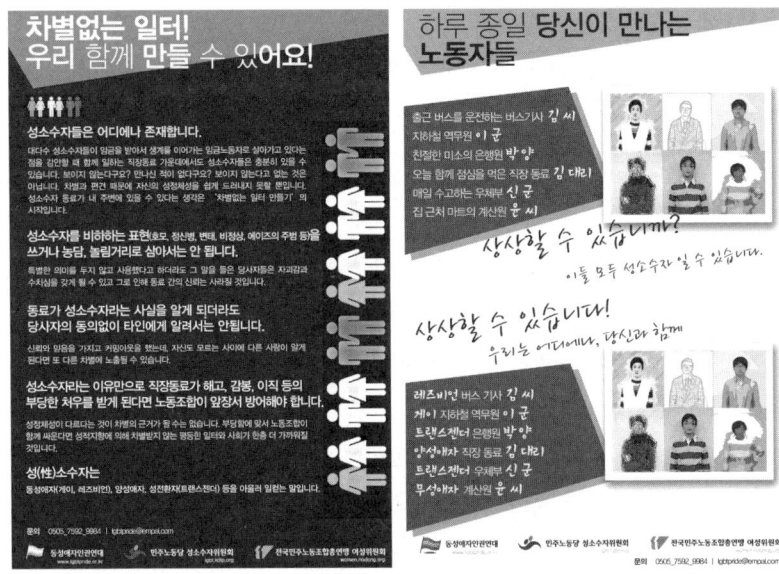

동성애자 노동권 캠페인 포스터 2종[1]

드는 유니폼은 임 선생이 그곳에서 일하기 위해 입어야만 하는 것이었다. 임 선생은 얼마 안 있어 공장을 나와 이십 대 내내 여러 가지 일을 했다. 집배원이 되기 전 마지막으로 한 일은 세탁소 배달이었는데, 삼십 대 초반을 넘기는 임 선생에게 또 하나의 고민이 찾아왔다.

"짝하고 오래 살려면 안정적이고 지속적인 직장을 구해야 하는 것 아닐까?"

---

[1] 동성애자인권연대, 민주노동당, 민주노총이 함께 제작한 단위사업장 배포용 동성애자 노동권 캠페인 포스터. 이 포스터는 2009년 12월 제작되어, 2010년 초 민주노총 산하 500여 개 단위노동조합에 동성애자 노동권 지키기 지침을 담은 인쇄물과 함께 배포되었다.

남자와 여자만 있는 직장

그래서 그는 집배원으로 우체국 일을 시작했다. 남성 일자리와 여성 일자리가 있다는 것은 다양한 차별을 만들어 낸다. 그런 면에서 남성 일자리에 들어간 그는 이중고를 이겨야 했다고 이야기한다. '노동강도도 세고', '여성이 남성의 일을 한다는 편견도 깨야만 하는' 것 말이다. 많은 트랜스젠더들은 오로지 성별을 남/여로만 구분하는 이분법 때문에 그러한 룰이 그대로 적용되는 고용 현장에서 쉽게 배제된다. 남자와 여자 외에 다른 '성'이 있다는 것을 상상하는 것이 그렇게 힘든 일일까? 아니, '남성성'과 '여성성'이라고 하는 것이 오히려 더 적당할지 모르겠다. 남자와 여자만 있는 직장이 트랜스젠더를 배제하는 공간이라는 점은 명백하다. 임 선생은 여성화장실, 여성휴게실 등의 장소에서 수년간 곤혹스러워했다. 그가 매일같이 마주치는 사람들은 수년 동안 함께 일한 직장 동료들이기 때문에 불편함은 더 크다.

"뭐랄까? 그냥 내가 제일로 편한 건 공용. 누구는 그걸 굉장히 불편해하지만 우리 입장에서는 그게 제일로 편해요. 솔직히 (화장실에) 사람이 있으면. 그런데 이거가 있어요. 아예 거기는 매번 보는 사람들이잖아. 한 2년 정도 같이 보는 사람들이니깐 나는 내 속으로는 되게 불편하지만 안 불편한 척하는 거야. 안 불편한 척한다고. 그리고 솔직히 나는 내가 화장실 갔을 때 아무도 없으면 좋겠어. 솔직히. 내 마음속에는 굉장한 갈등이 있지만 겉으로는 아무렇지도 않은 척해. 근데 문제는 내가 일을 보러 들어갈 때는 없었는데 나올 때 누가 있으면 얼굴이 빨개져요. 그러면 사람들이 당신 뭐 했길래 빨개지냐고 해요. 그런데 그게 아무도 모르는 거야. 나만 아는 거야."

그가 화장실이 성별에 따라 나뉘어져 있음을 처음 인식하고서부터 지금까지 거의 40여 년 동안 화장실은 최대의 고민거리였다. 초등학교 때는 오줌을 참느라 늘 힘들었고 이제는 어쩔 수 없이 들어가는 직장 여자 화장실에서 여성 동료들을 만날 때마다 얼굴이 빨개진다. 화장실 문제는 그가 형제에게도 못한 이야기라고 했을 정도로 비밀스럽지만, 그에게는 가장 힘든 문제다.

"10년을 집배원 하면서 내 선배가 맨날 그래. 너 힘들면 휴게소에 가서 쉬어라. 거기 여자들만 쉬는 휴게소야. 절대 안 갔어. 10년 동안 한 번도. 그런데 내가 내근직을 하니, 어쩔 수가 없어. 야근하면 밤에 숙직실 가서 자야 되니까……. 사람들이 옷 갈아입으면, 내가 여자들 옷 갈아입는 걸 못 봐요. 그럼 빨리 돌아서서 나와."

그의 업무 특성상 휴게실이 필요하지만 그에게는 이미 불편한 공간이다. 그렇다고 해서 그가 남성 휴게실에 들어가는 것이 편한 것은 아니란다. 주변 사람들의 시선 때문은 아니다. 남성과 여성의 양극단으로 나뉘어진 사회에서 여성은 아니지만 그렇다고 남자가 될 생각도 없는 그의 정체성은 이름 붙여지지 않는다. 어쩌면 이 다름에 대해 누구도 상상하지 않는 것, 생각조차 않는 것이 문제일 것이다.

유니폼, 까짓거 그냥 좀 입으면 안 되나?

그는 내근직이 된 후 필드에 배정된 적이 있다. 사실 그는 집배원보다 편하게 일하기 위해 환직해 왔는데 이런 일이 생긴 것이다. 필드는 주로 여성들이 유니폼을 입고 손님의 우편물을 접수하는 자리다. 우체국에서는 여성들만 유니폼을 입게 되어 있기 때문에 그는 유니폼 자체를 입기 싫었다. 그의 표현대로라면 '여성성이 보이는 옷들'이었다.

"내가 딱 필드에 6개월 있었는데 거의 5개월 20일 가량은 버텼어요. 그냥 일반 바지에 조끼를 입고 버텼어요. 그런데 굉장히 독한 고객을 만난 거야. 등기를 접수하러 와서는 저 사람은 왜 필드에 있는데 유니폼을 입지 않느냐고 민원을 띄웠어요. 그래서 내가 어쩔 수 없이 유니폼을 입어야 되는 상황이 되었어요. 그때 난 어떻게 했냐. 국장까지 나서서 당신 유니폼 입어라. 알겠다. 들어가서 일주일을 안 나왔어요. 그리고 (다시 나와서) 한 일주일인가를 내 평생에 처음으로 (여자 유니폼을) 입어봤어요. 입고는 도저히 안 돼서 나 이거는 도저히 못 견딘다. 그래서 국장을 찾아갔어요. 만약에 그 사람이 나한테 우호적이지 않다면, 이거는 내가 만약에 옷을 벗으면 이 나이에 거지가 되는데, 그래도 커밍아웃을 해야 되나."

그는 민원이 걸린 탓에 회사에서 여성 유니폼을 입으라는 압력이 들어오자 국장을 찾아갔고, 이야기가 먹히지 않으면 커밍아웃이라도 하려고 했다. 그에게 유니폼 문제는 일자리가 걸린 중요한 문제였다.

"내가 그랬어요. 내 능력이 안 되는 것처럼 말했어요. 난 도저히 필드에 서는, 내가 이랬어요. 차라리 옷을 벗으니 내가 딴 걸 하는 게 낫겠다. 그러고선 국장한테 가서 도저히 이 일은 못하겠습니다. 나는 그 문제가 아니지만, 그 문제로 이야기했어요. 그게 만약에 안 먹히면 커밍아웃 하려고 그랬지. 난 도저히 내 능력으로는 못 견디겠다. 그랬더니 우리 국장이 내가 커밍아웃 안 한 상태에서도 그걸로 이해를 해줬어요. 그래서 막노동을 할 수 있는 쪽으로 나를 돌려줬어요. 그래서 나는 지금 행복하게 일하고 있어요."

물론 주변 동료들은 "입어라, 그거 아무것도 아닌데 왜 그러냐?"라며 그의 사정을 이해하지 못했다. 유니폼을 입는 것, 그것이 얼마나 대단한 일일까? 때로 우리는 일자리를 지키기 위해서라면 어떻게든 발버둥을 친다. 유니폼 까짓거 입을 수도 있는 거 아닌가 싶은 것이다. 그럼 반대로, 왜 그까짓 유니폼을 꼭 입어야만 하는 것인가? 더군다나 자신의 존재를 부정하면서까지 말이다. 사실 우리는 사적인 공간에서의 내 정체성과 공적인 공간에서의 내 노동을 정확히 분리해 낼 수 없다. 그런데도 사회적으로 성소수자들은 이를 정확히 분리해 내도록 요구받는다. 원래부터 그것은 하나로 붙어 있었던 문제다. 그에게 유니폼은 그런 문제다.

"나한테는 옷을 벗을 만큼 힘든 일인데, 주변에서는 그거 별것도 아닌데 안 하냐는 거죠."

외모나 성적 지향, 성별정체성 때문에 자신의 욕구와는 상관없이 가질 수 있는 직업이 제한되거나 어떤 직업들에서 배제되는 사람들이 있다. 특히 트랜스젠더와 같이 자신의 외관 및 신체적 특징과 자신의 성별정체성이 불일치하는 경우 더 두드러진다. 남/여 이분법이 익숙한 사회에서 트랜스젠더는 그야말로 보이기에도 정상성에서 벗어나기 때문에 아예 모집 및 채용 과정에서부터 배제되는 경우도 많다. 한 MTF(Male to Female) 트랜스젠더는 "트랜스젠더가 달리 갈 곳이 없어서, 그나마 외모가 출중한 사람들은 업소로 빠지지만 그것이 트랜스젠더에게 권할 만한 직업은 아니지 않느냐?"고 되묻기도 한다. 어떤 일을 하느냐가 중요하다는 것은 아니다. 다만 트랜스젠더이기 때문에 이력서조차 내미는 것이 어렵다는 현실과 그것이 경제적 어려움으로 이어지곤 한다는 것은 다시 한 번 이것이 노동과 생존의 문제라는 것을 깨닫게 한다.

가족 바깥 – 어른이 되지 못하는 사람들

삼십 대 성소수자 노동자들 몇몇이 모여 이야기를 시작했다. 신기하게도 누가 먼저랄 것도 없이 '가족 바깥의 사람'으로서 성토대회가 이어졌다. 가족이 노동과 무슨 상관이 있기에?

"돌려받지 못할 돈이라고 생각하니 서로 챙겨 준다기보다는 부담으로 느껴져. 사실 신경 안 쓰려고 해도 짜증 날 때가 있지. 난 미친 듯이 일하는데 누군 결혼한다고 휴가 주고, 상조회에서 축의금 나오고, 임신하고 휴직 들어가고…… 다들 하는 건데 나만 못한다고 생각하고…… 그런 걸 매번 보니까 좀 억울한 기분도 들잖아."

직장에 다닐 때 우리가 가장 아까워하는 지출 항목은 다름 아닌 직장 동료의 결혼식이나 돌잔치 축의금일 것이다. 특히나 동성커플이 결혼할 수 없는 한국에서 축의금은 '돌려받지 못할 돈'이지만 관계를 생각해서 내지 않을 수 없다. 그때마다 "자네도 어서 가야지."라는 걱정을 듣곤 한다. 성소수자 노동자들에게 가족이란 무엇일까?

나는 삼십 대 중반에 접어들면서 가족을 꾸린다는 것이 하나의 '자격'이자 '보증'처럼 느껴지기 시작했다. 긴 교육과정을 거쳐 취업을 하고 결혼하여 출산과 양육을 통해 자녀를 길러 낸다는 것 말고 세상이 나에게 가르쳐 준 인생은 없었기 때문이다. 나는 결혼이라는 목표를 앞에 두고 인생이 멈추었다는 생각이 들기도 했고 대형마트에서 부모 팔에 매달려 가는 귀여운 아이들을 보면 괜히 슬퍼지기도 했다. 나는 어른이 되지 못하는 사람 같았다. 보통의 직장 문화는 (특히 남자의 경우) 결혼을 해야 어른 취급을 해 준다는 것은 사실이다. 결혼하지 않은 사람은 책임감이 부족하거나 어딘가 부족한 사람으로 여기고 승진에서도 뒤로 밀리는 것이다.

"자고로 한국이란 결혼한 사람들에게 확실히 어른 취급을 해 줘요. 그리고 애까지 있으면 완전한 어른 취급을 해 주고."

'결혼한 남자'가 일도 더욱 헌신적으로 한다는 일반적인 인식 때문에, '독신남'으로 나이 사십을 바라보는 나의 지인들은 마치 능력이 모자라는 남자라는 시선에서 자유롭지가 않다고 한다.

"내가 만약 관리자라면 그런 생각할 것 같아. 결혼한 사람들은 책임감도 더 있고. 노조를 탈퇴하라고 했을 때 (비혼자들보다) 먹힐 것 같고. 책임질 가족이 있기 때문에 회사에 목숨 걸고 일할 것 같은데, 나같이 솔로인 사람들은 아직까지 월급이나 여러 면에서 더 자유롭다고 볼 테니까."

결혼과 개인적 능력, 그리고 헌신성을 연결시키는 고리가 매우 공고하다 보니 동성애자 친구들은 능력을 인정받는 부분에 대해서는 깨끗이 포기하는 게 낫다는 생각을 하는가 보다.

"대놓고 얘기를 해요. 결혼 안 하면 진급은 못한다고. 그렇게 알고 있으라고. 그런 의식이 있어요. 가정을 다스려야 회사에서 책임감도 있다는 식의. 그래서 과장까지는 가능해도 그 이상은 어려울 거라는 걸 은연중에 알리죠. (그런 이야기를 들으면) 그렇게는 오래 못하겠구나……."
"우리 회사에서 크려면, 임원을 달려면 결혼을 해야 한다. 그렇게 얘기를 하시는데, 전 어차피 부장까지만 달 생각이기 때문에, 정년 때까지 버티기만 하면 되기 때문에. 물론 시켜 주면 감사하지만, 만약에 결혼 여부 때문에 승진에 장벽이 된다면 저는 그런 부분은 과감하게 포기해야 된다고 생각해요."

직장에서 기혼자들에게 더 많은 승진의 기회를 제공한다는 사실은 누구나 알고 있는 상식에 가깝다. 가족을 먹여 살려야 한다는 공감대가 있는 것이다. 그러나 그 이면에는 반대급부로서의 혼인 가능성에서 배제된 자들에 대한 차별이 존재한다.

가족 바깥에 놓여 있음을 확인하는 순간
우리가 매 순간 가족 바깥에 놓여 있다는 것을 명확히 하고 사는 것은 아니다. 하지만 정확하게 우리의 처지를 인식하게 되는 순간이 있다. 바로 직장에서 노동자와 그의 가족들을 위해 만든 여러 가지 혜택과 제도들이 나에게는 해당사항이 아닐 때다. 은행에서 일하는 레즈비언 희영은 현재 동성 배우자와 동거하고 있다. 그녀는 직장에서 제공하는 파격적인 전세금 융자제도에 대해 이야기할 때 목청을 높인다. 그녀가 가장 분개한 부분은 융자를 받지 못해 자신은 더 좁고 불편한 주거를 선택해야만 하는 현실이 있음에도 불구하고 직장에서는 자신이 단지 '미혼'이기 때문에 당연히 혜택을 누릴 필요가 없다고 생각하는 부분이다.

"우리는 차별을 받는다고 이야기하지만 직장의 입장에서는 혜택을 못 누리는거지. 자격미달로. 미혼이니까. 그런데 우리 같은 경우에는 뭐가 있냐면 (결혼을 하면) 집을 임차를 해 줘요. ○○은행은 1억 2천이라는데 우리는 아무튼 9천이야. 9천 한도에서 전셋집을 얻어 주는 거예요. 아무것도 필요 없어, 9천. 묻지도 따지지도 않고 9천에 전세. 8년까지. 그러니까 돈을 모아서 집을 살 수 있는 거지. 8년이면."

그녀는 최근 6천만 원 전세금을 내고 살던 집의 계약기간이 다 되어 이사할 준비를 하고 있다. 희영은 한편 본인이 사망할 경우 직장에서 지급하는 유족 위로금에 대해서도 언급했다.

"상조회에서는 죽으면 일단 200만 원을 줘. 일단 은행 자체에서 직원들을 다 보험을 들어놔. 은행에서는 책정이 200인가 300인가. 본인 사망일 경우. 그리고 제일 큰 게 직원들 월급에서 1%를 떼서 유족한테 주는 거지. 진짜 (그걸로) 먹고산다고 그러더라구. 그거 다 하면은 몇 억이 된다네."

동성애자가 사망할 경우, 직장에서 지급되는 유족에 대한 위로금 등이 정작 자신과 공동생활을 꾸려가던 동성 배우자에게 지급되지 못하는 경우는 비일비재하다. 심지어 사실혼 관계에 있는 이성 배우자에게는 지급되는 위로금이 동성 배우자에게 지급되지 않는 것만 봐도 그렇다.

> "우리가 경조사 제도가 좀 잘 돼 있거든. 그러니까 실질적으로 진짜 피부에 와 닿는 거야. 경조사 제도는. 그러니까 내가 게이라서 포기해야 될 부분이 다 그쪽에 몰려 있는 거지. 내가 당장 못 받는 게 결혼 자금 못 받지. 휴가 못 받지……. 우리는 주는 금액도 높거니와 주는 종류도 많아. 그러니까 결혼을 안 하면 혜택을 많이 못 받는 거지."

동성 배우자와 함께 가족을 구성하여 살고 있는 또 다른 친구 지영. 그녀는 다른 기혼 여성들이 다른 가족 구성원에 대한 부분이 더해져 추가로 받는 혜택을 누리지 못한다는 점을 이야기해 준다.

> "맞춤형 복지제도라고 각각 알아서 어떤 종류를 쓸 수 있다, 이렇게 정해져 있으면 자기가 카드로 계산하거나 나중에 청구를 해서 받는 거야. 복지한도가 기본 30만 원 제공하고 거기에 붙는 게 배우자. 배우자가 있으면 또 30만 원 주고 가족, 자녀가 세 명까지 10인가 20씩 더 주고. 근속기간에 따라서 주는데 저 같은 비혼 여성들은 기본밖에 못 받아. 그런데 결혼한, 가족을 구성하고 있는 여성들은 훨씬 많이, 2배 3배를 받는 거지."

푸념 섞인 이야기를 늘어놓던 우리는 동시에 분통을 터뜨렸다.

> "그런데 누가 말끔하고 부유하며 센스 있는 전문직 게이들을 상상하는 걸까?"

보통 게이들이 경제적으로 여유 있고 사회적으로 성공한 케이스가 많다는 세간의 인식은 많은 경우 어긋난다. 물론 동성애자들이 상대적으로 사회적 성취 면에서 부족할지 모르지만 부양할 가족이 없으니 돈은 많이 모을 것 아니냐는 질문을 받을 때도 있다. 여기에 대해 대기업에서 6년째 일하는 친구 정길은 우리 삶은 아예 출발선도 진행 경로도 다르다고 이야기한다.

"이 안에서 가장 크게 부딪히는 부분이 '결혼하면 되지 않느냐?' 라고 아주 당연하게 질문을 던져, 그런데 우리는 그게 아니잖아. 우리는 결혼할 수 있는 조건도 아닌데, 회사 주변 동료들 보면 알겠지만, 결혼을 하기 위해서 돈을 모으고, 결혼을 하기 위해서 일을 하고 이렇게 살아온 사람들이기 때문에 우리처럼 결혼을 하지 않거나 아니면 하고 싶어도 하지 못하는 게이나 레즈비언들하고는 출발선이 아예 다른 거 같더라고."

가족 바깥에서 맞이할 미래?

결혼과 출산으로부터 벗어나 있는 우리의 상황에서 자연스레 연상되는 것이 있었다.

"나중에 늙으면 누가 날 돌보아 줄까?"

그렇다. 우리는 가족 바깥의 삶에 대한 불안, 노후에 대한 막연하지만 예상되는 공포심 같은 것을 공유하는 것이다. 우리는 벌써부터 서로 아플 때 필요한 비상연락망이나 호출기 따위를 마련해야 하는 것은 아닌지 토의하곤 한다.

"감기 이런 거 말고 정말 아팠을 때 간병같은 거 해줄 수 있는 사람이 있었으면 좋겠어."

"나는 아프게 될 게 가장 걱정이야. 적게 벌어 적게 쓰는 건 할 수 있겠는데 가족들한테 의지 안 하고 당당하게 살 수 있음 좋겠지만 아프면 어쩔 수 없이 의지하게 되겠지? 정체성을 지키는 것도 어찌 보면 자존심 지키는 건데……."

나는 친구를 통해 한 게이 기간제 교사를 알게 되었다. 나는 그와 대화를 하는 동안 유독 그가 가지는 '안정'에 대한 열망을 주목하지 않을 수 없었다.

"여자(이성)를 만나야 하는 것 아닐까? 내 노후 대책은 결혼밖에 없는 걸까? 확실한 노후 대책은 결혼이긴 하지. 그냥 평범한 가정 속에서 평범하게 살아가는 거. 아들딸 낳으면 걔들이 커서 날 아버지라고 보살펴 줄 테고, 가족이지 가족. 나중에 부모님 다 돌아가시고 파트너도 딱 떠나버리면… 법적인 구속력도 없고 짐 싸고 나가면 끝이잖아. 그러니까 나이 들어서 아무것도 없다면 믿을 건 돈뿐인 것 같아."

"불행히도 당신의 소박한 꿈이 이루어지기에는 지금 20대가 처한 상황은 그다지 좋지 않은 것 같아요."라고 말하지 않은 것은 다행이다. 일단 우리 세대는 안정된 노후를 꿈꾸거나 내 집 마련을 위해 노력할 여지가 너무 적어졌다. 20대 비정규직 성소수자에게는 회사에서 챙겨 주는 몇 가지 복리후생 혜택조차 정규직만의 것이라 해당사항이 없다 보니, 나는 안정을 꿈꾸는 그가 걱정되기 시작했다. 그는 사회적으로 고립되고 싶어 하지 않았다. 그가 이성과의 결혼과 자녀 출산이라는 선택지 말고 다른 것을 선택했으면 좋겠다는 생각이 강했지만 나는 다른 방법이 있다고도 섣불리 말할 수 없었다. 왜냐하면 내 배우자가 아프다고 마음대로 그만둘 수도 없으니까. 그리고 누가 날 돌보아 줄지도 모르니까 말이다. 이 모든 건 우리 사회에서 분배의 우선순위가 바뀌지 않는 이상에야 변하지 않을 것 같다는 생각을 하게 되는 것이다.

내가 일터에서 가족 문제를 결코 떼어놓을 수 없다고 생각하게 된 계기가 있다. 지금 생각하면 참 힘든 기억이지만 나는 몇 년 전 하던 일을 접고 내 동성 파트너의 마지막 8개월 동안 꼬박 간병 생활을 했다. 나는 간병 휴직을 받기 위해 당시에 다니던 직장에서 커밍아웃을 했고 다행히 NGO였기 때문에 무급이지만 휴직이 가능했다. 아마 그 이전에 다녔던 곳이라면 어림도 없었을 테지만 말이다. 그녀의 가족들이 그녀를 충분히 돌볼 여력이 없었기 때문에 나는 (불행인지 다행인지) 변두리로 밀려나지 않고 곧바로 치료와 간병을 시작할 수 있었다. 문제는 내게 의료친권이 없다는 점이었다. 매일 같이 드나들던 방사선 치료실에서조차 내가 가족이 아니라는 걸 알자마자 내게 서류 하나 보여주는 것조차 꺼리기 시작했다. 나는 그때에서야 비로소 '불인정'의 경험이 나의 정체성을 어떻게 훼손하는 것인지 깨닫게 되었다. 그리고 성소수자 노동자들은 배우자가 아프다고 마음대로 회사를 쉴 수 없을 거라는 사실도, 오랜 간병과 치료로 많은 돈을 쓴 후에도 국민연금이나 각종 보험은 남은 사람의 생활을 조금도 보장하지 않는다는 사실도 더불어 깨닫게 되었다.

"상속권, 보험, 연금 및 사회보장, 소득세 감면, 거주권, 보건권, 의료보험과 같은 사회적 혜택, 이혼시 부양책임, 파트너에게 불리한 증언을 거부할 권리와 정보권, 임대차 계약권, 아동을 위한 사회적 혜택, 병원방문권, 배우자 사망시 시신을 관리할 수 있는 권리, 동성 커플도 과세시 경제적 단일체로 다루어질 권리, 신용관련 정책의 혜택을 받을 권리, 부모로서의 권리, 이혼할 권리, 그리고 재산분배와 아동양육과 부양에 관한 의무……."

동성결혼이 허용되는 다른 나라에서 동성 배우자 간에도 동등하게 주어지는 위와 같은 수많은 사회적 권리들 중에 '의료친권'에 해당하는 내용(보건권, 배우자 사망시 시신을 관리할 수 있는 권리)도 당연하게 들어가 있다는 것을 나는 아주 나중에 알게 되었다. 그것이 왜 노동문제와 관련이 있는지는 「근로기준법」, 「남녀고용평등과 일·가정 양립 지원에 관한 법률」, 「고용보험법」 등의 고용관련법이 민법의 가족 개념[2]을 따르고 있다는 점을 보면 알 수 있다. '민법 상 가족'에게만 적용되는 이러한 권리들은 사실상 동성혼 배우자와 그 가족에게는 인정되지 않는 것이다.

성규 씨는 우리 중 처음으로 동성 파트너와 결혼식을 올리고 8년째 결혼생활을 하며 어머니를 모시고 살았던 동성애자다. 그에게 가족 문제는 가장 중요한 현안 가운데 하나였다.

> "내 배우자가 아프면 내가 돌봐야 하는데 (간병)휴가를 낼 수도 없고, 배우자 측 가족 경조사에 가족인 나는 휴가를 받지 못하잖아. 우리는 개인연금이나 보험, 재산 상속인도 배우자가 아니라 친구에 동그라미 치고 서로 이름을 올렸어. 국민연금은 독신으로 사망하면 국가에서 환수하게 되어 있어서 아예 상속권을 포기해야 했어."

그는 실제로 배우자와 결혼식을 올리고 나서 연차휴가를 내어 신혼여행을 다녀왔고, 심지어 그가 갑자기 몸이 아파 근무하던 병원에 입원하게 되었을 때도 그의 배우자는 보호자로서 역할을 하지 못해 직계가족이 다시 와야만 했다고 한다. 어느 날 성규는 용기를 내어 국민연금공단에 찾아가 "내가 동성애자인데 본인이 사망할 경우 유족연금을 동성 배우자가 받을 수 있게 해 달라."고 요구했다. 당연히 일언지하에 거부되었음은 물론이다. 건강보험의 경우에도 직장 가입자들은 상대적으로 저렴한 보험료에 배우자와 그의 가족

---

[2] 민법 제779조에서 정하는 가족의 범위는 1. 배우자, 직계혈족 및 형제자매 2. 직계혈족의 배우자, 배우자의 직계혈족 및 배우자의 형제자매로 동성애자 커플은 아무리 긴밀한 동반자 관계를 유지하고 있어도 가족으로 법적인 보호의 대상이 될 수 없다.

〈표〉 동성애자 노동자를 배제하는 사회적 보장의 종류와 그 손실액[3]

동성애자가 배제되는 사회적 보장의 종류	예상손실액
20년 근속할 경우 임금 중 가족수당 월 3만 원	720만 원
국민연금 유족연금을 20년간 수령할 경우(물가상승률 3%반영)	9,673만 원
배우자가 지역가입자로 가입하여 월 4만 원 보험료를 낼 경우	960만 원
경조사(혼인, 배우자부모 장례)로 인한 유급휴가를 총 15일로 상정한 경우	150만 원
복지수당 30만 원이 매년 배우자 몫으로 추가 지급되는 경우	600만 원
총 계	1억 2천 1백 3만 원

까지 피부양자에 올릴 수 있는데도 성규의 동성 배우자는 따로 지역 의료보험을 들어야만 했다. 적지 않은 동성애자 커플이 장기간 사실혼 관계를 지속하지만, 이성애자와는 달리 가족이 될 수 없는 것이 현실이다.

이제 오십 대에 접어드는 성규 씨는 적지 않은 자신의 나이만큼 오래 일하면서 가족수당이나 복지혜택, 4대 보험에서의 배제 때문에 자신이 손해 본 것들이 적지 않을 것이라고 이야기했다. 그럼 성규 씨의 경우 어느 정도 손해인지 대략의 금액으로 환산해 보면 어떨까?

동성애자 노동자는 똑같은 의무를 지지만 권리에서는 차등 대우를 받는 것이 명백하다.

"그런데 만약 (사내 복지혜택 등이) 인정되면, 누군가한테 얘기를 해서
받아야 하는 거잖아? 결국 커밍아웃을 해야 한다는 얘기네."

---

[3] 여기서는 평균 20년을 근속한 노동자가 사망 후 그 배우자가 20년간 유족연금을 수령하는 것을 기준으로 한다. 참고로 국민연금에서 유족연금의 산정기준은 가입기간 20년을 기본으로 한다.

모든 문제는 원점으로 돌아온 것 같았다. 우리는 차별적인 제도들을 나열했고 그것들이 기적적으로 평등하게 바뀌었다고 치자. 하지만 지금 같은 상황에서 '커밍아웃'에 따른 불이익과 두려움을 감수하면서까지 동성애자들이 제도적으로 인정되는 혜택을 받고자 할지에 대해서는 모두가 의문을 표할 것이다. 결국 이 문제를 해결하려면 제도적 개선과 사회적 인식의 개선이 함께 이루어져야 하는 문제가 남는다. 커밍아웃이 순전히 개인적 부담으로만 남는다면, 결국 써먹지 못하는 혜택이 될 것이다.

다시, 커밍아웃을 시도하다

변화를 일으키기 위해 성소수자로 드러내기는 선택 사항이 되어서는 안 된다. 오히려 일터에서 '생긴 그대로 행복하게 일할 권리'는 모두의 문제가 되어야 한다. 그래서 우리는 우선 성소수자 노동자가 어떻게 살고 있는지를 드러내기 위해 적지 않은 시간을 보냈다. 인터뷰도 하고 글을 써서 발표도 하고 노동자투쟁 현장도 찾아다녔다. 그런데 작년 노동자대회 즈음 기획했던 우리 토론회에 참석했던 기륭전자분회 김소연 전(前) 분회장이 기고한 글을 통해 비정규직 노동자가 어떻게 소수자들의 투쟁에 공감하게 되는지 알게 되었다. 그녀는 지워지는 사람들의 절박함을 이해했고 "우리는 어디에나 있다."는 외침의 중요성을 공감했다. 그러므로 함께 싸우는 것, 연대하는 것을 통해 우리의 생각과 태도는 변화할 수 있다고 자신의 경험을 통해 말하고 있었다.

> "한편으로 토론회 내내 나는 성소수자나 장애인 등이 우리 비정규 노동자와 크게 다를 것 없이 처지가 비슷하다는 생각이 들었다. 나는 기륭투쟁을 하기 전까지 장애인들의 이동권을 생각해 보지 못했다. 우리가 일상적으로 장애인과 더불어 살아 본 적도, 더불어 사는 것이 정상적이라는 것도 교육받지 못했고, 따라서 내 머릿속에 장애인들도 나와 함께 살아가고 있는

사람들이라는 인식이 거의 없었다. (중략) 이번 토론회를 마치는 글에 '우린 어디에나 있어요'라는 글이 있었다. 지배문화는 사회적 약자, 사회적 소수자들을 감추고, 지우고, 억압하려 한다. 우리와 함께 살아가고 있는 이들을 애써 부정하고 없는 것으로 치부하려 한다. 지워지고 감춰지는 사람들의 절박한 심정이 그 제목 속에 다 있다고 느꼈다. 그리고 지워지는 것들이야말로 정말 소중한 것들이 많다는 사실을 새삼 느꼈다. 아직 우리 일상은 사람다움을 다 채우지 못하고 있다." (김소연, 『인권오름』, 제275호)

보통 노동운동가에게서 이와 같은 환대를 받아보지 못한 우리는 이 글을 쓴 김소연님에게 매우 감사했을 뿐만 아니라 우리 스스로도 많은 용기를 얻었다. 그녀를 통해 한 가지 더 깨달은 것이 있었다. 우리가 드러내는 것이 중요할 뿐만 아니라, 우리를 지지하는 사람들도 자신을 드러내는 것 또한 중요하다는 것을 말이다. 실제로 성소수자가 아닌 사람들이 자신을 성소수자의 친구로 커밍아웃 하는 일은 상대적으로 쉽다. 이 일을 더 많은 사람이 해낼수록 성소수자들이 일하는 곳은 자신을 지지하는 사람들로 채워져 갈 것이다. 그림을 그릴 때 밑그림을 잘 그리거나 바탕색을 먼저 칠하는 것도 좋은 방법일 것이다.

이 답답한 곳에, 한 모금의 산소

생각해 보니 우리는 이에 대한 뜻깊은 경험을 나눈 적이 있다. 바로 앞서 소개했던 임 선생의 동료 지수 씨는 성소수자를 진심으로 지지하는 한 명의 직장 동료가 가지는 중요성을 잘 보여준 사람이다. 임 선생은 자신의 늦깎이 공부를 열심히 도와주며 친해진 지수 씨에 대해 이렇게 이야기한다.

"(저의) 굉장히 많은 부분에 지수 씨가 있지요. 이분이 날더러 이주노동자 단체도 후원한다고 하고, 또 성소수자 단체도 한다고. 이 사람이 의식이 있는

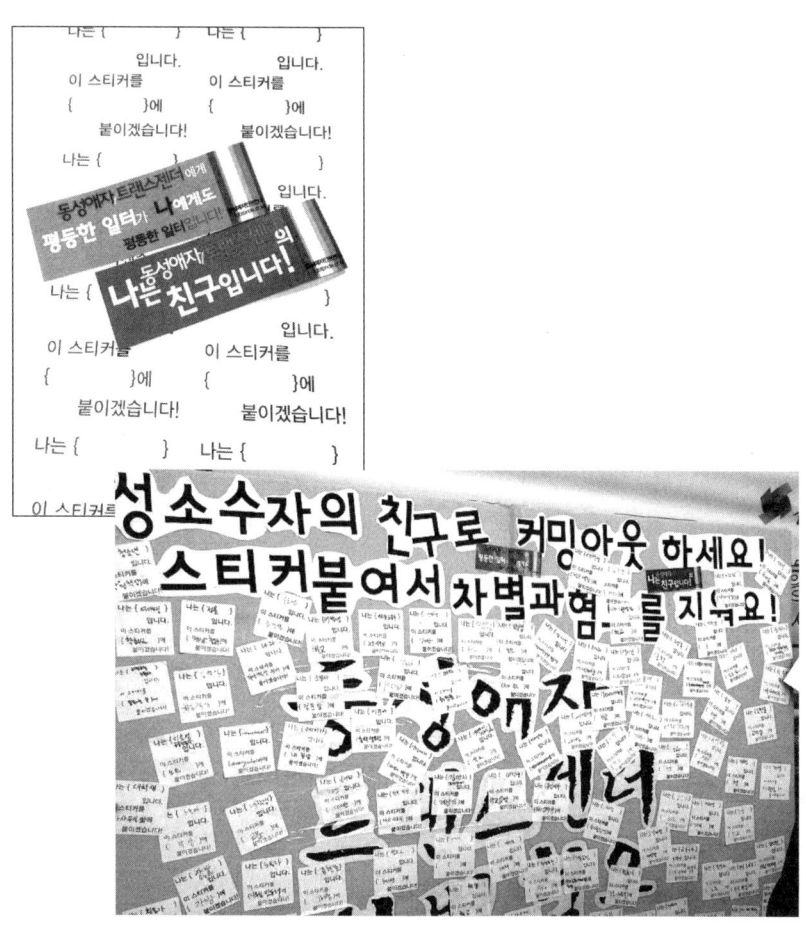

사람이다 했어요. 사실은 내가 굉장히 어릴 때 직장에서 커밍아웃 하고 난 다음에 23년 만에 커밍아웃을 한 거예요. 최초로. 23년 만에. 믿음이 갔어요. 직장 안에서는 힘든데, 이 사람한테는 괜찮겠다…. 이야기 한 다음에도 여러 일이 있었어요. 직장에 직원이 400명 되는데, 갇혀 있는 공간에 한 모금의 산소 같은 존재다, 내가 이런 이야기를 할 존재가 있다는 게 기뻤어요."

그런 아이디어에 착안하여, 우리는 서울역에서 전국노동자대회에 참석한 많은 노동자들에게 스티커를 나누어 주고 약속을 받았다. 이 캠페인은 성소수자가 아닌 노동자들이 참여하길 바라며 준비한 것으로, 다양한 공간에서 일하는 노동자들이 자신의 일터에 '스티커'를 붙임으로써 성소수자 지지선언을 하는 것이다. 우리가 만든 스티커에는 "동성애자/트랜스젠더에게 평등한 일터가 나에게도 평등한 일터입니다"라는 문구가 쓰여 있다. 사람들은 이 스티커를 자신이 일하는 곳 어디에 붙일지 곰곰이 생각했고 그것을 펜으로써 붙이며 공개적으로 약속했다. 불과 몇 시간 지나지 않았지만 우리가 준비한 꽤 큰 판넬은 여러 가지 약속들로 가득 찼다. 바쁘게 부스를 진행하다가 한숨을 돌리며 사람들이 적어 놓은 다양한 필체의 글씨들을 하나씩 읽어 본다. 한 장 한 장이 희망을 품고 일터 곳곳에 붙여지기를 기대하면서 말이다.

나는 환경미화원 노동자입니다.
이 스티커를 청소차량에 붙이겠습니다.

나는 자동차공장 노동자입니다.
이 스티커를 회사 화장실에 붙이겠습니다.

나는 보육교사입니다.
이 스티커를 학교 정문에 붙이겠습니다.

나는 알바생입니다.
이 스티커를 일터에 붙이겠습니다.

여성으로 살아가기
– 퀴어가 되길 두려워하는 퀴어

최수진*

어느덧 8개월이 지났다. 그전에는 물리도록 듣던 이야기. "어휴, 총각 여자인 줄 알았잖아." 성별의 애매모호함은 늘 사람들의 관심을 끈다. 애매모호한 시절을 끝내고 겉모습을 여성으로 바꾸어 살아가기 시작한 지 8개월이 되었다. 내가 원하는 성별로 살 수 있다는 편안함과 동시에 아슬아슬한 일상을 살아야 하는 불편함과 함께한 시간이다.

나에게 전환의 순간은 무척 힘들었다. 세상은 보이쉬한 여성에게는 까다롭지 않다. 하지만 남자가 여장을 하는 것은 매우 눈에 띈다. 내 편견일 수도 있다. 최소한 나에게는 그렇게 느껴졌다. 여성이 남성이 되는 것은 차근차근 과정을 밟아갈 수 있는 일이다. 그리고 남성이 여성 '적'이 되는 것도 과정 속에서 일어난다. 머리를 기르고 눈썹을 다듬고 살짝 화장을 하거나 과하지 않은 장신구를 시도하는 것은 계단을 올라가듯 점점 수위를 높여갈 수 있는 일이다. 그러나 치마를 입는다거나 가슴을 만드는 것은 갑자기 몇 개의 층을

* MTF 트랜스젠더.

뛰어넘는 일이다. 여러분의 여성 친구가 머리카락을 확 자르고 바지를 입었을 때와 당신의 남성 친구가 가발을 쓰고 치마를 입었을 때 여러분이 느끼는 충격은 다를 것이다. 온 세상 사람들이 나만 보는 것 같은 느낌. 고개를 푹 숙이고 쭈뼛거리며 걷는다. 물론 그럴수록 더 눈에 띄었을 것이다. 매일 남성의 모습으로 드나들었던 현관문을 여성의 모습으로 드나드는 일. 나에게는 쉽지 않았다.

목소리 수술을 하기 전까지는 최대한 말을 아꼈다. 입을 열면 드러나는 진짜 성별. 내려야 할 정류장을 지나쳐도 이야기할 수 없었다. "아이스인가요 따뜻한 음료인가요?", "휘핑 크림 올라가는데 괜찮으세요?", "비닐봉지에 담아 드릴까요?" 등의 친절한 물음들이 불편했다. 아무런 말도 하지 않고 살고 싶었다. 그러나 언제나 말을 해야 했다. 목소리는 작아지고 발음은 부정확해진다. 되묻는다. "네? 고객님, 다시 말씀해 주시겠어요?" 또 목소리를 내야 한다. 항상 같이 다닐 친구가 필요했다. 나 대신 주문을 해 줄 친구. 나 대신 대답해 줄 친구. 노래 부르기를 좋아하는 나는 수술대에 누워 의사에게 내 성대를 맡겼다. 내 목소리를 망칠 것이 분명한 그 수술을 거금을 주고 결행했다.

"수진, 진짜 괜찮아"라는 친절한 이야기를 들어도 다이어트는 계속 해야 했다. 여성의 외모 기준이 지나치게 높은 한국에서 여성으로 살기 위해. 위장병이 걸리고 영양실조에 걸리더라도 이상하지 않은 수준의 몸매를 만들어야 한다. 살아가기 위해 건강을 해치는 것도 불사했다. 편한 자세로 있다 보면 어느 순간 아차 싶을 때가 있다. 자세를 가다듬는다.

플랫슈즈는 지면을 느끼며 달리는 단단한 서스펜션의 독일차 같다. 도로의 작은 균열도 발바닥으로 전해진다. 참 정직한 물건이다. 조금만 무리해도 발바닥이 불타는 듯 하지만 신발장에는 온통 플랫슈즈뿐이다. 굽 있는 구두를 사고 싶지만 아직은 아니다. 나와 키가 비슷한 여성들도 힐을 신는다. 그러나 난 아직 안 신는다. 못 신는다. 여느 남자들과 비교하여 머리 하나를 훌쩍 뛰어넘는 모습으로 다니기에는 아직 내 자신이 부끄럽다.

옷장에는 비슷한 스타일의 옷밖에는 없다. 내 체형을 가리면서도 덩치가 크게 보이지 않을 옷들. 곧 겨울이다. 또 연구해야 한다. 내가 입고 싶은 옷이 아니라 남들에게 이상하게 보이지 않을 옷을 입는다. 되도록 눈에 띄지 않아야 한다. 항상 거울을 보고 옷매무새를 신경쓴다. 더 예쁘게 보이기 위함이 아니다. 덜 이상하게 보이기 위함이다.

이상함은 겹겹이 쌓여 커지기 때문이다. 세상에는 키가 큰 여자도 있고 덩치가 큰 여자도 있고 목소리가 굵은 여자도 있다. 하지만 작은 이상함들이 쌓여 '혹시' 하는 의심을 낳는다. 내게 지난 8개월은 이런 이상함들을 하나씩 제거하는 시간이었다. 그 노력은 아마 얼마간은 계속될 것이다. 내가 어떤 행동을 하건 어떤 옷을 입건 이상하지 않을 때까지.

외연은 내면을 결정하기도 한다. 할 수 없는 행동들이 생기고 취할 수 없는 자세들이 생긴다. MTF 트랜스젠더[1]치고는 조금 남성적인 나. 많은 MTF들은 옛날부터 남성임이 불편했고 자신은 여성적이었다고 말한다. 나도 그런 부분이 없었던 것은 아니다. 그러나 생각하지 않았다. 많은 사람들은 트랜스젠더란 어린 시절부터 스스로를 부정하고 타고난 성별에 저항하며 살아온 사람이라고 생각한다. 신의 실수. 천상 여자. 미디어에 길들여진 대중의 생각이 나를 속박한다.

어린 시절부터 여성적이진 않았다. 튀어나온 돌이 되어 험한 세상을 헤쳐 나갈 자신이 없었다. 이상한 인간이고 싶지 않았다. 타인을 무척 신경 쓰는 성격이었다. 지금도 그렇다. 항상 인정받아야만 하고 항상 친밀해야 하고 항상 웃어야 했고 항상 웃겨야 했다. 그래서 더욱 열심히 남성을 연기했다. 난 호탕한 형이었고 싹싹한 동생이었다. 그렇게 연기한 모습은 내 본질이 되었

---

[1] MTF(Male To Female) 트랜스젠더 남성에서 여성으로 전환하는 트랜스젠더.

다. 노력하여 연기하지 않아도 남성이 나왔다. 그렇게 난 남성이 되었다.

지금은 여성을 연기한다. 다시 노력해야 한다. 역시 튀어나온 돌이 되기 싫기 때문이다. 남성을 연기할 때나 여성을 연기할 때나 난 겉모습에 걸맞게 살기 위해 노력해야 했다. 이렇게 살다 보면 그 여성은 또 내 본질이 될 것이다. 이상한 놈이지만 이상하게 보이기 싫은 것, 정상성을 추구하는 것이 내 정체성일지도 모르겠다. 항상 남의 눈치를 본다. '저 사람이 날 이상하게 보면 어떡하지?' 자신감이 없다. 키가 180㎝가 넘는 MTF 트랜스젠더 동생이 있다. 그녀는 힐까지 신고 허리를 빳빳이 펴고 거리를 활보한다. 그 당당함이 부럽다. 그러나 나에게는 무리다. 정상이고 싶고 정상으로 보이고 싶다. 난 이상한 놈이니까.

게이를 비하하는 농을 하며 즐겁게 웃는 회식 자리. 술안주로 홍석천과 하리수가 올라온다. 나도 함께 웃어야 했다. 맞장구치며 말을 덧붙인다. "부장님 말이 너무 심하신 거 아닌가요?" 생각한 대로 내뱉으면 의심당할 것 같은 불안함. 행여 이쪽 은어가 나올까 한 마디 한 마디 조심스럽게 이야기한다. 집에 와서는 한없이 부끄러워한다. 맞장구친 내가 부끄럽다. 일반들의 세상에 어울리지 못하고 다른 생각을 한 내가 부끄럽다. 부끄러워 하는 내가 부끄럽다.

여성과도 사귀었었다. 난 정상적인 남성이어야 했으니까. 최대한 열심히 사귀었다. 자평하자면 꽤 괜찮은 남자였다. 내 상상 속의 이상적인 남성상을 열심히 연기했다. 할 수 있는 한 잘해 주고 사소한 일에는 불평하지 않는 남친이었다. 물론 상대방도 그렇게 생각했는지는 모르겠지만 적어도 난 그렇게 노력했다. 조금이라도 내 계집애 같은 모습을 보이는 것을 용납할 수 없었다. 발각될까 봐 조마조마하며, 그럴수록 나는 더 남성이 되어 갔다. 24시간 365일을 연기했다. 결국 그 페르소나는 나 자신이 되었다.

지금은 남성과 사귀기를 원한다. 사실 여성과도 남성과도 사랑을 나눈 내 지향성은 바이[2]에 가깝다고 생각하지만 내 안의 정상성을 추구하는 무언가

가 그 성향을 조종한다. 지금의 나는 여성이기 때문에 남성과 사귀어야 한다. 아니 남성을 향한 욕구를 마음껏 표현한다는 설명이 더 어울릴 것이다. 그렇다고 여성을 향한 욕구를 일부러 감추는 것은 아니다. 감추는 것은 무의식적으로 일어난다. 남자로 살았을 때의 내가 철저히 자신을 감추었듯이 말이다. 내 지향성은 내 겉모습에 따라 변한다.

내가 생각해도 조금은 웃기는 정체성이다. 퀴어[3]가 되는 것이 두렵다. 이상한 놈인 걸 아니까 이상한 놈이 되기 싫은 것이다. 그것이 얼마나 힘든 일인 줄 아니까 도망치는 것이다.

그러나.

퀴어를 정체성으로 지니고 싶어하는 또 다른 내가 있다. 지금의 난 어딜 가나 무엇을 하나 남들 눈치를 신경 쓰지 않아도 될 수준의 여성이다. 적어도 겉모습은 그렇다. 내가 굳이 이야기하지 않으면 아무도 알아차리지 못하는 비밀. 8개월의 노력은 쌓이고 쌓였다. 이상함은 조금씩 제거되었다. 이제 정말 조금만 더 노력하면 완벽한 정상성을 획득할 수 있음을 느낀다.

그런데 난 습관적으로 자신이 트랜스젠더임을 밝힌다. 그렇게 힘들게 획득한 정상성을 말 한마디에 날려 버린다. 얼마 전 홍대 밤거리에서 헌팅을 당했다. 취기가 있고 난생 처음 겪어 보는 일이어서 당황한 이유도 있지만 그에게 트랜스젠더라고 말했다. 당연히 대화는 거기서 끝났다. 여기저기 글을 기고할 때에도, SNS의 프로필에도 일 때문에 사람을 만날 때에도, 난 트랜스젠더임을 밝힌다. 정상성을 추구하는, 이상한 놈이 되기 싫은 성향을 생각하면 앞뒤가 안 맞는 이야기이다.

왜 그럴까? 사실 생각해서 하는 행동은 아니다. 내가 정상성을 추구한 것이 의식적인 행동이 아니듯 습관적인 커밍아웃도 무의식적인 행동에 가깝

---

2 **바이(bisexual)** 양성애자.
3 **퀴어(queer)** 동성애자나 양성애자, 성전환자 등 성적 소수자들을 통틀어 이르는 말.

다. 이 글을 쓰며 생각해 본다.

트랜스젠더로 사는 건 이점도 있다. 보통의 남성이나 여성보다는 사람들의 이목을 끈다. 사람들은 내가 트랜스젠더라는 것만으로 관심을 가진다. "전 청와대에 근무해요." 만큼 "전 트랜스젠더에요."라는 말은 호기심을 자극한다. 덕분에 이곳저곳에 기고할 기회도 생겼다. 내가 그저 보통의 시스젠더[4]-헤테로[5] 남성이나 여성이었다면 이런 기회가 있었을까?

미디어에서 다루어지는 동성애자의 모습은 다양하다. 누구는 회사원이고 누구는 정치인이고 누구는 가수이고 누구는 영화감독이다. 그러나 트랜스젠더와 관련해서는 강력한 스테레오타입이 존재한다. 쭉빵한 몸매를 자랑하며 과장된 여성성을 연기하는, 강요된 트랜스젠더의 이미지. 그곳에서 살짝 벗어난 나는 확실히 흥미로운 존재이다.

정체성 덕에 친구도 생겼다. 같은 혹은 비슷한 혹은 전혀 다른 정체성을 가진 이들. SNS를 통해 알음알음 주변에 사람이 모였다. 이전의 인맥을 모두 끊어낸 내게는 소중한 인연들이다. 타인을 의식하여 먼저 다가가지 못하는 내게는 참 고마운 사람들이다. 내 정체성을 존중해 주는, 나를 나로 받아들여 주는 사람들이다.

전환 이전의 인맥들은 문자 그대로 '아무도' 내가 트랜스젠더인지 모른다. 가족도 모른다. 이상한 놈이 되기 싫기 때문이다. 남들을 너무 의식하기 때문이다. "세상에 ○○이가 트랜스젠더래."라고 숙덕거리는 것이 싫다. 나를 트랜스젠더로 알고 만난 새로운 인맥들은 상관없다. 하지만 날 남자로 알던 사람들에게 나를 드러내는 일은 못하겠다. 역시 무섭기 때문이다.

퀴어 관련한 NGO 활동도 하게 되었다. 나를 인정했기 때문이다. 남자의 삶에서는 숨겨 왔던 나의 정체성을 부정하는 것을 넘어 전혀 티도 내지 않았

---

[4] **시스젠더(cisgender)** 신체적 성과 사회적 성이 일치하는 사람. 트랜스젠더와 대응되는 용어.
[5] **헤테로(heterosexual)** 이성애자.

다. 이런 세상이 존재하는 것은 알았지만 가까이 가지도 않았다. 전환을 시작한 지금은 기꺼이 드러낸다. 나와 같은 입장의 사람들을 위해 하고 싶은 일이 있기 때문이다. 나의 어려웠던 경험을 대물림하고 싶지 않기 때문이다.

그것을 위해 나를 드러내야 하고 그것은 내가 그렇게도 바라는 정상성에서는 벗어나는 일이다. 의심할 여지가 없는 여성이 되기 위해서는 트랜스젠더인 나를 버려야 맞지만 나는 내가 어떤 사람인지 이야기할 수밖에 없는 활동을 한다.

또 다른 이유는 무섭기 때문이다. 나의 목 아래는 아직 아무런 외과적 수술을 받지 않았다. 사람들을 속인 후 들통나는 상황이 너무 두렵다. 모든 자리에서 막 이야기하는 것은 아니지만 그냥 적절히 판단하여 밝힌다. 섹스를 할 생각이 아니더라도, 내가 가슴을 훤히 드러내며 다니는 것이 아닐지라도, 그들의 기대감을 무너뜨리는 것이 겁난다. 행여 상대방이 나와 같은 사람들을 혐오하는 사람이라면? 아니면 성적인 대상으로만 취급한다면? 나도 그를, 그도 나를 취향에 따라 피해갈 수 있는 기회를 주는 것이다. 아직 이곳에는 적극적으로 혐오를 표현하는 덜된 인간들이 넘쳐나기 때문이다. 어떤 때에는 그 판단이 잘못된 경우도 있지만 그래도 밝히는 것이 속이는 것보다 마음 편하다.

반면 어떤 이들은 속이는 것이 편하기도 하다. 주로 깊은 인연을 맺기 싫은 사람들. 중요도가 떨어지는 사람들. 나는 매 순간 눈치를 본다. 나와 대면하는 사람들을 첫인상으로 평가해 버린다. 속일까 말까? 오늘 보고 말 사람인가? 나는 어느새 매 순간 내가 어떻게 보일지 나를 무엇으로 규정할지 고민하는 사람이 되었다. 눈앞의 상대를 내 멋대로 재단하는 인간이 되어 버렸다.

아직 나의 신분이 남성이기 때문이기도 하다. 프리랜서인 나는 중요한 순간에는 어쩔 수 없이 주민등록번호와 본명을 밝혀야 한다. 내가 어딘가의 직원이라도 그건 마찬가지이다. 내가 번듯한 기업의 경영자라도 그건 마찬가지일 것이다. 어차피 알게 될 사실이니 공적인 관계에서는 그냥 밝히는 것이 습관이 되었다.

공항에 가거나 은행에 가거나 관공서에 갈 때 나는 나를 증명해야 한다. 동시에 나의 성별도 증명된다. 내가 신용카드를 발급받을 때, 내가 비행기를 탈 때, 내가 간단한 서류를 떼야 할 때. 나의 성별이란 나의 신분을 증명하는 데 있어 아무런 중요성이 없는 정보이다. 주민등록번호 뒷자리가 1로 시작하고 여성의 사진이 붙어 있는 내 신분증으로도 난 나를 증명할 수 있다. 그것이 2로 시작한다고 나를 증명 못하는 것은 아니다. 조금만 생각하면 누군가가 본인을 증명할 때 성별이란 정보는 1 혹은 2 가운데 하나일 수 있는 매우 하찮은 정보일 뿐이다. 나를 증명하는 그 많은 숫자 중에 겨우 1비트밖에 안 되는 그 하찮은 정보는 늘 나를 따라다닌다.

무엇보다 이 거지 같은 세상이 싫다. 나를 밝히지 못하는 세상. 나는 트랜스젠더이다. 많은 사람들이 남성이나 혹은 여성으로 자신을 소개하듯 나를 소개하는 단어는 트랜스젠더이다. 대부분의 이들은 자신의 성별을 부끄러워하지 않겠지만 난 그것을 부끄러워해야만 한다. 많은 한국의 트랜스젠더들은 모든 과정이 끝나면 소식이 끊기는 경우가 대부분이다. 이제 정상성의 사회에서 마음껏 살고 싶겠지. 섭섭하지는 않다. 다만 그런 선택밖에는 보장해주지 않는 세상이 싫을 뿐이다. 해외의 트랜스젠더들은 -물론 모두 그런 것은 아니겠지만- 자신이 누군지 밝히는 데 주저함이 없어 보인다. 아니 적어도 그런 사람들이 존재한다.

MTF 트랜스젠더가 남성이었던 시절부터 현재까지 사진을 바탕으로 연간 타임라인을 만들어 인터넷에 올리기도 한다. 막 가슴수술을 하고 붕대를 푼 FTM 트랜스젠더[6]가 상체를 드러내고 당당히 인증샷을 찍어 보이기도 한다. 트랜스젠더임을 밝히고 대외적인 활동을 하는 많은 이들이 있다. 굳이

---

6 **FTM 트랜스젠더(Female To Male)** 여성에서 남성으로 전환한 트랜스젠더.

밝히지 않더라도 아무 문제가 없는 환경을 갖추었음에도 그들은 굳이 밝힌다. 누가 봐도 여장남자인 사람이 은행 창구에 앉아 고객을 맞이하는 모습도 보았다. 내 신분증을 보이며 쭈뼛거려도 '그래서 뭐 어쩌라고?' 하는 그들의 표정이 낯설다. 날 그저 '행인3' 정도로 대해 주는 그들이 낯설다. 그런 세상에서 사는 이들이 부럽다. 오지랖 월드에 사는 나는 그들이 부럽다.

정상성과 비정상성을 왔다 갔다 하는 내 고민은 대부분의 사람들은 하지 않는 고민이다. 되고 싶은 것과 자신 사이에 괴리가 없기 때문일 것이다. 되고 싶은 모습과 사회 사이에 괴리가 없기 때문이다. 되고 싶은 모습을 위해 노력해도 아무도 이상하게 보지 않는, 아니 오히려 응원해 주는 세상에 살기 때문이다. 나도, 나와 같은 문제를 안고 사는 나의 친구들도 그냥 그렇게 되고 싶은 모습을 위해 노력할 뿐이다. 많은 것을 바라는 것이 아니다. 내가 원하는 모습으로 먹고 기도하고 사랑할 수 있기를 바라는 것이다. 그냥 남들처럼 사는 것뿐인데 남들보다 곱절 힘들다. 누가 우리를 그렇게 힘들게 하는 것일까?

난 퀴어가 되는 것이 두렵다. 동시에 퀴어로서 당당하게 살고 싶다. "저는 제주도에서 왔고요 조그만 무역회사에서 회계 업무를 보고 있습니다." 라고 밝히는 것처럼 "저는 트랜스젠더입니다."라고 밝혀도 상관없으면 좋겠다. 내가 그렇게 밝히면 "아, 네 그러세요? 다음 분?"이라며 아무렇지도 않게 받아들여 줄 세상을 꿈꾼다. 섹스를 나눌 것이 아니라면 누군가 남성인 것이 누군가 여성인 것이 그렇게 중요한가? 그럼 누군가 트랜스젠더인 것은 얼마나 중요한가? '김창규(남/28)' 만큼이나 '최수진(MTF/35)'도 평범하기를 바란다.

나는 남성이 아니다. 그렇다고 나는 여성도 아니다. 젠더의 관점이든 섹스의 관점이든 나를 이 완벽한 이분법의 세계에서 설명하기는 힘들다. 그래서 오히려 어차피 존재하지도 않는 완벽함을 탐내는 것일 게다. 난 속옷만 입고 광화문 사거리를 활보하는 꿈을 꾸는 것이 아니다. 스릴러 영화의 악당처럼 죄 없는 사람들을 도륙하고 다니는 것을 바라는 것도 아니다. 신분을 바꾸어 범죄 사실을 감추고 싶은 것도 아니다. 그냥 고민하지 않고 살고 싶을 뿐이다. 나 자신으로 살고 싶을 뿐이다. 내 자신이 트랜스젠더인 것을 굳이 부끄러워하지도 속이고 싶지도 않지만 또 그것이 특별할 것도 없길 바란다. 당신이 남성이라고 문제될 것이 없듯, 당신이 여성이라고 문제될 것이 없듯, 80% 정도 여성일 것 같은 나도 아무 문제가 없다.

당신은 100%인가?

제게 있지도 않지만 줘도 안 갖는 남성성을 거부합니다

유정민석*

저는 2006년 병역거부를 선언하고 1년여 남짓 수감생활을 하다가 2008년 8월 15일에, 이명박 대통령이 당선 후 조치했던 광복절 특사로 고맙게도(?) 출소하게 된 양심에 따른 병역거부자 유정민석이라고 합니다. 수많은 병역거부자분들이 모두 하나같이 마음고생을 할 테지만, 저 역시도 동성애자/여성주의자라는 저의 남다른 위치로 인해 삶에서 우여곡절을 많이 겪었던 것 같습니다. 저의 개인적인 내밀한 이야기를 이렇게 하게 돼서 조금 부끄럽기도 하지만, 그래도 두서없는 제 이야기를 통해서 교감하고 소통하는 계기가 된다면 의미 있는 일이 될 것 같습니다. 그럼 병역거부자와 성소수자라는 이중적인 소수자성을 지닌 제 이야기를 하고자 합니다.

병역거부를 하게 되기까지

제가 병역거부를 하게 된 까닭을 설명하려면, 우선 무엇보다 저의 성소수

---

* 양심에 따른 병역거부자.

자라는 정체성과 여성주의자라는 정체성을 빼놓고는 이야기할 수 없을 것 같습니다. 징병제를 채택하고 있는 한국에서는 수많은 젊은이들이 그러하겠지만, 저 역시 군복무의 압박이 점점 조여오던 당시에는 군복무에 대한 막연한 두려움과 공포를 느꼈습니다. 저는 어려서부터 생각하기를 제 자신이 남성성이 결여되어 있음은 물론이거니와 구태여 가질 필요도 없다고 생각하였고, 그리고 무엇보다 가기 싫고 왜 가야 하는지 이유를 알 수 없었지만 그것에 대한 질문과 의심은 금기시된 것이 너무 싫었습니다. 아마 어려서부터 혼란스러웠던 동성애자라는 저의 정체성과, 이를 통해 막연히 남성성에 대한 거부반응과 혐오가 가장 큰 이유였을 것입니다. '남성성'이라는 것은 저한테 없는 것이지만, 이를 가지고 있지 않으면 다들 의아하게 생각하고, 창피하고 부끄럽게 만들었습니다. 그래서인지 저와 같은 동성애자 친구들의 다수는 이러한 사회적 통념에 자신이 부응하지 못 하는 것이 사회적 억압이라기보다는 그 원인을 자신에게서 찾고는 자신이 도덕적으로 잘못하고 있다는 식으로 자기비하를 하곤 합니다. 일종의 '허위의식' 같은 것이지요. 아무튼 저의 경우에는 남성성은 무엇보다 별로 인류에게 좋지 않은 가치인 듯 싶은데, 왜 이런 것이 응당 지녀야 할 가치로 상찬받아야 하는 것인지 의문이었습니다. 사실은 막연히 싫다는 감정이 조금 더 명료한 형태로 주조된 것은 여성주의와 같은 이론들을 만나면서부터였습니다. 그전부터는 막연히 "난 동성애자인데, 남성성이 별로 없고 더군다나 혐오하기까지 하는데… 내가 군생활을 잘 할 수 있을까… 남성성이 죽도록 싫은데… 남들 다 가는 것인데 내가 너무 유별난 건 아닌가… 부모님과는 어떻게 갈등을 풀어야 하나… 왜 이런 나를 아무도 이해해 주지 않는 걸까… 내 신분은 앞으로 어찌 되는 걸까…" 혼란스럽기만 했습니다.

남성성이라는 것은 무언가 쟁취해야 하는 것이고, 경쟁, 폭력, 획일, 우열과 같은 수직적인 느낌이 드는 것 투성이라고 생각되었습니다. '여성스럽다'라고 정의된 일련의 감정들은 무가치하고, 남자답지 못하다고 일컬어지는 행위들은 창피한 것이기에 이것들을 억제하고 복종하거나 지배하는 것처럼 말입니다. 어려서부터 엄마 화장품을 바르거나 치마를 입어보기도 하고 또 여성스럽다고 친구들 사이에서 따돌림을 당하기도 했던 제가 어려서 들었던 말 중의 하나는 "여자 새끼"라는 말이었습니다. 저의 남성과 여성이 모두 실추되는 듯한 그 역설적인 조롱 투의 욕설에, 그때부터 저는 혼란을 거듭하게 되었습니다. 이러한 남성성은 제가 가지고 있지도 않았거니와 '줘도 안 갖는' 것이었습니다. 사춘기가 되면서부터 성적으로는 남성에게 더욱 끌림을 느끼고 여성에게는 성적인 호기심을 느끼지 않았으나, 그것에 대해 사회는 아무런 이야기를 해 주지 않고 당연히 저 같은 사람은 존재하지 않거나 먼 외국에 있는 사람으로 여기고 범죄처럼 일절 금기시 하는 것에 대해 저는 예리하게 직감하였고, 살기 위해 사회적 터부인 저의 성적 지향을 숨겨야 했습니다.

설상가상으로 '아는 게 병'이라는 말처럼, 대학에 진학하여 세미나를 통하여 접하게 된 여성주의 언어는 저를 더욱 군대에 가기 싫어하게 만들었습니다. 남성성을 혐오하게 만들고, 따라서 남성성의 완성을 이룩하는 공간인 군대를 더욱 가기 싫고 혐오스러워 하게 만든 것은 여성주의였습니다. 제가 처음 여성주의를 접했을 때는 충격 그 자체였습니다. 저를 설명해 주고, 더군다나 '내가 잘못된 것이 아니며, 나를 옭죄는 세상이 잘못된 것이다' 라고 다독여 줬던, 제가 누군지 알게 해 준 그런 언어를 접했을 때의 쾌감은 이루 말할 수 없었습니다. 하나하나 이론들을 알아가는 것이 너무나 재미있었고, 세상이 돌아가는 불편한 진실의 작동방식에 대해서 조금은 알게 되었던 것 같습니다. 물론 그러한 앎은 나중에 저를 더욱 고통스럽게 하는 병으로 부메랑처럼 돌아오기도 했지만 말입니다. 여하튼 그때 알게 되었던 한국 사회의 군사주의와 남성성에 관한 비판적인 책들, 특히 생태주의와 여성주의가 결합된, 여성성을 긍정하고 남성성을 비판하는 '에코페미니즘'이라는 이론을 접하였을 때 '그래, 이거야!' 하는 생각이 들었습니다. 많은 것들이 한 큐에 꿰어지지는 않았지만, 퍼즐 조각처럼 약간씩 맞춰져 가는 것이 보였습니다. 나치 치하의 유태인들이나 예수를 부정해야 했던 베드로처럼 저의 존재를 숨기거나 일부러 모르는 척했던 것에서, 점점 더 저를 긍정하는 것을 느꼈습니다.

이렇듯 군대와 남성성에 대해서 그전에 가졌던 무의식적이고 막연했던 반감들은 여성주의를 접하고부터는 조금씩 언어화되는 과정을 겪었습니다. 그럼에도 불구하고 선뜻 병역거부라는 정치적 행위에 대해서는 엄두를 낼 생각조차 할 수 없었습니다. 비록 그것의 존재는 인지하고 있었으나, 후일이 어떻게 될지 장담할 수 없었고 정보도 부족하였기 때문입니다. 그런 막연한 공포감이 선뜻 병역거부를 하지 못하게 했던 가장 커다란 이유였을 것입니다. 그렇게 뜻은 있지만 언감생심 감히 엄두를 낼 수 없었던 병역거부에 대해 고민하던 와중에 동성애자 인권캠프에 갔을 때 만났던, 저보다 먼저 병역거부를 했던 분께 병역거부에 대해 물어봤을 때 돌아왔던 답변은 저를 더욱 주눅 들게 하였습니다. 제게 병역거부의 존재를 알게 해 준 고마운 분이었지만, "양심에 따른 병역거부는 어떻게 하는 건가요?"라고 물어봤을 때 돌아왔던 답변은 "양심이 뭐라고 생각하세요?"라는 역질문이었습니다. '혹 떼려다 혹 붙인' 격이 된 저는 답변할 수 없었고 머뭇거렸습니다.

저의 막연한 군대에 대한 짜증과 두려움, 거부감은 언어로 표현되기엔 너무나 미흡한 것이었는지 모릅니다. 양심에 따른 병역거부의 '양심'에 대해서 진지한 고민도, 설명할 수 있는 말주변도 없었던 저는 침묵할 수 밖에 없었습니다. 그분은 "UN에서는 양심을 이렇게 저렇게 규정한다"라는 부연설명을 했습니다. UN이라는 거창한 이름을 듣는 순간, '아… 병역거부라는 것은 아무나 하는 것이 아니구나. 나와 거리가 먼 그런 것이구나.'라는 생각이 들었습니다. 주눅이 들었습니다. '나는 병역거부라는 걸 할 만큼 그런 대단한 사람이 아니구나.'라는 생각이 들었습니다. '저런 건 뭔가 똑똑하고, 정말 진지하며, 확고하고, 만반의 준비가 되어 있는 그런 사람만이 하는구나. 나처럼 단순히 군대 가기 싫어서 꾀병부리는 것 같은 사람은 해당되지 않는 그런거구나'라는 생각이 들었습니다. 물론 지금 생각하면 어줍잖은 얄팍한 지식/권력과 오만으로, 병역거부가 무슨 성역처럼 으시대며 그 해석과 담론을 마치 성경에 대한 해석을 독점했던 중세 성직자들처럼 굴며 고민하는 후배의 야코를 죽이던 그 오만함이 우스워서 콧방귀도 안 뀌긴 하지만 말입니다. 병역거부는 누구나 할 수 있는 것이고, 양심이란 것이 거창한 것이 더욱 아니라는 것을 이제는 확고히 알게 되었으니깐 말입니다. '호랑이 없는 굴에 여우가 왕'이라고, 같은 소수자끼리 '도토리 키재기'이지 누가 더 잘났네 위세부리는 것이 참 우습다는 생각이 듭니다.

아무튼 당시에 소심했던 저는 고양이 쥐 걱정해 주는 것인지는 모르지만 "더 고민이 되면 연락을 주라"고 말하던 그 사람의 당부가 고마웠음에도 불구하고 선뜻 다시 연락을 할 수가 없었습니다. 그러면서 들었던 생각은 '그래, 까짓것 어쩔 수 없구나. 누구나 갈 수밖에 없는 것이고 피할 방법도 녹록치 않은 것이라면, 가서 부딪혀 보자'라는 자기합리화 비슷한 것이었습니다. '어차피 내가 거부할 수 없는 운명이라면 받아들여야 하지 않겠냐' 하는 것이었습니다. 그 당시 많은 자기합리화가 있었고, 사실 병역거부를 하게 된다면 준비되지 않은 제가 감당하고 짊어져야 할 그 많은 짐들이 부담으로 느껴졌는지 모릅니다. 또 당시의 저는 지금처럼 쾌락주의자가 아니였기에, 막상 남들이 다 가는 군대를 저 혼자 회피하려 한다는게, 마치 이기적인 것처럼 느껴지기도 했습니다. 또한 성소수자로서 병역거부를 한 사람은 유일무이하게 한 사람이 있었을 뿐이고 동성애자들은 대부분 군대에서 심한 마음의 상처를 받으면서도 군복무를 할 텐데, 오히려 이 사람들의 고통을 나 혼자 회피하려는 게 아닌가, 하는 이상한 도덕주의적인 생각이 들었습니다. 동성애자들에게 군대는 악몽과 같은 곳이고 가장 극명하게 반대되는 곳이기에 '그래, 그곳이 현장이라고 생각하고 부딪혀 보자'라는 참 이상한 자기합리화도 했었습니다. 그래도 마음 한편에는 항상 병역거부에 대한 미련을 버릴 순 없었습니다. 내가 이미 알게 된 군대에 대한 비판적 시각들과 진실들을 버릴 순 없었습니다. 이미 동굴 밖의 이데아의 진실을 알게 된 사람은, 다시금 그림자뿐인 세계로 되돌아갈 수 없듯이 말입니다. 이미 알고 있는 지식들, 옳은 것이 이것이라는 판단들을 죽일 수는 없습니다. 용기가 없어서 숨기거나 아닌 척 연기를 할 뿐이겠지요.

그러던 차에 입대를 하게 되었습니다. 군대에서 여차하면 병역거부를 할 수도 있는 선택지를 아예 배제하진 않았기에, 군복무 당시 권인숙 선생님의 『대한민국은 군대다』와 박노자 선생님의 『당신들의 대한민국』 같은 책을 품에 지니고 다녔습니다. '어쩔 수 없이 나는 비록 군복무를 하게 되었지만, 이분들이 이야기하던 진실을 되새기자.' 라는 생각에서 였습니다. 그리고 무엇보다 끔찍한 현실에서 정신만이라도 도피하여 그 책들로 위안을 삼고자 했던 것은 아닌가 싶습니다. 이분들은 진실에 가까운 말씀들을 하시는 분들이지만, 군대에서는 고참의 명령이 진리이자 진실이기 때문에, 저는 온전한 가치관을 유지하고 또 그 책들로라도 위안을 삼고 싶었던 것 같습니다. 그러나 그분들의 언어는 저를 더욱 힘겹게 하였습니다. 이상과 현실의 괴리가 극심할수록, 또한 군대가 요구하는 남성성과 이성애 중심문화, 폭력과 구타의 현실에 대해 그 책들이 해갈해 줄 수 있는 게 없었기 때문입니다. 이상과 현실의 모습은 저를 더더욱 힘들게 했고, 그로 인해 더더욱 군대가 혐오스럽고 벗어나고 싶었습니다.

이미 마음이 콩밭에 가 있는 제게, 일상적 업무를 숙지하고 적응하는 것은 미션 임파서블이었습니다. 그러나 이런 저의 고민을 토로한다면 조롱과 비웃음, 구타가 되돌아올 것이 자명하기에, 저는 함구했습니다. 이런 생활이 얼른 끝나기를 기다렸지만, 군대라는 곳은 하루하루가 지옥 같았고, 하루가 1년 같았습니다. 그나마 제가 제일 마음의 안정을 느꼈던 공간은 화장실의 좁은 공간이었습니다. 선임병들의 감시의 눈을 피하고, 유일하게 이성애 남성들의 폭력에서 심리적 안정을 취할 수 있었던 곳은 역설적이게도 냄새나고 더러운 화장실이었습니다. 지금 생각해 봐도 샤르트르의 '타자는 지옥' 이라는 말이 참 적절한 곳이 군대인 것 같습니다. 그러던 차에 먼저 들었던 생각은 의병 전역이었습니다. 성소수자라는 저의 정체성을 팔아서라도 제대를 하고 싶었습니다. 왜냐하면 '성정체성 장애'라는 의학적 판정을 받는다면, 군대를 제대할 수 있는 길도 있을거라는 판단에서 였습니다. 지금 생각해 보면 '그게 뭐가 잘못된 거냐? 꾀병 부려서 학교를 안 가려는 아이보다는 맨날 때려서 학교를 가고 싶지 않게 만드는 선생이 더 잘못 아니냐?'라는 생각이 들지만, 당시에는 이런 저의 애매했던 그리고 어찌 보면 양심에 따른 병역거부자라고 하기에는 의심이 가게 만들었던 행보 때문에 일부 사람들에게서 의심과 공격을 받기도 했습니다. '의병 제대를 고민하던 것이 양심에 따른 병역거부자가 아님을 반증하는 것이 아니냐?'라는 심문에 저는 변명할 수가 없었고, 또한 이런 저를 변호하기 위해 온갖 궤변을 꿰어 맞추면서 스스로 횡설수설하게 되었고 의심을 사고 명예가 훼손당했습니다. 지금은 물론 갈팡질팡했던 그 당시의 심경과 행보들에 대해, 저뿐만 아니라 병역거부로 고민하거나 군대로 인해 상처를 받은 사람들이라면, 왜, 어째서 타인에 의해 도덕적 가치판단을 받아야 하는가, 사회적 모순이 투영되었을 뿐인 개인에게 그토록 논리정연한 책임감을 왜 감내하도록 요구하는가에 대해 항의하면서 버티겠지만, 당시에는 군대와 병역거부를 경험하면서 상처받은 제 마음을 격려해 주기보다는 저에게 엄밀한 비판과 냉정한 분석이 먼저 돌아왔습니다.

군대생활과 감옥생활

군입대 하여 군생활을 하던 도중 병역거부를 하는 방식을 택했기에, 행정이 불투명하게 되고 재판은 길어져서 항소심까지 하게 되었습니다. 그 과정에서 제 미래와 신분은 도무지 종잡을 수 없을 만큼 깊은 수렁으로 빠지는 듯 했습니다. 우여곡절 끝에 재판이 잡히고 수감생활을 하게 되었지만, 그 과정에서 얻은 상처들이 너무나 많았습니다. 성소수자라는 제 정체성으로 인해 군복무와 수감생활에서 입어야 했던 마음의 상처와 공포도 그렇고, 일상에서 매일같이 마주쳐야 하는 가족과의 갈등, '병역거부자+동성애자'라는 이중의 충격을 감당해야 했을 가족들의 충격과, 죄 지은 건 하나도 없다고 생각하지만 그것을 해명하고 안심시켜드려야 했던 그 트라우마들은 사실 지금도 완전히 지워지지는 않았다고 생각합니다.

그 과정에서 절 다독이고 지탱하게 해준 것은 병역거부를 하면서부터 알게 된 '전쟁 없는 세상'이라는 병역거부자와 후원인을 위한 단체 분들, 동성애자와 성소수자 인권단체들, 저처럼 병역거부를 앞둔 친구들의 비슷한 처지, 그 외에도 수많은 사람들의 지지와 격려였고, 제가 그다지 도덕적으로 잘못된 일을 해서 이런 상처와 시련을 겪는 것은 아니라는 제 판단을 믿었다는 것입니다. 이런 것들이 없었다면 아마 더욱 견디기 힘든 시간이 되었을 것입니다.

막상 병역거부를 하고 나서 수감생활을 할 때는 속이 다 후련하고 마음이 편했습니다. 이제는 신분이 매듭지어지고, 상처는 많았고 앞으로도 남겠지만 그래도 더 이상 군대 문제로는 고민하지 않아도 된다는 생각에서인지, 아니면 그토록 시달리던 국가에 대해 나도 양심에 따른 병역거부를 했구나 싶어서인지, 속이 시원했습니다. 앞으로 수감생활에 대한 고민과 걱정은 일단 안일하게 뒤로 제쳐둔 채 말입니다. 물론 이런 생각은 교도소 독방에서 몸이 좀 안 좋아서 입이 돌아갔을 때 많이 깨지기도 하고, 다시 비관적이고 증오심과 원망이 불타오르기도 했지만 말입니다.

수감생활을 할 때에는 그래도 다양한 곳에서 수많은 지지를 해 주었기 때문에, 마음만은 든든하였답니다. '전쟁 없는 세상'에서 보내주시는 우편물들, '엠네스티'나 '전쟁저항자 인터내셔널'(WRI) 등 세계 각지에서 보내는 응원의 메시지까지… 제가 그래도 많은 사람들의 관심을 받고 있다고 생각하니 기분만은 좋았습니다. 그러나 역시 신체의 자유를 박탈당하고 기본권이 통제된 것은 아무래도 버티기 힘들었습니다. 시간이 갈수록 역시 감옥이라는 생각이 들었고, 다양한 미시권력들과 남성성들의 공간이기에 저랑 맞지 않는 버거운 일들이 생겼습니다. 일단 저를 잠정적 성범죄 가해자로 간주하는 듯한 시각도 불편하였고, 좋은 사람들도 많지만 마초들이 많았던 점도 힘들었습니다. 수감시설들은 범죄자들을 오히려 적개심만 키우게 하고 전혀 인간다운 교화를 하는 공간이 아닌 것 같습니다. 한 가지 재밌는 사실은 오히려 바깥 사회보다 저를 이해해 주는 사람들을 만났다는 것입니다. 사회적 약자와 범죄자분들이 많아서 그런지 저의 정체성 정도는 특이한 축에도 못 끼는(?) 역설적인 상황이 일어나기도 했습니다. 한 재소자는 원래 예전부터 밑바닥생활을 해서 그런지(?) 저 같은 성소수자 친구들도 많이 만나봤기에 편견이 없다고 생각한다는 이야기를 건네 들었을 때는, 아이러니하게도 오히려 바깥보다는 범죄자들이 많은 교도소에서 오히려 제 정체성을 받아들여주는구나 싶은 생각이 들기도 하였습니다. 사실 인과적으로 단순히 따지자면, 저는 병역거부를 해서 병역법 위반으로 수감생활을 한 것이 맞습니다. 그러나 솔직히 마음 한편에는 '동성애자이기 때문에 내가 감옥을 가는 것만 같다' 라는 냉소적인 생각도 있었습니다.

　수감생활을 하면서도 많은 것들을 인내해야 했지만 전반적으로 버틸만 했습니다. 무엇보다도 바깥에는 나와 생각이 같은 '친구들'이 응원해 주고 기다려 주고 있다는 사실이 무척이나 든든하고 힘이 되어 주었습니다. 그렇지만 가치관에서 그 전과는 전혀 다른 극단적인 변화가 있었습니다. 독방에서 사람들과 일절 차단된 채 혼자 많은 생각을 할 수 있는 시간이 제게 주어졌고, 그런 시간 속에서 바로 시간이 갈수록 저는 마음의 문을 닫고 세상에 대해서 냉소적으로 변했다는 사실입니다. 수감생활을 하면서 혼자 독방에서 정리했던 고민들, 즉 그다지 죄를 짓고 살지는 않았다고 생각했는데 저를 이 지경까지 만든 국가, 저를 때리던 선생님들, 그저 자기와 다르다고 따돌리고 괴롭히던 남자애들, 저를 주눅 들게 만들고 자신감을 떨어뜨리게 하고 잘 알지도 못하면서 비난하던 사람들, 그 열정과 에너지로 주류 권력에 비난과 비판을 하지는 못하면서 구태여 소수자들에게 명철한 이성과 논리적 판단을 기대하며 조금이라도 의심 가는 사항을 포착해서 반론을 제기하는 사람들,

많은 사람들이 미웠습니다. '소수자로 사는 것도 억울하고 원망스러운데, 난 좀 이기적이거나 그래도 용서받을 수 있는 게 아닌가? 왜 나한테 그런 엄격함을 요구하는 거지? 국가와 공동체가 나한테 해 준게 뭔데 국가와 공동체에 애정을 쏟길 바라는 거지?' 하는 생각에 짜증도 났습니다.

이런 번뇌들이 꼬리를 물다가는 일견 우습다는 생각이 들었습니다. '어차피 인간의 목숨은 영원하지 않는데, 왜 이런 것들로 고민하고 힘겨워 해야 하는가?' 하고 코웃음이 나왔습니다. 그러면서 극도의 허무주의가 저를 지배하게 되었습니다. 그동안 추구해 왔던 제 삶의 가치관의 말로는 결국 이런 처벌이라는 생각, 어차피 용써 봐야 세상은 별로 달라지지 않는다는 생각, 아무리 정의롭고 살기 좋은 세상을 만들기 위해 노력해봐도 '내가 살고 있는 당대에는 이루어질 리 없다' 는 생각, '만일 그런 세상이 왔다고 하더라도 내가 죽은 후라면 무슨 의미가 있는 것인가', '후대에 누군가가 다시 나쁜 세상으로 되돌린다고 하면 그걸 막을 방법이 있는가?' 따위의 생각을 하면서 가치관의 혼란을 느끼게 되었습니다. 또한 수감생활 당시 이명박 대통령이 당선되었고, 한국의 수준은 별로 기대할 게 없다는 결론에 이르렀습니다. 이 땅에는 저같이 성소수자에다가 병역거부까지 하며 국가를 별로 안 좋아하며 국가도 별로 좋아해 주지 않을 인간은 살기가 힘들고, 저도 살기 싫다는 생각이 들었습니다. 그러면서 외국 이민도 진지하게 생각해 보았습니다. 그런데 또 한편 결국 싸움에 져서 도망가는 것 같이 억울한 생각도 들었습니다. 저를 처벌하고 따돌렸던 '바로 이 땅'에서 잘 먹고 잘 살고 싶다는 생각이 들었습니다. 제가 그렇게 특별히 나쁜 놈이라고 생각하지 않는데 무방비로 당해야 했던 그런 공격에 대해 부당함을 느끼는 것이 잘못된 게 아니라면, 저는 언어를 찾아야 했습니다. 그 과정에서 많이 똑똑해졌다고 생각합니다. 돌이켜 보면 병역거부를 하면서 그래도 얻은 것이 있다면, 상처 끝에 얻은 값진 언어들입니다. 물론 이런 앎들을 자신 있게 말할 수 없고 행할 수 없는 사회적 현실에서 벗어나지 못한 것은 사실이지만, 적어도 예전처럼 그들의 논리에 휘둘리거나 저를 비하하진 않아도 되는 자신감을 얻었습니다. 솔직한 심정으로는 그렇고 그런 사람들에게 저를 변론하고 또한 논쟁에서 밀리지 않고 재반박하며 비판하고 설득하기 위해서입니다.

그러나 마음 한편에는 이러한 저의 언어들이, 저의 상처를 딛고 제가 냉소적이고 이기적으로 변하게 된 대가로 얻은 것이라 슬프기도 합니다. 마치 인어공주가 목소리라는 기회비용을 포기한 대가로 다리를 얻었던 슬픔처럼, 저도 저의 감수성과 순수한 마음을 포기한 대가로 저의 언어를 가지려고 하는 것 같기에, 이것이 과연 옳은 길인가 하는 고민도 있습니다. 그러나 저는 이러한 제 자신을 설명하고, 저에게 쾌락을 주고, 저를 방어할 수 있는 언어를 찾기 위해 계속 여행을 하고자 합니다. 그것이 활동이 될 수도 있고 공부가 될 수도 있을 것입니다. 그리고 소수자들을 위해서 고민을 했던 수많은 학자들과 운동가들이 있어 왔기에, 아직 한참은 모자라지만 그분들의 언어를 제 것으로 소화해서 저만의 논리를 찾고 싶습니다.

성소수자로서의 특성과 남성성과의 갈등

동성애자였다는 미셸 푸코가 군대-학교-감옥 등을 일망감시체계의 훈육기관들로 분석한 것은 너무도 명확한 것 같습니다. 군대와 감옥 못지않게 학창시절을 돌이켜 보면, 저는 학교 선생님들의 권위주의와 주입식 교육방식에는 말할 것도 없고 남자애들 무리와 여자애들 무리 양쪽에 잘 융화될 수 없었던 왕따였던 것 같습니다. 남자애들은 계집애 같다고 저를 기피하였고, 여자아이들도 사실은 자신들과 같은 '여자'가 아닌 저를 마냥 환영하지 않았을 것입니다. 그러한 젠더 이분법의 진영에서 어느 쪽도 저를 좋아하지 않았다는 것입니다. 그런 저는 사실상 학창 시절부터 마음의 문을 닫았다고 생각합니다. 적절한 수준에서 그들이 기대하는 역할들을 보여주고 거기에 맞춰줄 순 있었지만 결코 제 자신의 주체적인 삶은 아니었다고 생각합니다. 학교라는 기관은 어린 시절부터 이러한 제게 이미 세상에 대한 냉소와 타자에 대한 무관심을 심어 줬던 것 같고, 저같은 아이들이 건강하게 자라날 수 있도록 전혀 배려해 주지 않았습니다. 체벌에, 입시위주의 교육에, 젠더·섹슈얼리티·동성애에 관한 이야기는커녕 성 자체를 부정하던 학교에서 무엇을 바란다는 것은 우스운 일이었습니다. 차라리 공부라도 많이 했으면 좋았을 테지만 워낙 공부보다는 음악이나 게임을 좋아했던 저는 학교생활에 숨이 막혔던 것 같습니다.

그리고 남중, 남고를 나오면서 더더욱 그 마초들의 과격함에 질려했던 것 같습니다. 더욱이 성담론을 죄악시하거나 이야기하기를 꺼려하지만, 남성들의 성담론에 대해서는 별다른 제재가 없고 자유롭다는 것이 참 재밌는 현상입니다. 성에 대해서 공적으로 이야기하는 것은 꺼려하지만, 남성들의 성자유는 항상 암암리에 적극 보장되어 왔다고 할까요.

그러던 제게 한 가지 특이한 해방구가 있었다면 바로 '일본문화' 였습니다. 일본 가수들을 처음 접했을 때의 충격은 이루 말할 수 없었습니다. 특히 일본 락밴드들의 짙은 화장과 여성스러운 패션, 그리고 과격한 표현들은 정말 '문화충격' 이었습니다. 남성들이 여성들보다 더 짙은 화장을 하고, 또한 성표현의 수위가 거리낌 없었다는 점에서, 그리고 무엇보다 천편일률적으로 보였던 한국 가수들의 음악과는 달리 다양하고 형이상학적인 주제들의 음악은 제게 다른 세상이 있다는 것을 알려 주었습니다. 한국과 달리 남성들도 화장을 하는 등 젠더의 경계를 넘나드는 듯이 보였던 일본 문화를 부러워하고 동경하게 되었습니다. 아마 한국에서는 금기시되었던 일본 문화에 심취했던 것도 저의 정체성과 가치관의 형성에 일정 부분 영향을 끼치지 않았나 싶습니다. 일본은 나름대로 폐쇄적인 부분을 가지고 있지만, 적어도 한국보다는 획일적이거나 금욕적인 부분이 적으며 개인의 자유를 더 존중한다고 느꼈기 때문이었습니다. 그렇지만 친구들은 일본 음악을 좋아하는 저를 '친일파' 나 '쪽바리' 라고 비난하였습니다. 그러면서 자연스럽게 의문이 드는 점이 있었습니다. 그런 맹목적 애국심이 이상하리만치 싫었다는 것입니다.

'한국에서 별로 같은 민족이라고 대접을 해 주는 것도 아닌데, 왜 구태여 성소수자이며 왕따인 내가 조국에 충성을 바쳐야 하는가? 그것은 강요되는 것 아닌가?' 라는 의문이었습니다. 그리고 무엇보다 일단 '일본은 나쁘니깐 싫어해야 한다.' 라는 그 무조건적인 당위가 싫었습니다. 제가 경험하지 않았던 일본의 압제보다는, 제가 경험했던 한국의 이성애 남성들의 압제가 적어도 제겐 더 싫었으니까요. '왜 민족이나 국가에 충성을 바쳐야 하지?', '왜 군대를 다녀와야 남자가 되고 인간이 되며, 왜 누구나 다 가야 하는 것으로 생각하지?' 저의 개인주의적이고 아나키스트적인 사고들은 아마 이때부터 생겼을지도 모릅니다.

그리고 그때부터 막연히 저의 삶에서 '내셔널리즘과 젠더'가 화두가 되었던 것 같습니다. 물론 병역거부를 하면서부터 이와 같이 그동안 막연히 느껴왔던 억압의 실체가 감지되어 드러났다는 것은 말할 것도 없습니다. 제가 병역거부를 고민하게 만들었던 화두는 비단 제 개인만의 문제는 아닙니다. 한국 남성들의 가장 커다란 두 가지 금기인 '식민지배를 당했다는 자존심의 상처' 와 '군복무로 인한 박탈감', 즉 '내셔널리즘과 젠더'는 한국 사회의 치부와 모순과 문제점을 가장 잘 반증해 줍니다. 저는 사회에서 가장 금기시되는 것들 중 하나가 오히려 그 사회의 폐부를 가장 적나라하게 보여준다고 생각합니다. 단순히 제가 게이라서 남성(성)들과 갈등이 있었던 것이 아니라, 제게는 그러한 내셔널리즘과 젠더에 대한 대응방식이 이성애 남성들의 그것과는 너무도 달랐기 때문입니다. 그리고 제가 짜증 냈던 감정들이 오히려 한국 사회의 문제점을 보여줬다고 생각합니다. 획일적인 민족주의와 군사주의와 같은 문제들 말입니다.

아무튼 학창 시절에는 막연히 싫은 감정만 있었을 뿐 논리적으로 맞받아칠 능력이 없었거니와, 제 판단이 아무리 옳다고 생각하더라도, 일상에서 이를 이야기하고 맞춰 달라고 부탁해야겠다는 생각에까지는 이르지 못했습니다. 아니 부탁할 엄두조차 내지 못했습니다. '모난 돌이 정 맞는다.' 는 그 평범한 진리를 너무 잘 알고 있었기 때문입니다. 중세 시대에 머릿속으로는 '그래도 지구는 돈다.'라는 생각을 하더라도 입도 뻥긋 못했던 것처럼, 그냥 침묵하고 무리의 룰을 순순히 따르는 것이 현명하다는 것을 체득하게 되었습니다. 이러한 일상에서의 수많은 갈등들이 면역이 된 것처럼, 무덤덤히 가면을 쓰고 살기를 밥 먹듯 했습니다. 마치 주변환경에 적응하고 살아갈 생존전략을 터득한 것처럼 말입니다. 그러면서 제 자신의 고유한 색깔을 많이 잃어버린 것 같습니다. 마음 한편에는 항상 소외감을 느껴왔기 때문입니다. 물론 후에 여성주의로부터 인식론적인 혁명을 일으키고 나서는, 단순한 소외감이 분노로 바뀌었지만 말입니다. 의식의 변화를 통해 이제는 그들의 따돌림이 전혀 정당성이 없으며 맞받아칠 만큼 제가 성장했다는 것을 알고 있으니까요.

　아무튼 다들 여자친구 이야기를 하거나 성농담을 하거나 스포츠 이야기를 할 때면 할 얘기가 없는 저는 말수가 없어졌습니다. 군대나 감옥에서는 물론이고, 사회에서도 제 또래 남자들끼리 모였을 때 하루 종일 화제가 되는 이야기는 '여자 따먹은 얘기'입니다. 이런 이야기를 자랑스럽게 하고는 전혀 부끄러운줄 모르는 사람들의 가치관, 이런 발언들이 가능한 사회적 수준, 이런 발언들을 거리낌없이 해도 아무런 제재를 가하지 않는 사회… 지금이야 오로지 관심거리라고는 스포츠에, 여자에 있을 뿐 군대나 민족주의에 대해서는 비판적 사고는 눈꼽만큼도 하지 못하는 수준낮은 그들의 문화에 끼고 싶어서 애걸복걸했던 어려서의 제 처지를 생각하면 처량해서 웃음기도 하지만, 어찌 되었건 그런 사람들을 만나면 사실 지금도 게이에 페미니스트인 저는 무슨 얘기를 어떻게 해야 할지 난감하기만 합니다. 만일 어떤 공동체의 주류적인 정서가 그런 수준이라면, 제 평소 소신과 정체성대로 "그건 옳지 않아요!"라고 해야 하는 건지, "전 게이니깐 같이 공감할 수 있는 이야기를 합시다."고 해야 건지, 아니면 지금껏 그래왔듯이 그냥 침묵해야 하는 건지 말입니다. 저는 이런 이야기가 오고갈 때마다 씁쓸한 기분이 들었습니다. 이 사회의 모든 문화는 이성애/남성 중심적이기에, 어느 곳에서도 연애이야기,

성이야기가 나오면 저는 흥미를 잃곤 합니다. 저는 스포츠를 좋아하지 않는데 이상하게 왜 안 좋아하냐는 식으로 질문이 들어오고, 남성의 젠더 역할에 응당 기대되지 않는 행동을 제가 보이면 사람들은 의아해 합니다. 한마디로 저는 군대뿐 아니라 이 사회 모든 곳에서 '고문관', '부적응자' 인 셈입니다.

인터넷에서 'XX녀' 라는 식의 마녀사냥이 팽배한 것을 보면, 한국 사회는 이성애 남성중심성이 상당히 극렬한 나라입니다. "그는 남자야." 라는 말 한마디가 칭찬으로 작동할 수 있다는 부르디외의 분석처럼 남성성 그 자체가 미덕으로 작동하고, '군대를 갔다 와야 남자가 되지.' 라는 이상한 관념이 팽배합니다. 또한 군사주의와 남성성, 이러한 악순환의 고리들이 또다시 사회적 약자들과 많은 사회적 담론들을 억압하고 봉쇄하는 기제로 작용합니다.

저는 어려서부터 부엌에서 요리하는 걸 좋아했습니다. 바비인형을 가지고 놀거나 악기연주를 하는 것도 좋아했지요. 그런데 집안의 어른들은 "사내자식이 부엌에 들어가냐."고 하였고, 친구들은 축구나 농구보다 수다 떠는 것을 더 좋아했던 저를 멀리하였습니다. 이렇게 조금은 남들과 달랐던 저를, 학교와 가족은 그 남다른 부분에서 배려를 해 주지 않고 방치했던 것입니다. '왜 이런 진실을 세상은 말해 주지 않는 걸까… 분명히 나 같은 사람들도 존재하는데…' 제 존재와 세상에 대한 고민과 짜증 그리고 무언가 갈증을 계속 느끼면서 때로는 동아리 활동도 해 보고 교회에 나가 보기도 하고 운동권 학생들과 어울려도 보았지만, 그 안에서도 무언가 저의 근본적인 정체성 때문에 갈등이 있어 왔습니다. 가장 기본적인 면에서 저는 많은 사람들과 꺼내 놓고 이야기할 수도 없고 전제조건으로 타협할 수도 없는 그런 '비밀' 을 숨기고 있었던 것입니다. 아무도 이해해 줄 수 없고 받아들여 주지 않을 거라는 그런 저만의 비밀. 무리에 끼기 위해서는 혼자 끙끙 앓는 가슴앓이를 할 수밖에 없습니다. 혹자는 이렇게 말할지도 모릅니다. "왜 이야기하려고 시도해 보지 않느냐. 솔직하게 말하지." 그러나 그건 잘 모르고 하는 소리입니다. 제가 바보가 아닌 이상, 모든 문화 속에서 이성애중심적이고 남성중심적인 것을 저는 읽을 수 있습니다. 이런 수많은 삶 속에서 성소수자라는 저의 정체성이 충돌하는 지점들을 일일이 양해를 구하거나 대응한다는 것은, 저를 아주 유별나고 귀찮고 성가신 존재로 만들어서 왕따 당하는 것을 작정하라는 말과 같습니다. 또한 만일 예기치 못한 신변의 불이익을 당하는 것은 어찌 막을 수 있을까요? 저는 비록 커밍아웃을 했지만, 만일 어느 성소수자가 커밍아웃을 하려고 한다면 말리고 싶습니다. 답답한 심정은 이해가 가지만, 커밍아웃을 한다고 삶이 행복해지거나 마음의 짐이 덜어지는 것은 결코 아닐 거라고, 사회는 별로 달라지지 않는다고 말입니다. 많은 사람들이 이해해 줄 순 있겠지만, 소수자는 언제나 다수자에 대해 배려를 먼저 하기 마련입니다. 이 세상에서는 소수자가 항상 더 마음의 문을 열고 다가가야 한다는 이치를 저는 너무도 잘 알고 있습니다. 물론 그 현실이 부당하고 원망스럽지만 말입니다.

특히나 요즘같이 인터넷에서 '신상 털기'가 쉽사리 자행되는 세상에서는, '성소수자'라는 인신의 약점이, 본인의 힘으로는 제어할 수 없을 정도로 막대한 파급력을 가지고 일파만파로 퍼져서 사회적 살인에 처할 위험에도 항상 노출되어 있습니다. 이를 도외시한 채 속으로만 숨겨야 하는 사람들을 음흉하다거나 용기가 부족하다거나 솔직하지 못하다는 식으로 말한다는 것은 "빵이 없으면 고기를 먹으면 되지."라고 말하는 것처럼 현실을 도외시한 발상일 것입니다. 사회가 먼저 제반 준비를 해 놓지 못했으면서 성소수자 개인들을 이성애/남성들이 모든 공적 담론장을 장악하고 있는 사회로 나오라고 하는 것은, 인큐베이터에 있는 아기를 강제로 끄집어내는 것이나 번데기 속 고치를 강제로 뜯는 격일 것입니다.

현재의 고민과 앞으로의 삶의 계획

저는 생태주의나 평화주의를 좋아하기는 하지만, 저의 존재론·인식론적 고민에서는 여성주의와 더욱 친화적입니다. 물론 때로는 여성주의에서의 '여성'이 또 다른 젠더 이분법임에 조금 불편하기는 하지만 말입니다. 따라서 아예 젠더 정체성을 해체하자는 주디스 버틀러의 탈구조주의 페미니즘, 즉 기본적인 젠더 정체성을 해체하는 이론에 관심이 많습니다. 그런데 이를 이해하기 위해서는 서양철학사 전반에 관한 지식들을 갖추어야 할 것 같고, 공부할 길이 멀고도 험난한 것 같습니다. 그래도 저를 설명해 주고 마치 저를 위해서 만들어진 듯한 이론과 담론을 찾아 나가는 과정을 계속하고자 합니다. 결국 소수자들이 가장 쾌락을 느끼고 행복해 하는 이론과 담론이 가장 좋은 이론과 담론이라고 생각하기 때문입니다. "내가 춤출 수 없으면 혁명이 아니다."라는 말처럼 말입니다. 그 외에도 민족이나 국가와 같은 거대 정체성을 해체하는 것에도 관심이 있기에, 탈식민주의나 탈민족주의, 아나키즘에도 관심이 많습니다. 민족주의나 국가주의는 한국에서 모든 사회적 담론들을 압도하는 경향이 있습니다. 또한 민족/국가는 모두 남성성, 군사주의, 파시즘과도 밀접한 관련이 있다고 생각되기에, 응당 제가 고찰해야 할 지점으로 느껴지기도 합니다.

또한 퀴어이론이나 탈구조주의 외에도 엉뚱하게 보일지 모르지만 동물해방론에도 그에 못지 않은 관심이 있습니다. 저 역시도 어느 부분에서는 강자일 수 있기에, 다른 소수자들, 특히 동물의 해방에도 관심이 많습니다. 물론 의식적으로 다른 약자들을 고려하고 생각해야 한다는 것은 '홀아비 심정 과부가 아는' 성질이고 '가재는 게 편'의 수준일지라도 말입니다. 어쨌든 저의 경험과 삶은 여성주의에 더욱 친화성을 느낍니다. 그리고 그 무엇보다 이러한 모든 것이 결국 정체성과 이분법, 그리고 근대적 합리성에서 벗어나려는 것임을 알기에, 탈구조주의에도 강력한 흡입력을 느낍니다. 동양철학에서는 노자와 장자의 철학에 지대한 관심이 있습니다. 어느 하나도 한국 사회에서는 받아들이기 힘들고 받아들이지 않으려 하겠지만, 받아들여야만 하는 철학들이라고 생각합니다. 그런데 문득 이렇게 생각해 보니 제가 좋아하거나 관심을 갖는 이론들이 모두 일정 부분 인간들에게서 실망을 느끼는 이론들인 것 같습니다. 아마 사람들에게서 많은 배신과 상처를 받았던 저이기에,

인간을 회의하는 이론들인 생태주의나 동물해방론, 탈구조주의에 깊이 경도된 것 같습니다.

여튼 세상을 바꾸는 것은 이론만 가지고는 될 수 없겠지만, 그리고 상당부분 허무주의나 비관주의가 저를 지배하고 있지만, 그래도 어떤 것이 진실이고 어떤 것이 추구해야 할 가치이자 당위인가에 대한 고민은 계속하고자 합니다. 세상이 어떻게 '존재하는가'도 알겠고, 또 어떻게 '존재해야 하는가'에 대해서도 어느 정도 알 수 있을 것 같으며, 여성주의는 이러한 사실과 가치, 존재와 당위 두 가지 측면 모두에서 저를 지탱해 주고 이끌어 줄 신념이라고 생각합니다.

그리고 기존의 병역거부운동과 담론에도 무엇인가 도외시되어 왔던 것이 있다고 생각합니다. 바로 군대 자체가 젠더와 섹슈얼리티의 산물이라는 점입니다. 성중립적인 폭력은 없습니다. 전쟁과 끔찍한 학살이 일어나는 배경에는, 우습게도 민족과 인종의 뿌리깊은 대립이나 종교적 갈등 그 이상으로 정신분석적으로 이런 폭력들을 가능하게 만드는 '젠더와 섹슈얼리티'의 징후들을 포착할 수 있습니다. 전쟁이나 폭력이 일어나는 저변에는 군사주의적인 남성성이 있기에, 또한 '군대는 폭력과 섹스가 결합된 제도'라는 분석처럼 젠더나 섹슈얼리티의 관점 없이 군사주의가 작동하지는 않는다는 측면에서, 많은 기존의 병역거부운동은 이를 도외시하고 있었다고 생각합니다. 병역거부운동과 많은 활동가들의 그동안의 업적과 노고 그리고 힘겨웠던 싸움들을 폄하할 생각은 없지만, 저는 오히려 이것이 더욱 진실에 가깝다고 생각합니다. 젠더와 섹슈얼리티야말로, 종교의 교리나 거창한 평화주의보다 더욱 근원적인 것이라고 말입니다. '평화'는 좋은 것이지만 너무 거창하기에 막상 전쟁과 같은 극한상황이 일어나지 않는 이상 피부로 와닿기 힘들 것입니다. 그러나 일상에서 이성애/남성들이 저지르는 폭력적이고 군사주의적인 짓거리들은 매우 피부로 와 닿습니다. 일상에서 저는 매일 젠더와 섹슈얼리티, 군사주의적 남성성과 전쟁을 치루는 기분입니다. 사실 전쟁이나 군대는 이러한 것들의 연장선상에 있을 뿐이며, 이것들이 가장 큰 요인이라고 생각합니다.

한편 저는 '양심'을 구태여 종교 교리나 보편적 도덕에 의해 설명하기보다는 이처럼 소수자들의 다양한 흐름 속에서 생성될 수 있는 것으로 보아야 할 것이라고 생각합니다. 그럴 때 오히려 양심에 따른 병역거부가 특정 종교인들의 교리이거나 운동권 학생들의 정치적 행위가 아닌, 많은 사람들이 공감할 수 있어 '누구나 할 수 있는' 행위가 되어, 더 많은 사람들의 공감도 이끌어 낼 수 있게 될 것이라고 생각합니다. 그동안 주장해왔던 "양심에 따른 병역거부자를 처벌하지 말아 주세요."라는 구호에서, "양심에 따른 병역거부는 거창한 것이 아닙니다. 누구나 할 수 있는 성질의 것입니다."라는 구호가 운동의 차원에서도 보편화돼야 할 것입니다. 또한 그것이 일상의 군사주의와 남성성, 젠더와 섹슈얼리티의 차별에서 자유로울 수 없는 사람들을 끌어들일 수 있는 원동력이 될 것입니다. 전쟁이라는 극한 상황이 아닌 다음에야 민중들이 피부로 와닿기 힘든 거대한 평화주의나 교리보다는, 오히려 이런 것들이 더욱 가깝게 느껴질 것이고, 이런 것에 부당함을 느끼는 일상의 삶 그 자체가 이미 평화주의와 양심에 따른 병역거부를 행하고 있다는 것임을 보여줘야 할 것입니다. 물론 현실적으로 예비역 남성들은 군복무로 인한 박탈감들을 여성에게 투사하는 식으로 왜곡되고 병적인 심리상태를 보여주지만, 남성들에게도 사실 젠더 정체성이 억압이 아니라면, 그렇게 수많은 예비역 남성들이 열등감을 느끼며 인터넷에서 쏟아내는 언어폭력과 여성에 대한 투사 심리를 설명해 주지 않을 것입니다. 오히려 젠더 정체성과 국가주의, 군사주의로 인한 억압이 많은 이들의 군복무로 인한 박탈감의 원인이며, 이런 박탈감이나 열등감의 방향을 잘 설정하게끔 도와주는 것이 중요하다고 생각됩니다. 이들의 투사는 방향이 매우 잘못되어 있지만, 무언가에 대한 부당함과 분노라는 점에서는 국가에 대해 부당함을 느끼는 병역거부자들과 그리 '가까이 하기에 너무 먼 당신'이라고는 생각되지 않기 때문입니다. 다만 이러한 갈등에서 이득을 보는 권력이 있다는 것에 화가 납니다.

지금 이 시간에도 자신의 젠더와 섹슈얼리티 혹은 남성성에 대한 거북함과 고통을 느끼는 수많은 사람들이 있을 것입니다. 또한 다양한 양심을 지키기 위해 감옥에서 고생하는 젊은이들도 있습니다. 한국 사회가 야만적이기를 원하지 않는다면, 오히려 이렇게 소중하고 올바른 생각을 가진 사람들이 더 고통 받는 이 역설은 없어져야 합니다.

그리고 병역거부운동에도 무언가 변화가 필요하다고 생각합니다. '양심'이 어떤 세련되고 논리적 언어로만 표현되는 그런 것이 된다면, 그것은 또 다른 그렇지 못한 사람들을 억압하고 입에 재갈을 물리는 성질의 규범이 될 것이기 때문입니다. 그렇다면 그러한 양심에 따른 병역거부는 언어를 갖추지 못한 사람들, 세련된 언어로 자신을 설명할 수 없고 그런 언어에 조응할 수 있는 능력을 갖추지 못한 병역기피자들 및 소수자들을 또다시 차별하는 기제로 작동할 것입니다. 순전히 제 생각이긴 하지만, 병역거부운동의 변화양상은 여호와의 증인들이 종교적 병역거부를 하던 흐름에서 벗어나서, 비종교적 이유로 병역거부를 하는 사람들로 넘어왔고, 이어서 저처럼 일종의 사회적 약자나 피해자 혹은 병역기피자와 같은 친구들도 하게 되는 수단으로 변화된 것 같습니다. 저는 이러한 흐름이 마치 중세에서 근대로, 근대에서 탈근대로 넘어가는 것과 비슷하다고 느낍니다. 양심에 따른 병역거부는 특정한 종교인들만 행할 수 있는 것은 아니기에 다양한 비종교적 '양심에 따른 병역거부자'들이 출현했지만, 사실 이들도 운동권이거나 자신들만의 언어를 지니고 있다는 점에서, 또한 저와 비슷한 친구들, 언어를 갖추지 못한 소수자들에게 벽으로 느끼게 된다는 점에서 말입니다. 오히려 병역거부운동은 사회적 소수자들이 누구나 행할 수 있는 것이며, 또한 그리 되어야 한다고 생각합니다. 한국 사회에서 다른 곳에서는 모두 불평등하지만 유일하게 평등한 것처럼 치장되는 공간이 '군대'이기에, 또한 그것이 다 같이 권리를 박탈당해야 하는 억압이기에, 유달리 한국 남성들이 목을 매며 분노하는 곳이 군대에 관한 담론일 것입니다. 그러한 것을 '눈가리고 아웅' 하려는 사회적인 담론에 맞서서 '우리는 병역기피자들이 아니다.' 라고 외치며 '양심' 을 강조하며 해명하고자 해 왔던 것이 '양심에 따른 병역거부' 운동의 자기 모습입니다. 물론 병역거부 운동이 초창기에 많은 오해를 씻기 위한 전략적 차원에서 소위 '비양심적 병역기피자' 들에 대해 선을 그으면서 출발한 것일 테지만, 또한 병역거부 운동이 주류사회의 담론이나 국가주의적 논리와 동일성을 공유하고 있다고 치부해 버릴 순 없겠지만, 여전히 병역기피와 '구분짓기' 를 하며 가치의 위계를 나눈다는 점에서는 주류적 담론의 언어에 갇힌 한계도 지닙니다.

과연 병역기피가 도덕적으로 잘못된 것일까요? 인간이 무섭고 힘든 것을 피하고 싶은 것은 인지상정입니다. 그러니깐 그토록 군 문제에 대해서 눈에 쌍심지를 켜는 사람들이 많겠지요. 그러나 자신이 병역을 기피하고 싶은 것을 왜 솔직히 이야기하지 못할까요? 여기서 저는 '인간의 욕망은 타자의 욕망' 이라는 말을 떠올리게 됩니다. 이들은 결국 사회적으로 병역기피자로 낙인되는 것이 두렵기 때문에, 마음에도 없는 소리들을 하는 '허위의식' 을 갖고 결국 그릇되고 왜곡된 방향으로 이런 존재론적 모순을 투사하게 되는 것이지요. 이러한 점들을 생각한다면, 병역거부는 병역기피로, 양심의 거창함은 두려움이나 귀찮음이라는 인지상정으로 바뀌어야 한다고 생각합니다. 고통과 두려움을 피하고 싶은 것이 인지상정이고, 이러한 효용극대화를 '옳은 것' 으로 간주하는 것을 공리주의라고 본다면, '병역기피' 자체는 도덕적으로 오히려 옳은 행위가 된다고 생각합니다. 따라서 병역거부 또한 민주화, 대중화되어야 하는 것이 옳다고 생각합니다. 또한 사회적으로 많은 이들의 고통을 없애고 후생을 증가시키고자 한다면 궁극적으로는 '합법적 병역기피' 를 가능케 하는 모병제를 도입하는 것이 온당할 것입니다.

동성애운동 또한 인권운동이나 기존의 정체성의 정치가 아닌, 이런 권력 벡터들의 상호 복합적 작용을 고찰하기 위해서라도 젠더나 섹슈얼리티의 정치에도 관심을 가져야 한다고 생각합니다. 단순히 '남자를 좋아하는 남자'

나 '여자를 좋아하는 여자'들이 차별받지 않는 세상이 아니라, '남자와 여자가 무엇인가?'라는 의문을 던지는 페미니즘과 젠더/섹슈얼리티 정치의 영역에도 관심을 갖고 나아감과 동시에, '진짜 남성'을 만들고자 하는 군사주의와 남성성의 폭력, 파시즘의 억압에도 당연히 문제제기와 연대를 해야 한다고 생각합니다. 다양한 영역들의 교집합 속에 놓여 있는 저의 독특한 위치가 설명하는 것처럼, 동성애운동, 평화운동, 여성주의는 '따로 국밥'이 결코 아닐 것입니다. 고열, 두통, 기침 등 무관한 것으로 보이는 현상들의 배경에는 '감기 바이러스'라는 공통 원인이 있듯이, 무관한 것으로 보이는 여성문제, 동성애운동, 평화주의, 병역거부의 근저에는 모두 '젠더/섹슈얼리티'라는 공통분모가 있습니다.

젠더와 섹슈얼리티에 관한 불편함과 혼란(젠더 트러블)으로 인해 저는 제 자신의 존재론적 고민을 하게 되었고, 페미니즘을 접하고부터는 인식론적 혁명을 했다고 생각합니다. 특히나 여성학 저서들은, 그동안 불투명했던 저의 경험들을 명확한 언어들로 바꿔 주었습니다. 그리고 앞으로는 그러한 저의 경험과 지식들을 이용해서 과연 '무엇을 어떻게 할 것인가?'라는 윤리학적인 고민들을 해야 할 것입니다. 그러나 저는 여기에서 주저앉아 버렸습니다. 저는 그렇게 대단한 사회변혁을 추구하고 싶지도 않고, 물론 한때 그런 치기에 제가 무슨 대단한 운동가가 되는 양 설레발을 쳤던 경험도 있지만, 그러나 세상이 쉽사리 바뀌거나 그러진 않을 것 같고, 소영웅주의가 아닌가 하는 생각도 들기도 하면서 제 자신은 여기서 주저앉아서 더 나아가지 않고 맴돌게 된 것 같습니다. 오히려 인식론적 앎에 그치고 앎을 실천하는 것으로 나아가기를 주저하는 것 같습니다.

제 자신은 단지 편하고 여유 있는 삶을 살고 싶을 뿐이지, '나서서 세상을 바꾸겠다!'라는 거창한 생각이 별로 효과적이지 않다는 것을 알게 되었기 때문입니다. 그러면서 '나는 사회적 약자일 뿐이지, 운동가는 아니다.'라는 자기합리화 비슷한 사고들이 저를 지배하게 되었고, 사회로 나가기보다는 제 자신을 보호하기 위해서 껍질로 단단히 둘러싼 채 속으로 숨는 방법을 택하게 되었습니다. 동굴 밖의 이데아의 세계를 알고 있다고 하더라도, 동굴 속 그림자의 세계가 진실이라고 알고 사는 사람들에게 아무리 설명할지라도 저만 이상한 미친놈 취급을 당할 것이기 때문입니다. 그리고 그것이 결코 행복하지 않을 것이라는 생각이 들게 되었기 때문입니다. 어차피 부질없는 마이동풍에 우이독경이라면, 자포자기하고 그냥 우선 내가 편한 대로 될 대로 사는 게 낫다는 생각도 하게 되었습니다. 오히려 저의 존재와 세상을 알고 싶어서 얻게 되었던 언어들이, 오히려 '모르느니만 못한' 역설로 되돌아왔을 때는, 차라리 아무것도 알지 말 걸… 하는 쓸쓸한 기분도 듭니다. 오히려 무지와 무위를 말했던 노장철학처럼, 앎을 버리고 모름을 택하면서 살다 가고 싶기도 합니다. 그리고 무엇보다 저 역시도 언어를 찾고 끈덕지게 대화와 소통을 하는 것 자체가 피곤하고 성가시며 불행한 일이라는 생각이 들었는지도 모릅니다. 제가 대단한 성인군자여서 제 자신의 행복과 욕망을 포기하고 싶지도 않고, 또 그래야 하는 이유도 알지 못하기 때문입니다. 사실 제가 행복한 세상이 좋은 세상이며 '개인적인 것이 정치적인 것'이라고 생각하며 쾌락주의적인 성향이 커서, 저는 당연히 저를 중심으로 생각하기 때문입니다. 그렇기에 타인들에 대한 관심을 예전처럼 쏟거나 많은 기대를 하지는 않게 되었습니다. 그렇지만 한편으로는 혼자서 살 수 없는 세상이기에, '주체는 타자의 인질'이라는 말처럼 저 또한 사람들에게서 버림받고 싶지 않다는 모순을 가지고 있기에, 타자에 대해서 또한 포기하지는 못할 것 같습니다. 아무리 사람들을 미워하고 불신한다고 하더라도, 저는 사람을 그리워할 것이기 때문입니다. 결국 제가 살면서 느껴왔던 분노와 신경질은 실은 사람들이 저를 좋게 봐주지 않는다는 어리광에서 그리했을지도 모르니까요.

어려서는 친구들한테 따돌림 받는 것이 너무 싫어서 사람들에게 맞추다가도 '소외감'을 느꼈지만, 커서는 사람들을 제게 맞추고자 하였지만 그것이 현실적으로 힘든 일이며 '계란으로 바위치기'에 불과하다는 사실을 알게 되었습니다. 그러면서 '소외감'은 '분노와 좌절', 그리고 '허무함'으로 바뀌게 되었습니다. 타인을 불신하고 사람들에게서 기대와 애정을 포기하게 되면서 마음의 문을 많이 닫게 되었습니다. 그러나 저는 무리들에 끼고 싶어 했던 어린시절처럼 결국 사람들 속에서 살아갈 것입니다. 사람들이 저를 배려해 주지 않았던 것이 싫어서 사람 전체에 대한 불신과 증오로 나아갔지만, 결국 '사람들' 한테서 존중받고 인정받고 싶어하는 욕망이 있을 테니까 말입니다.

아무튼 앞으로 살면서 지금껏 그래왔듯이 많은 시행착오와 헛고생을 할 수도 상처를 받을 수도 있겠지만, 그나마 불행중 다행인 것은 제 든든한 우군들이 저를 기다리고 있다는 사실을 알게 되었다는 것입니다. 그분들의 언어를 엄선하여 받아들이고 저만의 것으로 소화하고 주조하고 만들어 가기에는 인생이 짧은 것이 아쉽습니다. 스스로 자기만족일 수도 있지만, 그래도 저는 방어할 수 있는 논리가 존재한다는 것이 기쁘기만 합니다. 물론 이런 수고를 구태여 안 해도 되는 공격이 없는 평화로운 세상이라면 더욱 좋겠지만, 현실이 그렇지 않으니 어쩔 수 없지요. 노자와 장자는 복잡하게 살지 말고 아이처럼, 광인처럼 살며 언어조차 쓰지 말자라는 제안을 했지만 말입니다. 언어와 논리들을 찾아가야만 하는 그 과정은, 소통을 통해서 사회관계 안에 저의 존재를 위치시키고 방어하기 위한 것이고, 사실 어찌 보면 피곤하고 괴로운 과정이기에, 굳이 그러지 않아도 되는 세상이면 더욱 좋겠지만, 그래도 방어를 못하는 것보다는 할 수 있다는 것이 더욱 좋습니다. 언어조차 필요 없는 세상이면 더욱 좋겠지만, 그래도 저의 존재론, 인식론, 윤리학적인 고민들을 해결해 주는 언어가 존재하고 내 것으로 고찰할 수 있다는 생각, 혼자가 아니라는 생각, 그런 생각이 저를 타자에 대한 혐오와 공포로부터 버티게 해 주고, 마음의 빗장을 잠그지 않고 무너지지 않게 해 주며, 말초적인 것으로 저를 망가뜨리지 않게 해 주는 것 같습니다. 물론 상당 부분 허무주의와 비관주의가 제 머릿속을 지배하기도 하지만 말입니다.

문학

장애인	깊은 우물 • 김미선
잡부	도심 속의 일당잡부 • 남규원
넝마주이	어둠으로 가는 길 • 송경상
게이	베사메무쵸 • 정 완
레즈비언	그녀의 심장 • 마 모

깊은 우물

김미선*

1

그녀는 약수터에서 내려오는 길이었다. 아니, 약수터까지 올라가지도 못하고 초입에 돌아서서 내려오는 길이었다.

오늘따라 물에 헹궈 낸 듯 맑은 햇살이 그녀를 유혹했다. 베란다 창문으로 보이는 노란 은행나무도 지상의 마지막 등불을 지핀 듯 정갈하게 타오르고 있었다. 그녀는 하던 일을 덮어 두고 부랴부랴 외출용 신발로 갈아 신었다. 그동안에도 햇살을 향하는 그녀의 눈길은 떠나가는 애인을 쫓는 듯 조급했다.

그러나 큰길을 건너 산 아래 동네 골목으로 접어들면서 손목이 또 그녀를 괴롭히기 시작했다. 큰 통증은 아니라고 해도 클러치를 짚은 손에 힘을 줄 때마다 힘줄을 조이며 감겨드는 감각이 은근히 신경을 압박했다. 부실한 다리 대신 클러치를 짚을 때마다 손목으로 향하던 압력이 본능적으로 어깨를

---

* 1994년 『동서문학』에 「그녀의 이중생활」로 등단. 이후 장애인 인권 활동가로 한국장애인연맹 부회장, 장애인교육센터 기획위원장을 지냈으며 현재는 한국장애예술인협회 이사로 예술교육과 글쓰기 강사로 활동 중. 저서로 『눈이 내리네』, 『버스 드라이버』, 『이 여자가 사는 세상』 등이 있다.

향해 화살처럼 뻗쳐나갔다.

고통의 분담이로군.

반사적으로 튀어나오는 몸의 반응에 그녀는 익숙한 웃음을 흘렸다. 그리고 걸음의 속도를 천천히 늦추었다. 햇발이 아무리 좋다고 하나 구태여 무리할 건 없었다. 이미 오래전에 한쪽이 무너진 몸은 무너지지 않은 반쪽 역시 분담된 고통으로 허덕이고 있었다.

그렇다곤 해도 햇빛을 구경하러 나온 그녀의 짧은 외유가 헛된 것은 아니었다. 단풍으로 물들기 시작하는 가까운 산을 바라보며 물밑처럼 고요한 골목길을 혼자서 걷는다는 것만으로도 그녀에게는 충분한 위안이 되었다.

띄엄띄엄 집들이 끝나고 본격적으로 산을 향해 뻗은 흙길 앞에서 그녀는 잠깐 다리를 접었다. 다행히 비닐 장판이 깔린 평상이 찔레나무 아래 기다랗게 놓여 있었고 노랗고 붉은 단풍잎이 여기저기 떨어져 있다. 그녀는 잎 하나를 주워 손바닥 위에 올려놓고 유심히 바라보았다. 주름이 깊은 남자가 낡은 자전거 뒤에 하얀 물통을 싣고 그녀 옆을 휙 지나쳐 갔다. 그녀는 들고 있던 낙엽을 평상의 깨끗한 모서리에다 눕혀 놓고 일어섰다.

골목은 다시 이리저리 구부러지며 연결되었다. 다음 길이 전혀 보이지 않는 골목 끝에선 맥 놓아 졸고 있던 털북숭이 개가 화들짝 놀라 일어났다. 그러고는 방해받은 것이 억울하다는 투로 그녀를 향해 컹컹컹 짖기 시작했다.

"아니야, 아냐, 미안해······." 그녀는 어린 아이를 달래듯이 낮은 목소리로 털북숭이를 어르고 그 자리를 피해갔다.

그때 오른쪽으로 나지막한 교회당이 나타났다. 자주 지나다니던 곳이었는데도 오늘따라 눈에 띈 것은 푸른 옷을 반쯤 털어 버린 정원수들 때문이었을까. 헐렁해진 철책 사이로 마당이 훤하게 들여다보였다. 그곳은 햇살한테 통으로 내어 준 채로 넉넉하게 비어 있었고 계단 몇 개를 올라간 현관에는 노란 국화꽃을 키워 낸 화분 두 개가 양편에 서 있었다. 그녀는 사람이 없음을 확인하고는 안으로 들어갔다. 그리고 아름드리 큰 나무 밑 벤치에 앉았다.

구석진 화단의 회색 토양에는 사람의 손에 떠밀려 억지로 피워진 듯한 작은 꽃 몇 송이가 피곤하게 고개를 떨구고 있었다.

바로 그 순간이었다. 까르륵거리는 여자의 웃음소리가 갑자기 골목 안을 메아리친 것은. 그녀는 반사적으로 몸을 움츠리며 뒤를 돌아보았다. 나무에 가려 보이진 않았지만 원색적으로 튀어 오르는 웃음소리만으로도 이웃집 여자라는 것을 알 수 있었다.

"왜 벌써 내려와?"

"기다려도 안 오기에."

"한 번 올라가면 두어 시간은 있어야지."

"너무 좋지? 다시 올라가자."

"그래, 까이 것!"

"물도 너무 좋아서 멀리 갈 필요가 없다니까."

등에는 어김없이 물통 하나씩 메고 있을 그들의 높은 목소리 사이로 여전히 밑도 끝도 없이 낭자한 웃음소리가 끼어들었다. 특히 앞집 여자의 호탕한 웃음은 주변의 공간을 다 휘어잡는 듯했다.

그녀는 천천히 안도의 숨을 내쉬었다. 그녀들과의 사이에는 불과 몇 발짝이 떨어져 있었을 뿐이었다. 그 짧은 거리에도 불구하고 그녀를 완벽하게 독립적으로 보존시켜 준 것은 구불구불 휘어진 골목길 덕분이었다. 몇 발만 뒤쳐졌거나 앞섰더라면 약수터에서 내려오는 이나 올라가는 이들 중 어느 한 팀과 부딪치고 말았을 것이었다. 아슬아슬하게 그 상황을 잘도 피해 냈다는 안도감이 어우러진 기묘한 느낌 속에서 그녀는 한참 동안을 그렇게 앉아 있었다.

그때였다. 그 친구들의 모습이 문득 나타난 것은.

붕어가 조용한 수면 위로 뾰족한 주둥이를 내민 것처럼 그들의 모습이 그녀의 의식 위로 헤엄치듯이 떠올라왔다.

2

샘물회, 그것은 지체부자유 대학생 연합회의 명칭이었다.

내가 그 모임에 들어간 것은 1978년 5월이었다.

그전에 나는 강의를 듣고 나오다가 교문 앞에서 어떤 사람을 먼저 만났다.

"잠깐 이야기 좀 할 수 있을까요?"

한쪽 손을 바지 주머니에 찔러 넣은 채 건들거리면서 다가온 남자는 영락없이 술 취한 사람의 모습이었다. 그러나 가까이서 본 눈빛은 술이 아니라 수줍음에 쩔어 있었다.

"잠깐이면 됩니다."

주춤거리는 나를 앞서서 그가 다시 걸음을 걷기 시작했다. 한 걸음씩 내디딜 때마다 허리와 다리가 제각기 따로 흔들리고 있어서 제어장치가 고장 난 불량인형 같았다.

운동장과 대학 건물 사이에는 작은 숲으로 보일 만치 많은 나무들이 들어서 있었고 그 아래에는 녹색 벤치가 여럿 놓여 있었다. 이미 자리 잡고 있는 벤치에는 그이 말고도 두 사람이 더 기다리고 있었다. 나를 데리고 온 사람에 비하면 앉아 있던 그들은 벌써 내 얼굴을 알고 있다는 듯이 여유 있게 손을 내밀었다. 나를 데리고 온 사람은 국문학과 삼학년인 권오흠이라고 자기소개를 했고 앉아 있던 중 한 사람은 경제학과 이학년 김형철, 또 한 여학생은 입학식 다음 날 이미 인사를 나누었던 같은 인문계열 신입생이었다. 오리엔테이션이 끝나자마자 그녀는 나한테 와 말을 건넸다.

"같은 처지끼리 인사나 하고 지내지."

한쪽 목발을 짚고 있는 그녀는 굵직하게 생긴 외모처럼 태도도 시원시원했다. 박명화라고 이름을 밝힌 그녀는 또래 입학생들보다 나이가 네 살이나 더 먹었다고 털어놓은 것은 만난 지 일 분도 채 지나지 않아서였다.

나는 썩 내키는 기분은 아니었지만 앞으로 쉽게 끝날 것 같지 않은 둘의 관계를 의식하여 나 역시 결코 만만찮은 나이를 털어놓을 수밖에 없었다. 그러니까 둘은 동갑인 것이다. 그러나 신체적인 공통성뿐만 아니라 그런 것까지도 똑같이 공유해야 할 두 사람의 처지를 확인하는 일이란 그리 유쾌한 것은 아니었다.

"우리 처지가 다 그렇지 뭐."

그러나 그녀는 한쪽 눈을 찡긋하며 그런 정도는 이미 통달했다는 듯이 말했다.

"있잖아."

그들과 나무 벤치에 앉아 있던 그녀가 아는 척을 했다. 그리고 옆 사람을 제치고 설명을 시작했다. 이미 우리가 말을 튼 사이라는 것이 그녀에게 자신감을 준 것 같았다. 아니, 그것보다는 원래 천성적으로 활발한 여자였던 것이다.

"모임이 있대, 샘물회라고. 우리 같은 사람들끼리 모임을 만들었다는 거야."

그녀는 흥분하고 있는 것처럼 보였다. 그러나 나는 좀 열적은 기분이었다. 소위, 같은 처지끼리 밀어낼 것까지야 없지만 구태여 끌어당겨서 한통속으로 몰려다닌다는 것도 우스운 일이 아닐 수 없었다.

"대학생들끼리의 모임입니다. 작년에 각 대학 면접시험에서 장애자들이 무더기로 떨어졌잖아요. 그때 불합격되었던 학생들이 주축이 되어 앞으로 힘을 합해 보자고 하는 취지입니다."

팔짱을 끼고 그때까지도 벤치 앞에 서 있던 권오흠 씨가 신중한 어조로 말했다. 되도록이면 상대방과 눈을 마주치지 말자는 신조를 실천하는 것처럼 그는 늘 눈을 피하고 있었는데 그중에서도 얼핏 마주친 그의 눈빛은 강렬하고 맑았다.

"그래요, 진작 모였어야지."

박명화가 활기 있게 거들고 나서자 옆에서 웃고만 있던 김형철이 말했다.

"지금이라도 늦지 않았습니다. 가장 늦다고 생각할 때가 실지로는 가장 빠른 때라고 하잖아요."

조금 있다가 교문 쪽에서 또 한 사람의 남자가 어깨 한쪽을 무너뜨리며 위로 올라오는 것이 보였다. 이번에는 김형철이 부실한 한쪽 다리를 휘저으면서 그를 향해 나아갔다.

3

그들이 이 지상을 떠난 것은 완전한 침묵을 향한 강한 욕구가 아니었을까?

그녀가 단지 몇 발의 차이로 동네 여자들의 웃음소리에서 비켜났을 때, 그리고 기다란 안도감으로 교회의 메마른 마당을 쳐다보고 있을 때 깊은 우물에서처럼 침묵이 올라왔다. 그리고 문득, 그들의 모습이 붕어의 둥근 입처럼 대기 속으로 떠올라왔던 것이다.

이미 말의 섬세한 유동적 가치의 세계를 떠난 사람에게 끊임없이 말을 강요하는 것처럼 곤혹스러운 일이 어디 있을 것인가.

그녀는 점점 더 침묵 속으로 들어갔다. 그것은 견고한 벽돌집처럼 그녀를 보호하고 감쌌다. 그 속에서는 스스로의 물음과 대답, 그리고 바람에 흔들리는 이파리 하나조차도 완벽하게 지워져 버리는 깊은 수면과 무위(無爲)가 있을 뿐이었다.

4

1978년 5월의 마지막 토요일, 샘물회의 회합에 처음 참가하던 날 나는 일부러 늑장을 부렸다. 딱히 할 일이 있었던 것은 아니었다. 토요일은 완벽하게 비어 있었고 찾고 있는 아르바이트 자리는 나서지 않았다. 그런데도 늦게 간 것은 단지 늦게 도착하고 싶었기 때문이었다. 지난번 교문 앞에서 만난 사람들은 토요일 오후 세 시에 모임이 있다고 몇 번이나 확인을 시켜 주었다.

"그런 것 가지고 쑥스러워 할 나이는 지났잖아?"

어제 명화는 인문관 앞에서 나를 보자마자 헐레벌떡 달려왔다. 그러고는 홍보사절단이나 되는 것처럼 내일 있을 모임에 대해서 다짐을 시키는 것이었다. 그래, 나는 긍정도 부정도 않고 가만히 서 있을 때 명화가 한 말이었다.
"며칠 전에 그 모임에 한 번 나가 봤는데……."
그녀는 빠른 말씨를 누그러뜨리며 다시 말을 이었다.
"그들이 언제나 모이는 곳이 있어. 초원다방이라고, 우리 집에서 멀지 않거든. 회원들이 모두 굉장히 멋있어. 분위기가 좀 컴컴하고 우울할 것 같은 그런 느낌이 들잖아? 근데 아니야. 오히려 진취적이고 재미있었어."
명화는 진심으로 흡족한 듯, 그 말을 하는 동안 얼굴에 붉은 화색이 돌고 목소리가 경쾌해졌다.
"가니까 우리 고등학교 동창생도 있더라구, 나 남녀공학 나왔거든."
두 사람은 또 하나의 공통분모를 확인한 셈이다. 나 역시 통학하기 쉬운 학교를 찾느라 공학 고교를 다녔던 것이다.
"언니, 식당에 안 가셔요?"
인문관 계단을 내려온 여학생 몇 명이 그녀를 불렀다.
"응, 먼저 가서 자리 잡아. 곧 뒤따라갈게."
명화는 호기롭게 대답했다. 머리가 긴 여학생이 다가와 그녀의 어깨에 걸려 있던 커다란 책가방을 받아 들었다.
"역시 아우뿐이구먼."
명화는 머리 긴 여학생의 어깨를 툭툭 치며 마치 큰언니처럼 대했다.
"점심 값만 내셔요."
가방을 받아든 학생의 말에 나머지 여학생들이 까르륵 웃었다.
"그래, 오늘 점심은 내가 사지."
명화는 토요일을 몇 번이나 강조해 놓고 여학생들 뒤를 씩씩하게 쫓아갔다.
나는 점심 겸 늦은 아침을 먹고 나와서는 학교 참고열람실에 들어가 잡지

책을 뒤적였다. 머릿속에서는 여러 가지 생각들이 뒤섞여 있었다. 장래에 대한 불안뿐 아니라 지금 당장 현실을 지탱해 나갈 어떤 근거도 마련되어 있지 않았다. 단지 그녀의 고향에서는 좀처럼 보기 드문 대학생의 신분이 어거지로 되어 있을 뿐이었다.

뒤에 있는 창문으로 햇볕이 들어왔다. 처음에는 등이 따뜻하더니 차츰 온몸이 데워져 노곤한 기운이 밀려들었다. 나는 책 위에 머리를 박고 조금씩 의식 밖으로 잦아들기 시작했다.

잠이 깨었을 때는 벌써 두 시가 넘어 있었다. 딱딱한 책상에 엎드려서 한 시간 넘게 잤던 것이다. 어깨와 머리에 눌려 있던 팔이 뼈근했지만 복잡했던 머리는 많이 누그러져 있었다.

5

이웃 대학의 학생 회관에 도착을 했을 때는 삼십 분이나 늦어 있었다. 김형철의 안내로 강당에 들어가자 마흔 명 가까운 남녀 학생들이 모여 있었고 단상 위에는 한 남학생이 마이크로 발언을 하고 있었다.

뒷자리에 엉거주춤 앉아 김형철이 나누어 준 프로그램을 펼치던 나는 마이크의 목소리에 끌려 앞을 바라보았다. 특이한 음성이었다. 거기에는 학생으로서의 아마추어 냄새라고는 배어 있지 않은 지극히 세련되면서도 정직하고 확신에 찬 힘이 실려 있었다. 그리고 그 얼굴을 바라보았을 때는 더 놀라고 말았다.

푸른 정신의 얼굴.

순간적인 착각이었을까, 거기에는 살과 뼈로 만들어진 육체적인 얼굴이란 존재하지 않았다. 대양처럼 푸른빛이 넘실대는 빛의 얼굴. 쏘는 불처럼 투명하게 이글거리는 두 눈과 하얀 백사장같이 정갈한 피부가 있을 뿐이었다. 여태까지 본 사람의 정체라는 것은 돌출된 코와 패인 눈, 그리고 입이라는 상식적인 물질로 만들어져 있을 뿐이었다는 것을 새삼스레 깨닫게 해 주는 얼굴이었다. 설혹 뛰어난 인간이라 할지라도 그의 정신은 희미한 그림자로 육체 위에 드리워져 있거나 어쩌다가 잠깐 밖으로 내비쳤다가는 사라지는 신기루에 불과했다.

그런데 이 사람은 누구란 말인가?

쏟아지는 빛처럼 풍족하게 그의 온몸을 투과시키고 있는 정신.

맑고 투명한 의식이 무거운 육체를 가볍게 통과하여 바깥의 세상을 향해 미소 짓고 있었다.

그러나 그 미소는 오래가지 않았다.

그가 연설을 마치고 마침내 단상을 내려오기 위해 한 발을 계단 쪽으로 내밀었을 때였다. 그의 몸이 갑자기 강렬한 물살에 떠밀린 듯 비틀거렸다. 그리고 또 한 발, 그때마다 그의 몸은 점점 더 거센 힘에 떠밀려 출렁거리기 시작했다. 그의 두 다리는 허방을 짚는 것처럼 무게를 싣지 못하여 흔들거렸고 대신 두 어깨가 언제까지나 변하지 않을 충실한 하인처럼 그의 빛나는 머리를 받치고 있었다. 유일하게 그것만이 시간과 공간이라는 이 거대한 물살을 가로저어 앞으로 나가기 위해 애를 쓰고 있는 중이었다.

뒷좌석에서 홀린 듯이 그를 바라보고 있던 나는 여태까지의 몰입된 긴장이 구슬처럼 흩어져 주변에 떨어지는 것을 보았다. 그리고 말할 수 없는 홀연한 탄식이 쏟아져 나왔다. 보지 않았더라면 더 좋았을 것을. 거부할 수도 거역할 수도 없는 존재의 양면적인 모습. 그러나 슬픔이라고 이름 붙이기에는 너무나 익숙한 모습이었다. 그것은 의식이라는 팽팽한 줄 밖을 튀어나오든 튀어나오지 않든 앞으로 영원히 지속될 것이었다.

6

그해 여름방학, 칠포리 해수욕장이었다.

그쪽으로 여정을 옮겨가기 전 날, 먼저 짐을 풀었던 주왕산 약수터에서부터 하늘이 무너지듯 비가 쏟아져 내렸다. 유난히 철분이 많아 붉은 백숙으로 유명한 주왕산 약수터의 닭다리 하나씩을 들고 우리들은 불안하게 하늘을 올려다보았다. 그 다음 날도 가랑비는 오전 내내 안개처럼 주변을 둘러싸고 있었다. 악천후에 무리하게 자리를 옮기느니 일단 자리를 잡은 곳에서 일박을 더하고 보자는 회원들의 의견에도 불구하고 운영단은 빗속에서 텐트를 걷기 시작했다.

버스를 두 번이나 갈아타고 서른 명 가까운 대부대가 칠포리에 도착했을 때는 이미 하늘은 쨍쨍 개어 있었다. 우기로 눅눅했던 옷들이 이제 땀으로 축축해졌다. 그런데 문제는 엉뚱한 곳에서 터졌다. 해변으로 진입할 수 있는 길이 산사태로 몽땅 다 무너져 내렸다는 것이었다.

그럼 어쩐다, 대부분의 회원들은 초행길이어서 다른 대안이 있을 리 없었다. 그중에 민첩한 한두 사람이 지도를 꺼내 들고 주변상황을 살펴보기 시작했다. 그리고 다시 한두 명이 등에 있던 배낭을 내리더니 그 위에 더위와 버스길에 지친 엉덩이를 내려놓았다. 그 작은 행위가 갑자기 일행들한테 용기를 내게 하는 것 같았다. 나머지 사람들도 햇볕에 마르기 시작하는 땅바닥을 사랑스럽게 들여다보며 그 위에 털퍼덕, 털퍼덕 주저앉았다. 지면은 시원했고 편하게 앉아서 바라보는 풍경은 가슴 안으로 통쾌하게 안겨왔다.

이렇게 떼를 지어 심호흡을 해 보기 이전에는 단 한 번이라도 마음 놓고 땅바닥에 앉아 보지를 못했다. 대지를 디딜 힘이 달려서 늘 허덕이는 장애인이 천지로 널려 있는 땅 위를 마음 놓고 주저앉아 보지 못했다는 이 역설. 그러기에는 고개를 돌려서까지 뚫어지게 바라보는 사람들의 눈이 무서웠다. 아니, 그보다도 이 세계를 굳세게 디뎌야 할 다리의 힘이 부실하다는 것을 스스로 인정하기가 무서웠던 것이다.

아무렇게나 보이는 이 작은 행위를 통해 샘물회 회원들은 지난날의 선병질에 가까웠던 조심스러움을 과감히 파기시켰다.

동행하고 있는 남자 몇몇이 다음 상황을 모색하기 위해 바쁘게 앞뒤를 뛰어다녔다. 산악회 회원으로 있는 남자 대학생 세 명이 친구 겸 자원봉사자로

같이 동행 중이었던 것이다

까짓것, 해변으로 들어가지 못하면 어떠랴, 우리는 장애라는 조심스럽고도 불편한 껍질을 벗어 버리고 순전히 자의에 의해 길 위에 서 있었던 것이다. 그것만으로도 실로 대단한 결단을 내포하고 있었다.

출발.

운영단의 녹색 깃발이 푸르게 갠 허공으로 올라갔다. 거기에는 예의 그 남자가 심하게 어깨를 흔들면서 앞을 향해 전진하고 있었다.

두 눈빛이 빛나는 푸른 정신의 얼굴은 뒤통수에 가려 보이지 않았다. 다만 기우뚱 기우뚱 옆으로 흔들리는 그의 몸이 있을 뿐이었다. 그건 찰리 채플린의 뒷모습 같았다. 황혼을 향해 작은 보따리 하나 달랑 어깨에 둘러맨 채 희극적으로, 또는 비극적으로 흐느적흐느적 걸어가고 있는.

"구태여 무리할 필요는 없잖아."

어느 모임에도 보수적인 인물은 있는 법이다.

사학년 최고참 선배가 만류하고 나서는데도 앞장 선 그의 발걸음은 멈추어지지 않았다. 대신 형형한 눈이 우리를 향해 돌아섰다.

"할 수 있어요, 우리가 할 수 있다면 할 수 있는 거예요."

확신에 찬 그의 영웅적인 목소리에 감전된 우리들은 각자 짐을 들고 일어나 주춤주춤 그를 따르기 시작했다.

낮은 야산을 가까스로 통과한 우리 앞에 나타난 것은 순결하게 비어 있는 청록바다였다. 그것도 여자의 나신처럼 부드럽고 흰 백사장을 거느리고 있는. 그러나 함성을 지를 새도 없이 우리는 바로 발밑에 있는 심한 낭떠러지와 대면해야 했다. 산이 깎여 나가 삼 미터 정도로 직각을 이룬 그곳에는 파도 소리 따라 흔들거리는 밧줄 사다리 하나가 달랑 묶여져 있을 뿐이었다.

먼저 산악회원 두 사람이 나서서 모래사장 위에다 짐을 내려놓기 시작했다. 그리고 양쪽에서 사다리를 붙잡아 가능하면 흔들거리지 않도록 고정을 시켰다. 위에서는 나머지 한 사람이 양발을 디딜 수 있는 회원을 골라 조심스럽게 사다리에 발을 내밀 수 있도록 부축을 해 주었다.
"여회원은 되도록 내 몸 위에 떨어져 주세요."
아래서 팔을 벌리고 있던 산악회 남학생이 농담을 던졌고 위에 있던 사람들은 까르륵 소리를 터뜨렸지만 울림이 없는 메마른 웃음이었다
헝겊인형처럼 다리를 헐렁거리는 나는 결국 산악회원의 등에 업혀서 사다리를 타야만 했다. 남의 부축을 받아서라도 자기 발로 내려갈 수 있는 사람은 이미 다 내려간 다음이었다. 나를 업은 채로 가볍게 줄을 잡고 허공에 걸린 사다리로 발을 내딛는 남자의 몸은 빌딩처럼 강건하고 바람처럼 유연했다. 러닝셔츠 아래 드러난 목과 어깨는 붉은 쇠처럼 단단했고 미끈하게 아래로 뻗은 두 다리는 자유자재의 능력으로 외부의 세계를 단숨에 점령해 나갔다.
삼 미터의 낭떠러지 높이와 이 미터가 다 되도록 훌쩍 키가 큰 남자의 몸에 바싹 붙어서 내려다본 세상은 지저분하기 그지없었다. 불규칙한 발자국에 파헤쳐진 모래밭은 음습했고 더구나 아무렇게나 내던져진 배낭과 캠프 장비로 심하게 어지럽혀져 있었다. 그리고 무기력하게 위를 올려다보고 있는 한 떼의 군상들.
그들의 어깨는 다 못자란 아이들처럼 좁질 했고 거기다가 균형을 잃은 몸들은 하나같이 한쪽으로 기우뚱하게 기울어져 있었다. 자기 동료를 스스로 해결하지 못하고 외부인의 손에 맡겨 둔 채 우두커니 바라보고 있는 그들의 눈은 자조적이고도 우울한 것이었다. 거기에서 유일하게 빛나고 있는 알록달록한 원색 옷들이 적막함을 더 부추겼다. 거기에 반비례하여 가난한 한 여자를 업은 남자의 몸은 세상 전부인 것처럼 점점 더 크고 견고하게 확대되어 나갔다.
몸이 없는 정신이 어디 있단 말인가?
보이지 않는 정신의 가치를 어디서 증명해 낼 수 있단 말인가?
순간적인 회의에 빠져 버린 여자는 차마 회원들을 똑바로 쳐다볼 수가 없어서 바다 쪽만 바라보았다. 밀려 왔다가 밀려가는, 또다시 밀려 왔다가 밀

려가는 파도 위에는 가난한 물새 몇 마리가 먹이를 찾기 위해 곤두박질치고 있는 중이었다.

7

그날, 샘물회의 집회에서 푸른 정신이 말했다.

"우리는 인간의 의미를 고난을 딛고 일어서는 강한 의지에서 찾으려 한다······(중략)······."

"우리 지체부자유대학인의 모임은 이 사회에서 하루바삐 정신적인 판단 기준을 육체적인 판단기준보다 우위에 두는 풍토를 조성하는 데 노력을 경주하며······(중략)······."

빛나는 푸른 정신의 얼굴이 단상 위에서 우렁우렁 울리는 소리로 과감한 선언을 할 때 나는 이미 지난날의 허우적거렸던 수많은 방황들에 대한 종지부를 찍었다. 그리고 새롭게 추구해 나가야 할 의미를 찾았던 것이다. 누가 감히 삶이라는 것을 육체적인 것과 정신적인 것으로 나눌 수 있겠으며 거기에서 단연 정신이 우세하다고 내세울 수 있을 것인가. 생심코 그럴 수 있다는 것만으로 우리의 존재 의의는 찾아진 것이나 다름이 없었다. 그러나 주변의 악화된 상황을 단번에 제압해 버리는 산악회원 남자의 강건한 육체 앞에서 여자는 모래 탑처럼 부슬부슬 부서져 내렸다. 정신의 힘이란 한낱 병든 육체에 깃드는 자기변명이 아닐는지, 결국 쓰러진 육체 위에서 자라나는 자기 합리화의 버섯들에 불과한 것은 아닐지. 물새들은 여전히 파도 위에서 깊은 심연 속으로 온 힘을 다해 곤두박질치고 있었다.

무너지는 파도 앞에 정신을 놓고 앉아 있을 때 따뜻한 손 하나가 어깨 위에 얹혀 왔다. 내가 고개를 돌리고 쳐다보았을 때 그는 아무 말도 하지 않고 싱긋 웃었을 뿐이었다. 푸른 얼굴의 푸른 웃음. 그러나 그 웃음에는 평소의 혁명자적인 날카로운 힘은 어디에도 없었다. 한없이 부드럽고 인간적인 미소가 여과되지 않고 그대로 피부 속으로 스며들었다. 잡았던 어깨에다 그가 다시 나직한 힘을 보태었을 때 나는 단숨에 이해했다. 그의 투혼이, 그의 예리한 개척자적인 힘이란 바로 이러한 심중의 헤아림에서 출발하고 있음을 말이다.

그의 이름이 구본휴였다.

샘물회의 창립취지를 만들고 기꺼이 한 무리의 스승이 되기를 자원했던 사람.

"그가 있었더라면 방향을 잡아 줄 수 있었을 텐데."

"그의 대답이 궁금하지 않을 수가 없군."

그의 판단이나 의견에 대해서 끊임없이 다른 사람들로 하여금 궁금증을 더하게 만들었던 형이상학적인 시인.

8

인간이란 무릇 육체로 존재하는 법이다. 그런데도 불구하고 육체에 고장이 났다는 것은 무슨 의미일까?

육체가 없다는 것은 이 세계에 존재하지 않는 것이다. 그렇다면 육체에 고장이 났다는 것은 존재함에 고장이 생긴 것일까?

그럴지도 모른다. 일반적이고 보편적인 존재 방식에 심각한 회의가 생겼음을 널리 공포하는 하나의 시위, 혹은 거부일지도 모르겠다.

그렇지 않고서야 명령을 내리는 뇌와 섬세하게 얽혀 있는 신경체계와는 상관없이 혼자서 덜렁대거나 아니면 싸늘한 등을 보이고 돌아선 연인처럼 움직이려고 하지 않는 몸의 거부가 어떻게 일어날 수 있단 말인가.

왜 부분근육의 강직과 이완이 유기물로서의 사령탑이라고 할 수 있는 전체의 통제를 넘어서버리는가?

단순하기조차 한 하나의 동작을 수행해내기 위해 최대의 집중력을 동원하더라도 번번이 그의 손은, 혹은 그의 다리는 의지의 범위를 넘어서 버린다. 의지가 닿지 않는 어두운 곳에서 홀로 떨리며, 움츠러들며, 죽은 듯이 고요하게 엎드려 있는 것이다.

9

중국집에서 방과의 사잇문을 떼 버리고 길쭉하게 튼 공간에 모두들 둘러앉았다. 오래된 나무 탁자 가장자리에는 버드나무 채를 후려친 것처럼 빼곡하게 들어찬 칼자국으로 성한 데가 없었다. 얼마나 많은 사람들이 보이지 않는 주머니에다 칼을 숨겨 다니는 것일까? 그렇지 않고서야 새길 수 없는 예리한 자국들이었다. 쉽게 눈에 띄지 않을 때에라도 참으로 다양한 방식을 지닌 많은 사람들이 살고 있는 것이다.

"야! 부실한 인간들 참 많다."

"저 인간 또 나왔다, 또 나왔어. 어이구! 저 부실한 인간."

"부실한 것들, 모였다 하면 골 때린다니까."

구석자리에서 누군가 능청스레 감탄사를 내뱉었고 그러자마자 이쪽저쪽에서 다시 화살을 날리기 시작했다.

부실이라는 단어는 샘물회의 성격을 대변하는 하나의 유머로서 일찌감치 자리잡았다. 그리고 핵심적인 카타르시스로 작동되고 있었다. 늘 신체상의 결격이나 결핍으로 존재한다는 것 때문에 여태까지는 감히 건드릴 수 없는 터부였다면, 이제부터는 아예 드러내 놓고 객관적으로 받아들이고자 하는 자발적인 의지가 포함된 것이었다.

부실이라는 단어가 나올 때마다 좌중들은 번번이 폭소에 빠졌다. 단순하기 이를 데 없는 하나의 단어가 매번 사람들에게 새로운 듯이 사용되었고 그리고 익숙해져갔다.

10

부실기업이나 부실 건물처럼 부실 인간이라는 말이 존재할 수 있을 것인가.

11

흰 가운을 입은 남자 종업원이 들어와 짬뽕과 짜장면 그릇을 챙겨나가고 나자 기타 소리가 붕붕 울리기 시작했다. 여러 가지 노래가 나왔고 여러 가지 음담패설이 쏟아졌다. 맞은편에 앉은 명화는 고등학교 동창남자와 고개를 맞대고 진지하게 이야기에 빠져 있다가 가끔씩 머리를 흔들며 폭소를 터뜨리기도 했다. 분위기가 점점 무르익어 갈 무렵 장중한 바리톤의 음성이 좌중을 휘어잡았다.

"일출봉에 해 뜨거든 날 불러주오. 월출봉에 달 뜨거든 날 불러주오. 기다려도 기이이다려도……."

바로 내가 푸른 얼굴의 남자라고 명명한 구본휴였다.

노래를 마친 그는 앙코르 소리가 나오자마자 기다리고 있었던 것처럼 바로 다음 곡을 부르기 시작했다. 노래 역시 완전 연소되어 타오르는 불꽃처럼 주변 공기를 뜨겁게 달구었다.

그러고 나서였다.

그는 오른손을 번쩍 들어 짧게 한 번 흔드는가 싶더니 과감하게 돌아섰다. 그리고 푸른 파도가 출렁거리듯이 어깨를 흔들며 그 자리에서 사라져 버렸다. 방 안의 분위기는 이제 익을 대로 익어서 결코 헤어질 수 없는 동지애로 뜨거워지고 있었다. 노래를 부를 때만 해도 기꺼이 감정 속을 헤집고 들던 그의 음성과 표정 역시 이 끈끈한 동아리 속에 사로잡혀 있었던 것이 분명했다. 그런데 그걸 박차고 밖으로 뛰어나가 버리는 그 결연한 얼굴이라니.

12

옆집 여자들의 일상적이고도 그 공허함으로 인해서 더욱더 파격적이던 웃음소리를 비켜나 교회 안으로 잠입해 들어가던 날. 텅 빈 마당의 적막함에 온몸을 담가두고 있을 때 붕어 입처럼 올라오던 이 사람들의 모습.

이로써 이들은 여기 좁은 컴퓨터 화면 속에서나마 이 세상에 드러나게 되었다.

그러나 그들은 결코 이 세상에 드러나지 않기를 바라고 있을지도 모른다. 확실히 그럴 것이다. 어쩐지.

"난 이제 이 세상의 옷을 벗어 버릴래."

"그동안 애착을 너무 많이 부렸어."

"육신의 흔적이 그걸 말해 주고 있잖아?"

그들은 그렇게 말하는 듯했다.

고요한 침묵이 오래된 연못처럼 고여 있는 교회당의 마당에서 그녀 역시 그러고 싶었다. 그래서 그들이 문득 물 밖으로 올라왔는지도 모를 일이었다.

그러나 그녀는 역설적일 수밖에 없는 그런 이유로 해서 무엇인가를 쓰기로 결심하지 않을 수 없었다.

사람들은 말하길 세상이 그들의 목을 죄고 그들의 자리를 빼앗아서 쫓아버린 것이라고 했다. 힘없고 불쌍한 그들에게 말이다. 그러나 그들은 그렇게 허약한 존재들이 아니었다. 적어도 그녀가 알고 있는 한 그랬다.

그들은, 때묻은 옷을 욕실 앞에서 훌훌 벗어 버리듯이, 그리고 발밑에 쌓인 더러운 옷들을 세탁 바구니에 차 넣어 버리듯 거추장스러운 몸뚱이를 기꺼이 벗어 버렸을지도 모른다.

13

얼마 전 샘물회 20주년 기념회에 참가하러 갔다.

푸른 얼굴 구본휴의 소식을 얼마 전에 들었다는 한 후배가 그랬다. 강릉에서 교회 일을 도우며 독신으로 살고 있는 여자였다.
"구 선배님은 그럴 줄 알았어."
"으음, 왜?"
"현실의 얼굴이 아니었잖아요. 때도 좀 묻고 지저분해야 하는데……. 그래야 이 세상을 버틸 수 있는 거 아녜요?"
그럼 명화는? 명화도 그랬을까, 나는 물어보려다 관두었다.
사람은 결코 다른 사람을 알지 못한다.
다만 자신을 깊이 들여다 봄으로써 다른 사람을 유추할 수 있을 뿐이다.
나는 본휴 씨 삶의 과정을 다 알고 있지 못하다. 명화 역시 마찬가지다. 소설가의 관점에서 그의 삶을 재구성할 엄두도 그리고 소망따위도 가지고 있지 않다. 단지 내 속으로 들어가, 나도 알지 못하는 침묵의 깊은 우물 속으로 들어가 다만 며칠이라도, 그 속에 웅크리고 앉아 그들을 떠올려 보고 싶다. 어쩌면 나 자신을 보고 싶은 것인지도 모르겠다.

도심 속의 일당잡부

남규원*

1.
꽃도 십자가도 없는
거대한 빌딩도
주식의 상종가도 아닌
기다림에 지쳐 전봇대에 너지분하게 붙어 있는
노란 스티커에 뚜렷한 검은 글씨
잡부 모집은
대상이 겉보기엔 분명치 않지만
도심 속에 누구에게나 옐로카드

농촌, 공장, 가정에서 밀려나와
갈 곳 없는 이들이

---

* 잡부.

마지막 희망을 걸고
쪽방, 고시원에 전전긍긍하며
모질게 살려고 했건만

내가 일하면 내가 사고
내가 공치면 네가 술을 사는
도심 역 주변 뒷골목에 구차한 삶을
"그간 먹은 술로 전세방은 얻었다"며
순수문학을 하는 인텔리는
삶을 즐긴다고도 표현했다
"노가다[1] 하다가 땀 흘리면 3대가 빌어먹는다"는 말에
동의하듯
그래 그 말도 조금은 인정하자

꼭두새벽 인력(人力)회사[2]는 정해지지도 않은 일자리에
팔려 갈 순번을 기다리는
진풍경은 숨소리 죽이며
인력소장과 동료들의 눈빛으로만 말한다

거기에도 능률급[3]이 적용되어 선택받아
일 나가는 사람은

---

1 노가다 건설노동자, 일본어로 토목공사 조사하는 인부.
2 인력(용역)회사 일당(날품팔이) 직업소개소로 인부는 대부분이 건설현장 데모도(곁꾼, 조공)로 일을 나가고 가끔은 철거, 이삿짐센터 등에 나감. 일하면 금일 일당을 현장에서 받으며 일 마치고 인력사무소에 들려 일당에서 대부분이 10%를 소개료를 냄. 인력회사는 현재 약 7,000개에 육박하고 있음.
3 능률급 인력에서는 고정적으로 나가거나 일을 잘해 현장에서 일 잘하는 사람을 꼬집어 부르는 것.

허탕 치는 날의 해장술 고배를 너무도 잘 알기에
먹을 것과 잠자리의
시름을 쓰레기 비질하듯 되씹고
그 순간만큼은 생기 있는
새벽을 가르는 발걸음이 힘차다

지하철에 등산가방 메고
모자 꾹 눌러쓴 그대는
이 땅 도심 속의 일당잡부여
많은 사람들 중
노가다는 노가다를 알아봐 회피하며
오늘도 해방역 닿을 때까지[4] 가는
지하철에 몸을 태웠는가

작업복 갈아입을 곳 없어
구석진 곳에 공짜신문 깔고
기공들이 하기 싫은 일[5] 뒤치다꺼리를
고슴도치처럼 기다보면
어느새 이 사회
하중을 온몸으로 버팅기고
그저 시키는 일만 군소리 없이
담배도 눈치 보고 피며
조건 없는 똘마니가 되어야만 좋아해

---

4 **해방역 닿을 때까지** 서울지하철 노동조합의 슬로건.
5 **기공이 하기 싫은 일** 쓰미(벽돌공), 미장(벽을 치장하는 기공) 등 데모도(조공, 뒷일)를 하는 것.

하루를 바쁜 몸놀림으로
비유를 맞추며
장시간 노동을 억지로 때운다

비누도 없이 낯짝만
대충 찬물로 몇 번 비벼 씻고
땀 내음 풍기며 지하철을 타면
시민의 눈초리는 가늠하기는 하는지
아니 "직업엔 귀천이 없다"고 배웠건만
"현장에서 비누, 수건은 안 준다"는
더럽고 치사한 사실에도
분노하지 못하고
삭막한 현장 생각하기조차 싫다
노가다니까

2.
노가다가 노가다를 한(恨)— 없이 죽인다.
어떤 고된 일도 참고 견딜 수 있는데
한마디 말도 더럽게 하는
현장 감독자와 오야지[6]의 위용을 보면
눈알에 가시를 꽂고 일을 해야 한다
일의 순서도 설명 안 하면서

---

6 오야지 하청업자이며 기공인 목수, 쓰미, 철근 등을 거느리며 일을 시키는 우두머리로서 일제강점기에 일본 놈들이 인력을 통제하기 위한 수단으로 만들었는데 현재까지 노동자의 권익에 해가 되는 악습으로 뿌리 깊게 자리 잡고 있음.

"이것, 저것 생각나는 대로 마구 시킨다"
그 지시는 "인간 취급을 안 한다"는 것을 암시해
스트레스는 쌓이고
자기가 고생해서
일머리[7]를 너무나도 잘 아는데도

아는 놈이 더 무섭다
채찍만 안 들었지
더럽고, 악취 나고, 무거운 것들 모아 두어
막 부려먹어도 쥐 죽은 듯 말 없는
일당잡부에게 꼬 — 옥 시킨다.
개 같은 일
그것도 못하면 다른 용역잡부를 부르기에
눈물 꾹 참고
벙어리 가슴 앓듯 익숙해지면
비참한
일당잡부임을 자인해야만 한다
가끔 오야지, 현장반장과 짜고
노사꾼[8]이 되어 뒷돈 만 원 받아 챙기는
일당동료 보면 정말 울고 싶다.

관절이 이완돼 욱신거리는
근육을 풀기 위해 술이 부르고

---

[7] **일머리** 일의 요령으로 일의 우선순위를 알고 일을 편하게 하는 방법을 아는 것.
[8] **노사꾼** 노동자와 사용자 사이에서 왔다 갔다 하며 자기 잇속을 챙기는 모사꾼.

해탈(解脫) 잔에 째리면 통증은 가라앉지만
망가진 만큼 더 중독되고
의지할 곳 없는 재래시장
허름한 선술집에서
홀로 허무쪼가리를 안주 삼아
어설픈 희망을 망상 속에 되새김질하며
가자미눈으로 가지고 싶은 것들
하고 싶은 많은 일들
상상 속에 실컷 훔치다 보면
부자된 기분으로 초라하지 않은 채

3.
빽 없고 배운 것 없이
착하게 몸뚱이를 쥐어짜
어깨가 얼리고 쑤시고 저려도
끼니를 연명하는 기술로 무장되어
내일의 두려움을 턱걸이 하는
고된 육체는 떨고 있는데

단내 나게 뺑이 친 날은
지친 만큼
쐬주가 더 잘 받아 울컥 꿀컥
시시콜콜한 쪽방 냄새
태우지 못한 헛간[9] 장작 벌레 먹듯
밤새 맥없이 흐느적거리다
자신도 모르게 추워 울던

눈시울에
소금기를 고양이 낯짝 씻고
움켜지지 않는 부은 손을
찬물로 풀어낸다[10]

뒤틀려 가누던 몸이 술기운에 살아 헛구역질하며
또다시 새벽을 딛고
혹시나 하는 횡재수의 희망도 놓지 않으려고
고개 숙여 길바닥을 쪼아댄다
로또 한 장 사지 않으면서도
로또 당첨되는 상상을 연거푸 피우듯

처진 어깨 위로 가고 있는
하루 앞에 내일을 모른 채
일당을 소진하려 도심의
무법자가 되어
오늘도 쓰린 잔을 들고
얄궂은 빈자(貧者)의 허기진 웃음으로
현장에 굴러다니던 남이 신던
안전화 주워 신은 채
"너희들이 노가다를 아느냐"고
이 세상 훌훌 날려 버리고

---

9 헛간 농촌에서 겨울에 땔 나무와 볏짚을 쌓아 두는 곳임.
10 찬물로 풀어낸다 뜨거운 물에 담그면 손마디 관절이 망가짐.

명절은 골방에 처박혀 TV 보며 콧날 시려
채널 돌리다 두어 번 껐다 켜
"차라리 명절이 없는 게 좋다"며
명절은 사치라고
부모 형제는 "더 이상 피해를 주지 말아야 한다"며
연락을 끊고
친구와 지인들에게는 누추한 모습 보일까 봐
거리를 걷는 것조차도 두렵다
고향산천은 수없이 지우고
또 지우고

누가 세상에 노가다 하고 싶은 사람 있겠는가
살아온 길 잘 아는데 과거가 자꾸 자꾸만 보인다
다짐을 한다
반복되는 찌든 삶에 부딪쳐
어디로 튈지 모르는 인생이 된 것을 알면서도
순진하게 살아왔지만
결코 울어서는 해결이 안 된다고
알량한 자존심까지 부추겨
"날품팔이라도 구걸은 없다"고 자위한다
지나가는 사람들이 가끔 흘깃하는
동정 어린 눈빛도 아랑곳없이

4.
강남 8학군 철거는 죽음이다
일요일은 망치 소리만 나도

빽 있는 놈들이 신고해
파출소장이 직접 나와 작업 중단시키는
어이없는 짓이 현실이 되는
이 성역에서

분진 마스크 한 장 없이
먼지가 밖으로 나가서는 안 된다고
창문을 다 닫고
벽을 오함마로 때려 부수고
칸막이를 뜯는 내장철거를 하면
포탄 터진 것보다 더한
석고보드 가루와 유리솜 가루가
성광(星光)처럼 빛나 진동하는 현장에서
눈이 매워 토끼 눈이 되고
온몸에 미세한 유리 조각이 박혀 깔끄러워
며칠은 가려운 몸뚱이
죽었다 깨어나도 다시 하고 싶지 않은
석면[11] 발암물질 진탕 마시는 일에도
분노는 먼지 속에 사라지고
자동적으로 지독스러운 인내력은 쌓이고

그만 시켜도 여한이 없는데
퇴근시간 때를 맞추어

---

[11] **석면(석고보도)** 단열재로 석고, 유리솜 등으로 발암물질이 많아 사회문제가 많이 됨.

다음 공정인 내일 쓸 자재가 들어온다
철거일도 아닌데 용역에서 나온 것을 이용해
시키면 시키는 대로 잡일을 다해야 하는
용역잡부가 되고 만다
일당을 못 받았으니 울화가 치밀어도
처, 자식 생각에 묵묵히 덤으로 일해 줄 수밖에

또다시 흥청거리는 휘황찬란한 네온사인에 묻혀
허가 받지 않은 답답함을 감추고
망가진 육신을 주체 못해 알딸딸한 취기로
뭐가 그리워 배회를 하는지도 모르며
자꾸자꾸 도시의 밤 하이에나가 되어
어슬렁어슬렁 살피다
동네 어귀 단골 슈퍼에서
쐬주 두 병 외상 달고
힘없이 누울 방으로 돌아온다

길을 걷고 산들 무엇하랴
이 더러운 세상 "다 죽이고 나도 죽는다"는 생각에
두어 병마저 까고
지쳐 쓰러지고
어김없이 내일은 일을 못나가
속 쓰린 생활에 쪼들리며
기약하지 않은 하루를 때워야 한다

5.
산재는 고사하고
공상처리도 안 해 주는
버러지만도 못한
현장과 오야지가 얼마나 많은가

일하다 다쳐 몇 바늘 꿰매면
알량한 양심으로 병원비는 대 주지만
약값 달랑 몇 만 원으로 때워도
아무 말 못하는 것은
"다음에 일을 시켜주지 않을까 봐" 두려워서인데
다쳐서 일 못하는 것은 감수해야 한다
수백 개가 넘는 작은 상처가 박힌 이 몸뚱이는
아픈 표현도 못하고 일한 증거다

양복 한 벌 없는데
재수가 좋아 일을 많이 할 땐
목욕탕 가서 때 벗기고
어쩌다 모여 삼겹살에 소주 몇 병 마시는 날엔
노래방 가서 소리 한번 멋들어지게 부르면
만사 부러울 것 없다

그래도 성욕은 어쩔 수 없나보다
가끔은 취기로 남은 돈을 쪼개
만사를 잊고 창녀촌을 헤매
늙은 아줌마와 잠시 부둥켜 성욕을 채우며

하루 일당 날리고 쪼들려 후회하고

벽돌 등짐 지고 앞만 보고 가면
"무릎 관절 망가져 말년에 고생 바가지 한다"는
소리를 수없이 듣고도 계단을 타듯
내일은 또 될 대로 되라고
어차피 "바닥 친 인생 더 이상 갈 곳이 없다"며
이 팔자는 무너진 것이라고

6.
정치, 경제, 사회, 문화에 신문까지
다 처박아 둔 지 오래됐고
새벽에 보는 인력사무실 뉴스에서 연일 터지는
게이트와 땅투기마저도
특권층이 행복에 젖어
병신 삽질하는 소리[12]로 들리고

뉴스 나부랭이와 스포츠만 가끔 보는
수준으로 전락되어
날품팔이로 금쪽같이 모든 돈을
말꼬리를 잡고[13] 헤매
새벽에 담뱃값 떨어져 동료에게 만 원 빌려
차비하고, 일 끝나면 주는 데도 익숙해지고

---

12 **병신 삽질하는 소리** 병신이 삽질하면 우습게 보인다는 말로 장애인에게는 욕되게 하는 말.
13 **말꼬리 잡고** 경마장에 간다는 표현으로 "말여물 주러 간다"고도 표현함.

술 먹고 담배 피는 것으로 세금을 대신했고
주민등록말소[14] 안 되면 천만다행이다

"배운 것이 도둑질"이라고
용역잡부를 하다 보면
자신도 모르게 하루일당 받는 맛에
길들여지고 젖어들어
다른 것은 엄두조차 내지 못하는데도
세상사 가고 또 가면 깨닫는 것이
이치임을 거부하는지도 모르며
하루하루 순풍에 바람 부는 대로
돛 달아
세상모르게 하루를 개긴다

내일은 없다는 것을 알면서도
진절머리 치게 다가오는 희망
그 희망
도저히 갈 수 없는 희망에 얼마나 많이 속았던가
소박한 꿈 뒤에는
나 혼자 잘 먹고 흥청거리는 다른 욕심이 숨어서
죽지 못해 사는 삶을 몇 번 겪고도

아… 희망

---

14 주민등록말소 먹고 살기도 바쁜데 예비군, 민방위 등을 안 나가니까 자동으로 말소됨.

그 희망 때문에
인생은 "어느 누구도 한 치 앞도 모른다"고 되뇌이며
남모르게 가슴 조이며 제자리 뛰기를 얼마나 했던가
왕복 없는 세상의 그 잘아빠진 희망은
그 희망은
마음속에 숨어 자라고 있던 목 조이는 절망마저 갉아먹고
신물 나는 망가진 육신
가차 없이 훑고 간다

7.
이렇게 사는 것이 끝장인데
더 이상 이 몸뚱이를 고집하면
집착인 줄 알면서도…
무엇을 갈망했던가

헛바퀴 돌듯 월세 내기 바쁜
반복되는 찌든 생활에도
하얀 손 흔드는
희망의 소주병이 기다리고
황혼은 막을 수가 없는데

어머니 손잡고 장날 가던 날
기억이 생생한데

그대 죽었다 다시 태어나도
별 볼 일 없다고

혹시 눈을 뜨고 시체가 되어
진짜로 꿈을 꾸고 있는 것은 아닌지

그래 — 백범 김구[15] 선생님이
"당신의 소원이 무엇이냐"고 묻는다면
첫째도 대한의 잡부요
또다시 소원이 무엇이냐고 묻는다면
둘째도 대한의 잡부라고
그래도 소원이 무엇이냐고 하면
자랑스러운 대한민국의 도심 속의 개잡부[16]라고
목소리 높여 당당하게 크게 외쳐라

나쁜 짓 할 용기조차 없이 순진해
이 굴레를 벗어나지 못하는데

세상은 톱니바퀴처럼 물리고 물려
"호박같이 둥글둥글하게 살고"
"누이 좋고 매부 좋다"며
우리 모르게 음지로 주고받는 법칙이 성행하고
결국 비리로 얼룩져 빚어낸
속물들이 만든 처참한 도시의 잔치에

---

15 백범 김구 백범 김구 선생님의 어록 중에 유명한 것으로 하나님께서 "소원이 무엇이냐고 한다"면 김구 선생님께서는 첫째도 둘째도 셋째도 독립이라는 말을 비유.
16 개 잡부 잡부(雜夫): 통계를 낼 수는 없지만 조공을 포함하여 약 50만 명 육박)는 잡다한 일을 하는 것이고 "개 잡부"라고 비하하면서 현장에서 불리는 것은 힘든 일을 하면서도 불만을 말하지 못하는 비참함을 가리킴. "시키면 시키는 대로 일"하는 처지로서 한때는 정말 "개 잡부"라는 소리가 현장 통용어였음.

너희들이 다 처먹고 난 과자 부스러기나 먹는
하루살이 안주가 되는 줄도 모르고
어김없이 하늘 아래 땅값도 알 턱이 없는데
단물 다 빨려 힘없어
오늘도 용역 잡부조차 일 못 나가 폐기물 처리당한
늙은 노동자의 한숨을 팔아먹고
삽조차 빗나가는 언 땅을 그냥 판다

8.
세상사 다 잊고
술 먹고 지쳐 자빠져 자기도 바쁜데
실업대란, 사회안전망, 노동의 유연화, 비정규직이니 하는
사회 양극화, 노동 이슈는 뉴스의 장난질이고
대기업 노동자 파업 투쟁하는 장면이 나오면
서슴없이
배때지가 불러서 저런다고
비참한 하루일당에서 인력소개비 10%를 떼고 나면
씁쓸한 개밥에 도토리지만
그나마 살아갈 수 있는 유일한 수단이기에
다행임을 안다

그대가 바라는 세상이란 무엇인가
분명 알고 있지만
자기가 살아온 경험과 앎의 척도로

맥없이 실 — 일 — 실 웃으며
"되도 않는 소리 그만 집어 치워"라고
머리를 절래절래 흔들면서
벌써 세상을 포기한 자기 합리화로
입조차 주저하고 있지 않는가

노가다가 진정으로 꿈꾸는 세상이 도대체 무엇인가
애초 허울 좋은 시민으로 포장된 것은
장 **빠루**17로 재껴 열고
보장된 착취의 구조는 삽질로 묻고
후렴에 맞추어 달공, 달공18 하자.

이슬같이 인간성마저 고갈된 잡부가
세상 모든 건물을 지었노라고
노가다가 이 땅의 천민이 아니라
주인이라고 생각하는 잡부는 별로 없지만
박박 기는 "불안정 취약 고용 노동자"인
일당잡부가 건설 노동조합에 가입해

애시 당초 없던 휴일근무 수당보다는
노예도, 종도 해 뜨기 전에 일을 안 했던
"선택하지 않은 꼭두새벽만은 제일 먼저 반납하자"

---

17 장 빠루 우리말로는 노루발장도리로서 못을 빼거나 물체를 뜯어내고 해체하는 데 사용하는 도구로서 빠루 중 가장 긴 것.
18 달공, 달공 장례절차로 관을 땅에 묻고 상여꾼이 상여곡에 맞추어 돌아가면서 흙을 밟을 때, 상여곡의 후렴임.

먹고 살기도 바쁘고 뿔뿔이 다 흩어져 있는
노가다의 현실을 직시해 보면
꿈만 같은 헛소리로 매장되지만

9.
장난쳐 돈방석에 앉아 잘 먹고 잘 놀며
노동이 신성한 것이라고 이빨 까며
자기들 꼴리는 대로 만들어
개들도 물어가지 않는 노동법[19]
그것조차도 지켜지지 않는
이 노가다 판은
호떡 뒤집듯 단숨에 갈아엎어야 한다.

쉽지 않으면 공구리[20] 개듯이
처음 같이 일해도 수없는 삽질로
서로 어겨가며 갈아엎다 보면 고운가루가 되고
물을 주어
이젠 고도의 삽질을 반복하여
갈아엎어 찰지게 하고
금방 같이 일했을 뿐인데 손이 맞고 죽이 맞아
네가 엎은 곳 위에 내가 엎는 삽질을
정신없이 하다 보면

---

19 노동법 가진 자들이 만든 노동법. 국회에서 만들었지 노동자가 투표해서 만든 법이 아님.
20 공구리 일본말. 영어로는 콘크리트이며 모래+시멘트+자갈+물을 섞어 비비면 콘크리트가 되어 마르면 건물의 벽체, 바닥 등이 됨.

콘크리트 반죽이 완성되듯

숙달된 노력 없이
몸 팔아 먹고 사는 너와 내가
인간 말종의 이 썩어 뭉그러져
더럽게 터진 판을
어찌 갈아엎을 수 있으랴.

광란한 이 도시에 우리와 유전자가 다른
부자가 어떻게 사는지도 상상 못하면서
몸서리치는 한겨울에도 "현장에 불난다"고
도라무통[21]에 불조차 피우지 못하게 해
쉴 곳조차 없어 일해야만 춥지 않다며
휴식을 거부하듯이

죽지 않고는 도저히 거부할 수 없는 현장
착취로 유지되는 하청과 개판인 노동법은
오락실 두더지 머리 내밀면
고무망치로 때려 스트레스를 푸는 것이 아니라
노가다의 깡다구로 개 패듯이 패서 다시는
머리를 못 내밀게 죽여야 마땅하다

뼈 빠지게 죽도록 일한 것이

---

21 도라무통 영어로는 드럼이며 큰 철재 석유통(기름)으로 반쯤 잘라서 불통을 만듬.

이 땅에서 죄가 된다면
살아남기 위해
노가다의 처절한 굴레를
벗어나려 바둥칠 게 아니라
죽여야 한다

돌아보면 까마득하게 피눈물 넘치는
반신 불구된 노가다의 역사
죽이지 못하면 불 보듯 뻔하게
연필 깎듯 서서히 죽임을 당하고 만다

국민을 위해 이합집산으로 뭉친
패거리들의 말잔치뿐인 정치
도토리 키재기 하는데 여념이 없고
합리화를 조작하는 기술자가 되어
터지면 땜방질[22] 하는 점진적 개혁
천년만년 어느 세월에
더 이상은 바라지도 속지도 않는다

만국 지천에 널려 있는
짐승보다 못한 노동자들의
치욕적 삶을 깡그리 모아
노동해방 재단에 정중하게 모시어라

---

22 **땜방질** 건물의 형태를 만들고자 철근으로 골격을 잡고 콘크리트를 치면 잘 안 된 곳을 사모래(시멘트+모래)에 물을 부어 개서 부족한 부분을 채우는 것.

피, 눈물 다 버리고
젖같이 먹은 일말의 양심 없이
가슴속 깊이 숨겨 놓고 갈고 닦은
단칼로 심장을 쑤셔 죽인다

어둠으로 가는 길

송경상*

1

"야 이 X새끼야, 네가 뭔데 남의 리어카를 뒤지고 지랄이야."

"이 새끼야, 새벽에는 나오지 말라고 했잖아, 날이 밝을 때 나오면 안 돼? 일단 파출소까지 가야 되겠어."

"남들이 다 주워 간 뒤에 좆 빨러 다니냐. 새벽부터 설치고 다녀도 한 리어카 채우기도 힘든데 니덜 방바리[1] 새끼들이나 훤해지거든 다녀라."

방범대원과 재건대원(넝마주이)이 다투고 있다. 시민의 안녕과 범죄를 예방하러 다니는 방범들과 먹고 살기 위해 새벽부터 리어카를 끌고 고물을 주우러 다니는 재건대원 간의 이러한 다툼은 종종 있는 일이다. 오늘은 재건대원 태룡이가 새벽 5시에 리어카를 끌고 일을 나왔다가 재수 없게 방범대원에게 걸려 싸우고 있는 것이다. 어제 저녁 술을 마셔서 속이 안 좋아 뻥기통[2]

---

* 넝마공동체 초대총무.
1 방바리 방범.
2 뻥기통 화장실.

에 가서 신문지로 밑을 닦고 나왔는데도 똥이 마려워 공사장 옆에서 볼일을 보고 나오는데 방범대원이 리어카를 뒤진 데서 싸움은 시작되었다.

"좆같은 새끼야, 종이박스 몇 개 주운 것도 죄냐, 또 피의자 찾아서 학교[3] 보내지. 후리가리[4] 기간인데 상금도 타 먹어야지."

태룡이가 3년 전의 일을 생각하며 방범을 갈구었다. 방범은 리어카 위에 실린 종이박스를 뒤적여 봐도 아무것도 없자,

"당신 주민등록증 있어, 내놔 봐."

하며 어떻게든 엮어 가려고[5] 한다. 화풀이를 여기서 할 수 없으니 일단 무슨 핑계를 대서라도 파출소로 달고 가면 재건대원은 일단 기가 한풀 꺾이기 마련이다. 혹시 재수 좋아 기소중지자라면 한 건 올릴 수도 있으니까.

"고물 주우러 다니는 놈이 딱지[6] 가지고 다니는 것 봤어? 넌 똥 누러 갈 때도 딱지 챙겨가지고 다니는지 모르지만 좆 까는 소리 그만하고 꺼져, 리어카 봤잖아. 생트집 잡지 말고."

"요즘 주위에 아시안게임이 열리고 있으니 용의 수상한 자 있으면 모두 신분을 확인하라는 것이 상부의 지시야. 잔소리 말고 주민증 없으면 파출소까지 가야 되겠어."

"못 간다면? 내가 죄도 없이 짭깐[7]에 왜 가. 니미 씹팔, 만만한 게 홍어 좆이라고 툭하면 잡아가서 공사[8]하고 세상 엿 같아 못살겠네."

"정말 안 가고 버틸 거야, 죄가 없으면 금방 나올 텐데 뭐 그렇게 망설여."

"말했잖아. 눈으로 봤잖아. 리어카에 아무것도 없는 걸. 한번 봐주면 안 돼. 나 당신 같은 처지 못되니까 이렇게 고물이나 주워 먹고 사는 거 아니야.

---

3 학교 교도소.
4 후리가리 일제단속.
5 엮어 가려고 잡아 가려고.
6 딱지 주민등록증.
7 짭간 파출소.
8 공사 고문.

오늘 밤 굶게 하지 말고 한번 봐줘. 죄 없다고 내보낼 때 당신이 밥값 줄 거 아니잖아."

대차게 나가던 태룡이는 이제 말은 거칠지만 사정조로 얘기한다. 괜히 파출소에 가 봐야 피곤하니까. 죄가 없어도 쌍소리 듣고, 몇 대 얻어맞고 나오는 건 보나마나 뻔한 사실이니까.

"대신 공사장 주변에서 얼쩡거리지 말고 집에 들어갔다 이따 날 새거든 나와. 그리고 우리 OO동 구역에서 다니지 말고 다른 곳에 가서 종일 줍든지, 빈 병을 줍든지 하라구."

태룡이는 "그럼 수고하쇼." 한마디 하고 다시 리어카를 끌고 간다. 괜히 잘못했다간 다시 그 지긋지긋한 학교 신세를 또 질 뻔했다. 오늘은 기분 잡쳤다고 생각하고 일찍 집으로 돌아가기로 했다. 집이라야 널빤지 조각으로 아무렇게나 비나 새지 않을 정도의 무허가 판잣집이지만, 그래도 이 추운 겨울에 그것마저 없으면 큰일이다. 돌아오는 길에 청소차를 세워 둔 곳으로 갔다. 간밤에 어떤 새끼들이 떡치고[9] 닦은 화장지며, 캔맥주 깡통이며, 김치국물 쏟은 신문지가 뒹구는 역겨운 냄새가 물씬 풍겼다. 온갖 쓰레기를 담고 난지도로 가기 위해 대기하고 있는 청소차에서 라면상자, 빈병, 입다 버린 넝마, 신문지, 박카스 병, 쭈그러진 냄비 등을 주워 겨우 하루 밥값만 해 가지고 돌아왔다.

집에 오니 아직 벌이 나갔다 아무도 돌아오지 않았고 간밤에 술에 곯아떨어진 만호, 통새만이 코를 골고 있었다. 화목을 몇 개 주워 불을 피우고 냄비를 올려놓았다. 밥 해 먹기도 귀찮은데 라면이나 끓여 소주 한잔 하고 잘 심산이다. 전에는 소주 2살[10]짜리 서너 병은 거뜬했으나 요즘은 1병이면 기분 좋게 취한다.

---
9 떡치고 성교하고
10 2살 2홉.

물이 끓자 라면 2개와 김치를 넣고 불 앞에 앉아 솔 담배 한 개피를 꼬나문다.

"씨팔 어떤 놈은 부모 잘 만나 자가용 타고 뻐기는데 나는 뭐야. 한평생 개돼지 마냥 양아치로만 살아야 되나. 유가파동으로 고물값이 치솟을 땐 몇만 원씩 주머니에 넣고 예쁜 계집 끼고 술도 마시고, 그러다 눈이 맞아 살림도 차렸었는데…."

라면에 소주 한잔을 하자 나른하게 피로가 몰려온다. 때가 꾀죄죄하게 묻은 이불을 겹으로 덮고 드러누우니 아른하게 어릴 적 생각이 나기 시작했다. 고아원에서, 아동보호소에서 지내던 일들이며, 얼굴이 생각이 날 듯 말 듯한 어머니의 모습도 아른거린다.

태룡이가 태어난 곳은 제주도다. 어떻게 해서 고아가 되었는지는 어렴풋이만 생각이 난다. 51년생이니까 6·25 전쟁 때다. 동문동 육군훈련소 뒤 얼음공장이 있는 곳에서 12월 23일 날 태어났다. 8살 때까지 집에서 자라다 어머니가 부둣가 외숙모에게 한 달 후 찾으러 오겠다고 태룡이를 맡기고 육지로 도망갔다. 어머니가 왜 그렇게 했는지는 잘 모르지만, 지금 생각하니 아버지가 전쟁 나가 죽고 혼자 벌어먹고 살기가 어려워지자 잠시 태룡이를 맡기고 뭍에 나가 돈을 벌어 다시 찾으러 올 생각이었던 모양이다. 그러나 뭍에 나가 보니 돈벌이도 안 되자 내년 후년 미루다 못 온 모양이다.

외숙모는 태룡이를 양로원에 심부름하는 아이로 맡겼고, 다시 태룡이는 재생보육원이란 고아원으로 옮겼다. 하도 구박이 심하고 배가 고파 탈출을 시도했으나 잡혀와 실컷 매만 맞았다. 그리고 열 살 때 제주 동국국민학교에 입학하여 다녔는데 1학년 4반에서 키가 제일 크고 힘이 좋았다. 장난이 심하여 아이들을 괴롭힌 대가로 학교 선생님과 원장에게 혼나기 일쑤였다. 4학년까지 다니다 대구로 왔다. 원장은 태룡이를 보고 너는 곧 미국으로 갈 것이라고 했다. 미국은 잘 사는 나라고 너도 거기 가면 배 안 곯고 공부도 할 수 있을 거니까 대구에서 말 잘 듣고 있으라고 하면서 머리를 쓰다듬어 주었다. 대구 동구 신암동 소재 성보원에서 껌과 초콜릿 주는 미국으로 갈 날만 기다렸으나 8월이 되도록 아무런 소식이 없었다. 5~6개월이 지나자 원장의 학대가 시작되었다. 밀가루와 빵이 있어도 주지 않고 양복을 잘 차려 입은 사람이 자가용을 타고 오면 키가 땅에 닿도록 인사를 하며 갈 때에는 모두 성보원 앞길까지 나와 배웅을 하게 했다. 두 명이 밤에 탈출하기로 결심하고 틈만 엿보고 있다가 드디어 1년 만에 탈출에 성공했다. 그러나 갈 곳은 없었다. 칠성시장으로 가서 주린 배를 움켜쥐고 먹을 것을 찾아 헤매다가 구두닦이에게 잡혀 강대[11]를 맞고 하루 만에 다시 탈출하여 서문시장을 헤매다 구찌차는 떠돌이 애들[12]을 만나 똘마니 잡혔다. 그때 힘이 좋은 태룡이는 23살 난 오야[13]와 싸워 그의 코와 눈탱이를 깨뜨려 30명의 두목이 되어 2년간 편히 지낼 수 있었다. 그러나 그것도 잠시 달성동 넝마주이에게 잡혔다. 추렁을 메고 고물을 주우러 나갔다가 하이방을 깠으나[14] 3개월 후에 다시 잡혀 다시는 하이방을 못 까도록 쇠파이프로 이백 대를 맞고 일주일 만에 일어나 똘마니 생활을 하게 되었다. 그게 태룡이가 넝마주이를 하게 된 시발점이었다.

매일 새벽같이 일어나 종이며 고철 등을 한 리어카씩 주워 오고 형들을 위해 밥을 해야 했다. 부식은 콩나물이나 두부, 생선 같은 것을 주로 가게 앞에 놓인 것을 훔쳐 와야 했다. 반찬이 시답지 않으면 그날은 초상날이었다.

하루는 한 형이 매를 맞지 않게 해 주겠다면서 따라오라고 했다. 추석을 며칠 앞둔 때라 상점마다 선물용 상품이 잔뜩 쌓여 있었는데 백화수복 정종을 박스째 훔쳐오라고 했다. 겁이 났다. 그러나 그 형이 매를 안 맞도록 해 주겠다는 말에 처음 돈이 되는 남의 물건에 손을 댔다. 다행히 들키지는 않았다. 그때 붙잡혀 소년원에 갈까 무척 겁이 났다. 그러나 그 형은 짜장면

11 강대 몰매.
12 구찌차는 떠돌이 애들 거렁뱅이 부랑아.
13 오야 두목.
14 하이방을 깠으나 도망을 쳤으나.

한 그릇 사 주고 몽땅 돈을 챙겨 어디론가 갔다가 3일만에 왔다. 갔다 와서 "그년이 말을 안 들어 그곳을 담뱃불로 지졌더니 그 다음부터 자기의 그곳도 빨아 주고 개처럼 뒤에서까지 그 짓을 할 수 있게 해 줬다"고 형들에게 자랑을 하였다.

며칠이 지나자 재미가 있는지 그 말대가리 같이 생긴 형은 또 도둑질을 시켰다. 태룡이가 못하겠다고 버팅기자 송곳과 망치를 가지고 왼쪽 허벅지를 35센티 가량 찌르고 망치로 무릎관절을 움직이지 못하게 해 놓았다. 보름간이나 앓다가 절룩이며 겨우 탈출하여 대구 동산기독교병원으로 찾아가 사정 얘기를 하고 호소하자 치료를 해 주었다. 그때 태룡이에게 잘해 준 간호원 누나가 좋아 매일 안 보면 죽을 것만 같았다. 목발을 짚고 다니다 그 누나만 오면 아프다고 죽는 시늉을 하여 다리를 만져주게 하기도 하고 때론 넘어지는 척하며 치마 밑을 훔쳐보려고 하기도 했었다.

몇 개월 후 완치되어 퇴원을 한 뒤에도 몇 번 찾아가 만나기도 했었다. 퇴원 후 배는 고프고 갈 곳이 없었다. 그래서 신암동 푸른다리에 가서 넝마주이를 다시 하게 되었다. 조씨 집에 있었는데 그때 킹콩, 까불이, 똥배, 내초, 왕초, 태룡이까지 5~6명이 되었다. 태룡이는 그때 별명이 비호였다. 몸이 날쌔고 운동신경이 발달했다고 해서 붙여진 별명이다. 태룡이는 이미 내초[15]는 아니었다.

하루는 똥배와 칠성시장을 건너가 장난을 치다[16] 택시에 치어 6개월간 치료를 받고 깁스를 부수고 탈출하였는데, 조마리[17]는 돈을 눈텡이 치려고[18] 택시 차주와 싸우다 돈도 눈텡이 못쳐 먹고 경찰서 가서 구류 며칠 살고 나왔다. 그 길로 태룡이는 돌아다니다 푸른다리에서 대구 희망원이란 곳에 잡

---
15 내초 처음 1~2년 간 똘마니로 잡혀 온갖 심부름을 다하며 형들의 시중을 드는 막내.
16 장난을 치다 훔치다
17 조마리 넝마주이 막의 두목.
18 눈텡이 치려고 가로채려고

혀가 3개월간 있다가 탈출하여 대구역 뒤 비산동 대성연탄공장 뒤에 있는 막[19]으로 갔다. 민씨집이었는데 여기는 벌이군이 제법 많았다. 하루는 새벽에 벌이를 나갔는데 여자 하나가 술에 취해 쓰러져 있었다. 태룡이는 그 여자를 리어카에 싣고 막으로 왔다. 형들은 불을 지펴 물을 데우라고 했다. 수건을 빨아서 그 여자 옷을 벗기고 얼굴부터 그 부분까지 깨끗이 닦게 하더니 굶주린 늑대처럼 십여 명이 거쳐 간 뒤 태룡이 차례가 왔다. 태룡이 뒤를 두세 명이 문밖에서 기다리고 있었다. 옷을 벗었다. 아직 술이 덜 깬 그 여자는 위에서 구를 때마다 신음소리 같은 작은 소리를 냈었다. 무슨 소리인지 모르나 누구를 원망하는 듯했다. 태룡이는 그 소리를 듣자 뻗쳤던 가운데 물건이 스르르 죽어 버리고 성욕구가 싹 가시고 오히려 측은한 생각이 들기 시작하여 지퍼를 잠그고 그냥 나왔다. 내초를 제외하고 나머지 녀석들은 낄낄거리며 모두 그 짓을 했다. 한동안 그 얘기는 막사의 화젯거리가 되었고, 태룡이만 보면 오늘도 여자 하나 반반한 걸로 싣고 오라고 농담을 하곤 했다. 그 소리를 들을 때마다 그 여자의 모습이 떠올라 태룡이는 괴로웠다. 태룡이는 그 후론 가끔씩 술 취한 여자만 봐도 깨워서 보내주려고 했다.

어느 날 간조를 하여[20] 돈 몇 푼을 주머니에 넣고, 넝마에서 나온 커다란 잠바와 바지를 빨아 놓은 것을 입고 술 마시러 나갔다. 밤 12시가 다 돼서 막사로 돌아올 때였다. 갑자기 누가 와서 태룡이를 잡았다. 야통[21]에 걸릴까 봐 부지런히 뛰어오던 태룡이를 누가 잡은 것이다. 경찰이었다. 수갑을 채웠다. 파출소로 갔다. 직업을 물었다. 넝마주이라고 했다.

"너 주머니에 있는 것 다 내놔 봐."

주머니엔 동전 몇 개 밖에 없었다. 그러자 갑자기 구둣발로 차며,

---

19 막 넝마주이 작업장.
20 간조를 하여 임금을 받아
21 야통 야간통행금지.

"너 지갑 어쨌어. 이 새끼야. 너 이 새끼야 솔직히 말 안 하면 죽여 버릴 거야."

하며 몽둥이를 들고 나왔다. 얘기인 즉 누가 여자의 핸드백을 낚아채 가지고 골목으로 도망갔다는 거였다. 태룡이를 보자 지갑을 잃어버린 여자는 어두워서 자세히 알 수 없으나 범인인 것 같다고 증언했다. 당시 그 골목에는 아무도 없고 태룡이 혼자만 야통에 걸릴까 봐 부랴부랴 막사로 뛰어가던 차라 태룡이가 범인으로 몰릴 수밖에 없었다. 태룡이는 그런 일 없다고 했으나 파출소 안에 취조실 같은 방으로 데리고 가더니 불으라고 하면서 고문을 시작했다. 독종인 태룡이는 두들겨 맞으면서도 아니라고 버텼다. 그러자 이번에는 거꾸로 매달고 고춧가루 물을 코에 붓기 시작했다. 또 양동이에 물을 하나 가득 갖다 놓고 다 먹으라고 했다. 나중에 안 일이지만 이런 것을 물공사라고 하며, 그 후 경찰서 신세를 질 때마다 매번 당했다.

결국 태룡이는 붕대 감은 몽둥이를 쇠파이프로 실컷 맞고 견디다 못해 지가 했다고 자백했다. 그 쎄리[22]들은 지독한 놈이라고 했다. 몇 시간씩 고문을 한 뒤에 강제자백을 받아 낸 것이다. 결국 지갑을 훔쳤다는 누명을 쓰고 김천소년원에서 8개월 징역을 살았다. 태룡이의 수감번호는 419번이었다.

2

태룡이는 미칠 것만 같았다. 여름의 찌는 듯한 더위도 더위려니와 억울하게 누명을 쓰고 난생 처음 교도소 신세를 진다는 것이 그렇게 분통 터질 수가 없었다. 눈에 보이는 것은 없고 뭐든지 두들겨 부숴야만 직성이 풀릴 것만 같았다. 머리를 쥐어뜯으면서 남들은 알아들을 수 없는 짐승에 가까운 비명을 지르기도 하였다. 하루는 "씨부랄 좆같은 새끼, 죽여 버리고 말 거야."

---

22 쎄리 순경.

하며 미친 듯이 소리 지르다 같은 방의 왕초격인 녀석에게 실컷 두들겨 맞아 며칠씩 밥도 못 먹고 앓은 적도 있다. 뺑기통 옆의 태룡이는 제대로 눕지도 못하고 똥물이 끓도록 앓았다. 아프다고 하소연 할 곳도 없었다.

그러나 몸이 아픈 것은 둘째였다. 머리에 스쳐 가는 것은 뒷모습이 태룡이 같다고 한 그 여자와 태룡이를 경찰서로 넘긴 파출소 순경 놈과 물공사를 하던 곰[23]들의 괴물 같은 얼굴들이었다. 후리가리 기간에 건수 없으면 동료 형사들끼리도 사건을 팔고 사는 일까지 있다는 것을 태룡이는 들은 적이 있다. 그런 마당에 가뜩이나 사건이 없어 눈을 부릅뜨고 찾는데 단순히 뒷모습이 비슷하다는 지갑을 잃은 여인의 증언이 있고 골목에 그 하나뿐이었다는 심증이 있는데 그냥 둘 리가 만무했다. 일정한 직업도 없으며 주거도 부정확하며 연고자도 없는 그를 영창에 처넣는다 해도 문제될 것이 없다고 판단한 것이다. 사건이야 자백 받으면 된다. 제 아무리 항우장사라도 매에는 장사가 없듯이 고문을 하면 자기들 원하는 대로 진술을 받아 내는 것은 식은 죽 먹기다. 안 본 것도 보았다고 하라면 그렇게 할 것이고, 안 한 짓도 했다고 강요하면 그렇게 했다고 할 것이다. 그들이 요구하는 대로 어떠한 진술이라도 강제자백에 의해 유도한 대로 받아낼 수 있는 것이다. 그들도 몇 건의 배당 건수를 채워야 되겠지만, 신분이 확실치 않고 일정한 직업과 주거가 없다고 해서 물적 증거도 없이 그렇게 생사람을 잡아야 되는 것인가. 피해자가 뒷모습이 비슷했다는 진술 하나만 가지고.

예나 지금이나 후리가리 기간에는 강력범은 못 잡고 좀도둑이나 잡고 술 한 잔 먹고 비틀거리는 사람이나 구류 살게 하고, 불안심리만 조성하는 게 아닌가. 실제 강력사건 수배자들은 상식적으로 생각해도 거리를 쏘다닐 리 만무하다. 미쳤다고 그물 쳐 놓고 기다리는데 그 그물에 스스로 몸을 던질

---

23 곰 형사.

까. 그래서 결국 잡히는 것은 피라미들뿐이다. 하긴 순찰이 강화되고 검문검색을 철저히 하다 보면 범죄예방 효과는 있을 것이다. 후리가리 기간에는 태룡이같이 밑바닥에서 고물 주워 먹고 사는 사람들도 불안하겠지만 경찰들도 바빠진다. 모두들 몸을 움츠리는데 건수는 없다. 자질구레한 것밖에 없다. 그러면 당연히 배당 건수에 쫓기게 된다. 단순히 동네서 술 한 잔 먹고 시비 걸어 구류감인 사람도 재수 없으면 상습범으로 되어 실형을 사는 경우도 생기는 것이다. 없는 죄도 만들고 작은 죄도 크게 해서 정성을 다해 억지로 조서를 꾸며 어떻게든지 영장이 기각되지 않도록 노력해야만 하는 것이다. 구류 살 사람이 영장이 떨어져 기소유예나 재판을 받아 집행유예로 나올 때까지 보통 두 달 이상 기다려야 된다. 시국사건들이 있어 연기를 타면 석 달 가까이 걸리는 경우도 있다.

한 인생에게 이렇게 상처를 남겨야 되는가도 생각했다. 신원이 확실하고 연고자라도 있었으면 죄의 누명을 벗고 나갈 수 있었을까? 고아가 되지 않고 부모님이 있었다면 여기에 왔을까? 아니 부모님이 있었으면 아직 미성년인데 아예 여기 오지도 않았겠지. 내 또래의 아이들이 부러워지기도 하였다. 나오는 것은 욕밖에 없었다. '니미 씨팔, 누구는 부모가 없고 싶어서 없나'라는 생각에 일찍 깨져버린[24] 아버지가 원망스러웠다. 얼굴도 이름도 잘 모르지만 만나면 왜 당신은 일찍 죽었느냐고 따지고도 싶었다.

어머니의 얼굴도 떠올랐다. 키가 작고 몸은 야위었지만 억척스럽게 일하던 어머니, 지금은 어디 계실까. 혹시 제주도에서 내가 돌아오기만을 기다리시고 계실지도 모른다는 생각이 들었다. '어머니, 보고 싶어요.' 어머니의 얼굴은 태룡이가 자란 후니까 기억이 난다. 그래서 더욱 지금 태룡이에게는 미치도록 그리움이 사무치는 것이었다. 태룡이는 아버지의 모습을 그려 보

---

24 깨져버린 돌아가신

앉다. 어떻게 생겼을까, 얼굴의 윤곽이 뚜렷하며 기개가 있게 생겼을까, 키가 클까, 아마 키는 클 것이다. 태룡이가 키가 크니까. 몸도 좋았을 것이다. 어머니는 키가 작고 몸이 야위었으니까…. 태룡이는 아버지를 닮았을 것이라고 생각했다. 짐작으로 아버지 모습을 그리는 데는 어려움이 없었으나, 뭐 하는 사람이었을까? 어떤 옷을 입고 계신가를 생각하기는 힘들었다. 어머니와 나란히 있는 아버지의 모습을 떠올려 보았다. 지금까지 태룡이가 보았던 여러 사람의 모습을 어머니 옆에 비추어 보았다. 부둣가에서 고기 잡던 철이 아버지 같은 사람, 구멍가게 아저씨의 모습, 공사장에서 벽돌을 져 나르던 건축노동자의 모습. 전쟁 중이었으니까 혹시 군인이었을까? 아니면 인민군, 여러 가지로 생각해 보았다. 어머니 옆에 여러 사람을 대조시켜 보았다. 태룡이 생각에는 적어도 넥타이 매고 인품깨나 잡는 사람은 아닐 것 같았다. 아버지는 적어도 어머니와 비슷한 처지의 누구였을 것만 같았다. 얼굴에 기름깨나 흐르는 넥타이잽이가 그 위장된 모습으로 어머니 옆에 다가가 친절한 척하면서 어머니 몸을 가졌다면! 끔찍했다. 혹시 모를 일이다. 생활고에 찌들린 어머니를 유희물로 생각하고 돈 몇 푼 던져주고 갔을지도 모른다는 생각에. 그러나 더 이상 생각하기 싫었다. 어머니가 그런 사람과 잠자리를 같이 했다고 생각하기는 정말 싫었다. 그래도 유(柳)씨 성을 가진 건축노동자나 노점상을 하는 사람이거나 연탄 배달하는 사람이 어울릴 것 같았다. 제주도였으니까 배를 타고 고기잡이를 하는 뱃사람, 아니면 남의 과수원에서 일하는 사람일 것도 같았다. 어머니는 아버지에 대해서 전혀 언급하지 않았었다. 어렸으니까 태룡이에게 자세히 얘기하지도 않았을 테고…. 어머니에 대한 기억도 분명치 않고 다만 모습만 떠오르는데, 설상 태룡이를 안고 얘기한다한들 기억이 날 리도 없었다.

'어머니는 왜 나를 버렸을까' 생각했다. 먹고 살기 힘들어 뭍에 나가 돈 벌어 가지고 오겠다던 어머니. 지금은 어느 하늘 밑에 어떠한 모습으로 계실까. 태룡이는 아버지와 어머니 생각을 한동안 계속했다. 부모가 다 계셨으면 또래의 아이들처럼 지금쯤 높을 고(高)자 뺏지를 달고 대학진학 준비에 한창이었을 텐데. 온몸에 부모의 사랑을 담뿍 받고 기대를 한 몸에 받았을 텐데. 태롱이는 자기 자신이 한심하기만 했다.

처음 해 보는 교도소 생활이 힘들기도 하였지만 끈질기게 따라다니는 이러한 생각이 태롱이를 더욱 꼭꼭 결박하고 감금하고 숨 조이게 하였다. 괴상한 비명을 지르다가 뭇매를 맞은 고통도 태롱이를 둘러싼 사방의 벽도 원망스러웠지만, 태롱이는 꿈과 생시를 오가며 다가오는 머릿속의 잡념 때문에 머리는 항상 터질 것만 같았다. 나중에는 몸이 가벼워지면서 허공에 붕 뜬 기분이었다. 아무 생각도 없어졌다. 구름을 타고 구름 위를 나는 듯한 기분, 마치 자기의 몸이 깃털처럼 허공에서 바람 부는 대로 산도 넘고 강도 건너며 꽃과 나비가 따뜻한 햇살 아래 어울려 노래하는 길게 뻗어간 꽃길을 가는 듯했다. 넓은 정원인지 들인지 모를 드넓은 평원 위를 날다 보니 폭포가 있고 폭포 속으로 긴 터널이 나왔다. 터널 안에는 눈부신 보석의 빛이 반짝이고 있었다. 그곳으로 날아 들어가려는 순간 어떻게 된 것이 갑자기 절벽 아래로 떨어졌다. 꿈을 꾼 모양이었다. 주위에 사람들이 모여 있었다. 이마를 짚어 보고 가슴을 눌렀다 뗐다 하고 있었다. 굉장히 앓았던 모양이다. 헛소리도 했다고 했다. 겨우 정신을 차렸다. 태롱이가 매를 맞아 큰일 난줄 알고 안절부절하던 왕초[25] 녀석의 얼굴도 들이왔다. 괜찮느냐며 손을 잡아 주었다. 그리고 진지하게 미안하다고 사과했다.

이 일이 있은 후 같이 방을 쓰는 사람들과 불편 없이 지내게 되었다. 몸도 완쾌되고 아침 운동시간에도 나가 열심히 체력단련도 하였다. 기술교육은 받지 않았다. 형량도 얼마 남지 않았고 몸도 건강하니까 나가면 무슨 일이든지 할 것 같았다. 나름대로 비장한 각오도 했다. 기술교육을 받지 않는 대신

---

25 왕초 방장.

공부를 열심히 했다. 초등학교 교과서를 읽고 글을 쓰는 데 지장이 없도록 했다. 그리고 읽는 데 불편이 없자 책을 읽기 시작했다. 처음에는 재미있는 옛날 얘기책부터 읽기 시작했다. 흥부전, 춘향전, 심청전도 읽고 호랑이가 밧줄을 타고 하늘로 올라가다가 떨어져 지금도 수숫대가 빨갛게 되었다는 햇님 달님 이야기도 읽었다. 재미있어 시간 가는 줄 몰랐다. 위인전도 재미 있었다. 광개토왕전, 세종대왕전, 을지문덕전도 읽고, 백범 김구, 단재 신채호 선생에 관한 책도 읽고, 연암 박지원의 허생전, 양반전도 읽었다. 그렇게 재미있을 수가 없었다. 위인전을 읽다 보니 역사에 흥미가 있었다. 한국사도 보고 세계사에 관한 책들도 보았다. 세계사는 재미있기는 한데 이름이나 지명이 혀 꼬부라지는 소리라서 좀처럼 기억되지 않았다. 단군신화를 읽을 때는 이해가 되지 않았다. 어떻게 곰에서 단군이 태어났단 말인가. 쑥과 마늘을 먹고 백 일간 인간이 되게 해 달라고 빌어서 환웅과의 사이에 사람이 태어났다. 그리고 선정을 펼쳤다. 상식적으론 이해가 되지 않았지만 신화는 신화니까 그대로 믿기로 했다. 한 민족의 태동역사니까 인간의 능력을 초월하는 신비적인, 신화적인 요소가 필요할 것도 같았다.

출옥하면 무얼 할까, 골몰하기 시작하였다. 배운 것도 없고 기술도 없고 돈도 한 푼 없는데, 그래도 한글만이라도 확실히 익히고 ABC는 26자 다 외우고 한문도 쉬운 글자라도 몇 자 익힌 것이 천만 다행이라고 생각했다. 구구단도 이이는 사에서 구구 팔십일까지 줄줄 외웠다. 자신이 대견스럽기까지 하였다. 이렇게 자위를 하니, 차라리 기술이나 좀 배우다 나가는 것보다 났다는 생각도 들었다.

쇠창살 사이를 비집고 들어온 햇살이 어두컴컴한 방 안에 몇 줄기 빛으로 내리쬐고 있었다. 태룡이는 그 빛을 보며 '내 인생에도 한 줄기 빛이 비칠까' 생각했다. '아니 없을 거야, 아니 쇠창살 사이를 비집고 들어오는 햇살처럼 힘겹게 한 번쯤 비칠 날도 있을 거야' 란 생각도 들었다. 그러나 곧 머리를 가로젓게 되었다. 한번 전과가 붙으면 평생 따라다닌다는 얘기를 들은 적이 있다. 기차 속에서 들은 군인들의 얘기도 생각났다. "한 번 해병이면 영원한 해병이다." 그러면 '나는 한 번 넝마주이면 영원히 넝마주이'. 게다가 '나도 한 번 장군[26]이면 영원한 장군.' 아직 젊으니까 뭐든지 할 수 있을 것 같다는 생각이 들다가도 평생 따라다닐 전과가 걱정이 되었다. 한 번 장군이면 영원한 장군, 게다가 진급까지 하면. 여기에 생각이 미치자 웃음이 나왔다. 아마 교도소 들어온 이후로 처음 웃는 웃음일 것이다. 기쁜 마음으로 웃는 것이 아니라 타이어 바람 새듯이 입술 사이로 터져 나온 "피이-."

아침에 일어나면 밤새 추위에 떨어서 잠을 잔 건지 안 잔 건지 몽롱하기만 하고 몸이 뻑적지근하였다. 낮에도 동상에 걸리지 않으려고 손을 비벼야만 했다. 일어났다 앉았다 끊임없이 움직여야만 하고 근육을 계속 풀어 주어야만 했다. 사회에 나가면 우선 몸이라도 건강해야 된다는 생각과 동상을 방지해야 된다는 생각으로 끊임없이 몸을 비비고 움직이고 하였다.

김천교도소에 찾아온 그 춥던 겨울도 어느덧 다 지나가고 있었다. 지긋지긋한 겨울이 가고 봄이 창밖에 찾아왔다. 새소리가 들렸다. 창밖에 나뭇잎들이 파릇파릇 겨우내 움츠렸던 눈을 비비고 움을 트고 새들도 날개를 저어 창공을 자유로이 날고 있었다. 봄이 오자 태룡이의 마음도 들떴다. 출옥 날짜가 얼마 남지 않은 까닭이다. 교도소 밖에 나가 지저귀는 새처럼 자유로운 날이 오리라. 지금까지 새장에 갇혀 지낸 세월이었다면 이젠 새장을 떠나 내 인생을 맘껏 펼쳐 보고 싶었다. 책 읽고 운동하다 보니 지루한 줄 모르고 교도소 생활을 보냈다. 처음에 억울한 누명 때문에 지긋지긋했지만 말이다. 이제 새로운 삶을 시작해야지. 억울한 누명을 쓰지 않도록 조심하고 누구든지 억울한 일이 있으면 나처럼 억울하지 않게 발 벗고 나서야 되겠다고 생각했다. 불의와 부정에 대항해서 항상 약자의 편에서 정의의 사자처럼 되리라고

---

26 장군 별(전과)을 단 사람, 전과자.

다짐했다. 그리고 열심히 일해 어려운 사람 쌀이라도 한 말 팔아 줄 만큼 돈도 좀 벌어야 되겠다고 생각했다.

드디어 4월 4일이 왔다. 아침 일찍 교도소 문이 열렸다. 밖에는 친지들이 와서 다들 기다리고 있었다. 태룡이를 기다리는 사람은 아무도 없었다. 갑자기 다리에 힘이 쭉 빠졌다. 당당하게 걸어 나오던 걸음이 교도소 문을 나오자 힘이 빠지고, 어디 갈 곳이 없었다. 그러나 이젠 넝마주이를 안 하려고 마음먹었다. 걸어 나오다 우두커니 서 있었다. 사람들은 거의 다 돌아가고 없었다. 운동할 때 자주 만났던 익숙한 얼굴이 눈에 들어왔다. 같이 식사라도 하고 가자고 했다. 그 친구는 집에서 누나하고 형이 같이 왔다. 삼겹살에 술도 한 잔 해서 오랜만에 포식했더니 갑자기 피로가 몰려와 졸렸다. 그 친구는 가족들과 재미있게 이야기하였다. 얘기가 끝나고 나올 때쯤 되어서 어디로 갈 거냐고 물었다.

"집으로 가야지, 가긴 어딜 가."

"이젠 학교에서 만나지 말자, 그럼 잘 가라."

인사를 하고 몇 걸음 가다 그들이 가는 모습을 쳐다보았다. 그 친구도 한참 가다 돌아보았다. 가지 않고 우물쭈물 하는 태룡이가 갈 곳이 없는 줄 안 모양이다.

"야 임마, 갈 곳 없으면 진작 얘기하지, 뭐 그래 우물쭈물 하냐."

"그게 아니라…"

"뭐가 그게 아니야, 나랑 같이 가자. 우리 집에 가면 할 일이 있을 거야. 집에서 프로판 가스를 배달해 주는데 나랑 같이 가자."며 같이 갈 것을 권했다.

태룡이는

"그게 아니야, 갈 곳이 있어."

라며 한사코 거절했다. 진짜 갈 데가 있다고 했다. 그러자,

"야, 이거 우리 집 전화번호야. 갈 곳 없으면 대구 와서 전화해."

하며 악수를 청하였다. 악수를 나누고 태룡이는 이제 내 쪽에서 부지런히 아

무 곳으로나 걸음을 옮겼다. 갈 곳은 없지만 무작정 사람이 그립고 자유로이 걸어보자는 식이었다.

배가 고프고 저녁이 되었다. 시장 주위를 맴돌다 갈 곳은 없고 역전으로 가서 의자에서 잠을 잤다. 아직 바깥 날씨는 춥다. 이불도 없고 맨몸으로 웅크리고 있었다. 새벽이 되니 잠이 들다 깨다 했다.

이틀을 역전에서 보냈다. 대구로 가기로 했다. 넝마주이는 이제 다시는 안 한다. 그 친구를 찾아가서 우선 급한 대로 프로판 가스라도 배달하면서 다른 곳을 알아보자. 차비가 없었다. 수화물 붙이는 곳으로 몰래 빠져 들어가 대구행 열차를 탔다. 동대구에서 내릴 때는 여러 사람들 틈에 끼려고 노력했다. 여러 사람들 틈에 끼어 뒤에 표가 있다고 얘기하고 플랫폼을 빠져 나가려고 하는데 역 직원이 잡았다. 그대로 뛰었다. 한참을 달린 후에 숨을 몰아 쉬며 공중전화 박스에 섰다. 길 가던 사람에게 사정하여 5원짜리 동전을 얻어 전화를 했다. 그 친구는 반갑게,

"그래, 잘 왔다. 올 줄 알았어. 내 방에 같이 있으면 돼. 지금 어디니?"

"응, 동대구역 앞이야. 나 차비도 한 푼 없어."

"걱정 마. 가까운 곳이니까 곧 나갈게."

태룡이는 그 친구가 고맙게 생각되었다. 이제 태룡이는 넝마주이를 벗어나 새로운 생활을 한다고 생각하니 마음이 들뜨기 시작하였다. 저녁노을은 미치도록 붉게 타며, 가로수 그림자를 태룡이 키 몇 배나 길게 누이고 있었다.

3

잠시 뒤 친구가 덜덜거리는 오토바이를 타고 왔다. 오토바이는 많이 낡아서 페인트칠이 벗겨져 군데군데 녹이 슬어 있었고 엔진 소리도 시끄러웠다. 뒷 짐받이에는 철근으로 프로판 가스를 실을 수 있도록 되어 있었다. 태룡이는 멋쩍게 웃으며,

"미안하다. 갈 곳이 없어서… 같이 좀 일할 수 있도록 해주라."

"야 임마, 무슨 소리 하는 거야. 내가 네 돈 벌어 주니. 네가 일해서 받는 돈으로 먹고 사는 거지. 마침 우리 집에 네가 일할 자리가 있으니까 오라고 그런 거지. 너랑 같이 있게 되니까 나도 기분 좋다. 집에서는 도대체 살맛이 나지 않아. 다들 나를 인간 취급도 안 해 주려고 그러구."

"그래, 나도 너랑 같이 있게 되어 기쁘다. 열심히 일 할게. 너의 집 식구들에게 나 때문에 난처해 지지 않도록 조심할게."

태룡이는 썩은 오토바이 뒷 짐받이에 타고 조금은 기분 좋게 친구의 집으로 갔다. 집의 앞쪽을 헐어서 거기다 프로판가스 가게를 내고 장사를 하고 있었다. 첫날은 조금 어색했지만 차츰 익숙해질 것 같은 생각이 들었다. 모두 태룡이의 믿음직스러운 체구에 마음이 끌렸던 모양이다. 이틀간은 집에서 프로판 가스 싣는 것을 도와주고 있으면서 자기도 일할 수 있도록, 어떤 일인가, 어떻게 해야 되는지 주위에서 배달하는 것을 지켜보고 있었다. 그리고 시간이 나는 대로 오토바이를 배우기 시작했다. 몇 번 타보지는 않았지만 곧 혼자서 탈 수 있었다. 조금은 서툴지만 차량이 붐비는 곳만 아니면 혼자 타는 데는 크게 어려움이 없었다.

주인아저씨가 3일째 되는 날 태룡이에게도 90cc 오토바이를 한 대 사 주었다. 자기에게도 할 일이 생겼다는 것이 우선 기뻤다. 오토바이 타는 것도 재미있었다. '이제 나도 새 생활을 하는구나' 하고 생각하니 가슴이 벅차오르는 뿌듯함마저 있었다. '그래, 이제 나도 나의 노동으로 뭔가 생산적인 일을 할 수 있다. 옛날의 내가 아니다. 착실히 일 해서 신임도 얻고 기술도 익혀야지. 내가 기술이 있고 몇 년간 일해서 돈 좀 모으면 새로운 것을 시작해야지' 하고 생각하자, 마음은 벌써 들떠 있었다. 오토바이를 배우면 계속 프로판 가스 배달 일을 할 수도, 아니면 슈퍼나 가게에 물건 대주는 일도, 나까마[27]도

---

27 나까마 중간상인.

할 수 있다는 생각에 밤에는 하늘을 나는 기분으로 잠자리에 들 수 있었다.

교도소 안의 그 춥던 겨울, 이제 그 겨울이 온다 해도 태룡이는 이제 자기도 할 일이 생긴 것 하나만으로 겁나지 않았다.

길가의 가로수도 그 추운 겨울을 이겨내고 오월의 푸르른 햇살 아래 싱그러움을 더해가고 있었다. 플라타너스의 잎들은 온 얼굴로 햇살을 받으며 잎새를 키워가고 공원의 꽃들엔 벌과 나비가 춤추며 노닐고 있었다. 공원 앞으로 남녀가 손을 잡고 걸어가며 뭔가 귀엣말로 사랑을 속삭이는 듯도 했다. 담배를 한 대 꼬나 문 태룡이는 자기의 인생을 설계해 보았다. 끝없이 펼쳐지는 상상의 날개는 저 멀리 지평선 너머로 날아가고 있었다.

'그래, 어떻게 하든지 두 주먹 불끈 쥐고 살아야지. 내일부터는 나도 오토바이를 타고 신나게 거리를 질주하는 거야. 옛 친구나 형들을 만나도 못 본 척하고 내 앞길만 보고 달리는 거다. 다시는 넝마주이를 하지 말아야지. 인간 대접을 받기는커녕 인간쓰레기 취급당하는 양아치 생활로 내 인생을 보낼 순 없어. 자! 이제 시작이다.'

태룡이는 아침 6시에 일어나서 가게청소도 하고 휘파람을 불며 들뜬 마음을 주체치 못하고 있었다. 친구를 따라 아침을 먹고 전화오기만을 기다리고 있었다. 평소에는 아침부터 가스 배달 주문이 들어오는데 오늘은 왜 이렇게 전화가 안 오지 하며 들락날락하였다. 아침은 먹은 지 벌써 몇 시간이나 지난 것 같다. "따르릉, 따르릉---." 전화벨이 울렸다. 태룡이는 잽싸게 뛰어가 전화를 받았다. 가스배달 주문이었다. "네, 네. 지금 곧 배달해 드리겠습니다."고 얘기하고 전화를 끊었다. 모두 태룡이를 쳐다보고 있었다. 배달을 가려고 프로판 가스를 오토바이에 실었다. 그런데 너무 흥분한 나머지 듣기는 들었는데 어디서 주문을 했는지 잘 생각나지 않았다. 배달을 해 주고 와야 되겠는데 어디서 주문을 했는지 알아야 할 것 아닌가? 조심해서 잘 갔다 오라고 말씀하시려던 주인아저씨가 쳐다보셨다. 배달을 가긴 가야 되는데, 주문한 곳을 잊었다고 말씀드려야 할 텐데, 처음부터 일을 희미하게 한다고 야단맞을 일을 했으니 낭패였다. 얼떨결에 "저쪽 사거리에 있는 곳인데요, 빨리 가져오래요." 하고 오토바이 시동을 걸었다. 그러나 낭패였다. 일단 가보는 거다. 이 좁은 바닥에 못 찾으려구. 일단 나가서 간판 보고 찾다 보면 생각이 나겠지.

오토바이는 가볍게 미끄러지듯이 달리고 있었다. 30분간을 이 골목 저 골목 간판을 보며 주문한 곳을 생각하며 무조건 달렸다. '어딜까? 40대 되는 목소리였는데, 식당인가, 가정집인가' 하고 골똘히 생각하며 가는데 갑자기 앞에 신호등이 없는 횡단보도를 건너던 꼬마가 눈앞에 다가왔다. 급정거! 다행히 다치지는 않았는데 태룡이가 넘어져 오토바이 백미러가 깨지고 무릎에 핏자국이 나 있었다. 겨우 일어나 넘어진 오토바이를 바로 세워 길가에 세워두고 무릎을 걷어 보았다. 옷이 길바닥에 끌리면서 조금 터지고 무릎이 벗겨져 피가 맺혀 있었다. 휴! 한숨을 쉬고 다시 오토바이를 타고 골목을 돌아서려는데, 〈고향집〉이라는 간판이 보였다. '아, 이제 생각났구나, 바로 저 집이야.' "프로판 가스 배달 왔습니다."고 외치자 아까 전화를 건 듯한 40대 여자가 앞치마를 두르고 나왔다. "왜 이렇게 늦었어요? 점심 준비해야 되는데." 하며 태룡이를 쳐다보았다. "아, 예. 바빠서 그렇습니다. 다음부턴 전화 거는 즉시 배달해 드리겠습니다."며 고개를 꾸벅 숙였다. "처음 보는 청년이구먼, 아니 다리 아파요?" 하며 태룡이 다리를 쳐다보았다. "아무것도 아닙니다." 하며 가스값을 줄 때를 기다리는데, "잠깐 기다리세요." 하며 들어가더니 소독약을 가지고 나왔다. 괜찮다고 했으나 자꾸 소독이라도 해야 된다며 물을 떠와 씻으라고 했다. "젊은 청년 올해 나이가 몇이야? 나도 자네만 한 아들이 있는데 어디서 뭘 하는지 모르겠어. 올 설에는 혹시 오나 하고 밤새 인기척만 나도 문을 열어보고 하며 기다렸는데. 이놈이 어디서 뭘 하는지 10년째 소식이 없어." 하면서 무릎을 치료해 주셨다. 아마 자기 자식도 어느 객지서 이 고생 하고 있겠지 하며 정성껏 치료해 주시는 것 같았다. 그러면서 자기 살아온 이야기, 아들 이야기를 부지런히 했다. 아들의 이름이며 생김새를 얘기해 주고 혹시 만나면 이 어미가 꼭 좀 보고 싶어 한다고 전하라고 하였다.

태룡이는 한 시간 반쯤 지나서 가게로 돌아왔다. 다들 가게 앞으로 나오며 왜 이렇게 늦었느냐는 표정을 하고 있었다. 혹시 사고가 나지 않았나 걱정이었던 모양이다. 친구가 태룡이에게 "오토바이 조심해서 타야 돼. 다리 괜찮아?"하며 무릎을 쳐다보았다. 태룡이는 머슥히 웃으며 미안한 표정으로 사실 이야기를 했다. 얼떨하단 이야기를 들을까 봐 배달처를 잊었던 이야기는 안 했다. 횡단보도에서 꼬마가 갑자기 나타나 급브레이크를 밟았는데 오토바이 뒷바퀴가 팽 돌면서 넘어졌다고 했다.

"오토바이는 급정거를 할 때 이중브레이크를 밟아야 해. 갑자기 밟으면 한 바퀴 돌아 넘어지게 되는 거야. 앞뒤 브레이크를 동시에 밟는다 해도 달리는 탄력에 의해서 넘어지게 되어 있어. 처음 브레이크를 밟았다 잠시 뗐다가 다시 밟아야 돼. 이만 하니 다행이다"며 알려주었다. 봄은 이제 나뭇잎, 꽃잎에 싹을 틔우고 정지된 겨울을 되돌려 만물에 활력을 불어넣고 뒷걸음질 쳐 가고 있었다. 손바닥만 하던 거리의 플라타너스 잎들은 이제 하늘을 뒤덮고 있었다. 태룡이가 일한지 두 달이 지나갈 무렵이었다. 배달을 하고 돈을 받아 돌아오려고 오토바이 시동을 거는데 옛날의 왕초를 만났다. 몸 둘 바를 몰랐다. 못 본 체하고 가려는데,

"야, 임마. 너 태룡이 아니야. 학교에서 나왔으면 인사라도 와야지. 네 멋대로 옛날의 형을 내팽개치고 못 본 체 도망가려고 해."

태룡이는 속으로 어떡하든지 다시는 넝미주이는 하지 않으려고 다짐하면서, "형님, 죄송합니다. 미처 몰라 뵈었습니다. 제가 못 본 체할 리가 있습니까. 제가 정신이 없어서 형님을 못 본 거지요."하며 우물쭈물하였다.

"잔소리 필요 없어. 너 따라와 이 새끼야. 대가리 좀 컸다고 네 멋대로야."

"한번 봐 주십시오. 이제 정말 시라이[28] 생활은 죽어도 하고 싶지 않습니다. 죄송합니다."

"죄송할 거 없어. 너 이 새끼 학교 갔다 오더니 미쳐버렸구나. 싸가지 없는 새끼."

태룡이는 그 자리에서 빠져 나올 재간이 없었다. 오토바이를 세워 둔 채로 골통 형과 같이 갈 수밖에 없었다. 전에 있던 칠성시장 쪽으로 끌려갔다. 막에 도착하자마자 센팅[29]이 들어왔다. 정신없이 주먹으로 각개목으로 맞고 강대[30]를 맞고 그 자리에서 기절하고 말았다. 형은 양동이에 물을 퍼다 태룡이 대가리에 뒤집어 씌웠다. 한참 만에 정신을 차린 태룡이는 일어나려고 발버둥 쳐 보았다. 허리가 끊겨 나가는 것만 같았다. 일어서려고 아무리 애를 써도 도저히 일어설 수가 없었다. 시끄러운 통에 다른 형들이 낮잠을 자다 말고 나와서 한마디씩 하고 있었다. 몽롱해져 가는 의식, 뼈마디 마디가 다 으스러지는 아픔이 바늘 끝처럼 쑤셔 왔다. 태룡이는 내무반으로 옮겨졌다. 내무반이라야 건물 지을 때 쓰는 패널 몇 개로 못질하여 만든 하꼬방[31] 축에도 못 끼는 움막이나 마찬가지였다. 비몽사몽간에 며칠이 지났다. 겨우 정신이 들어 의식이 들 때마다 허리, 어깨, 무릎… 전신이 움직일 수 없을 정도로 아팠다. 잠시 잠이 들었다가도 외마디 소린지 신음인지 모를 헛소리를 했다. 형들은 새벽 일찍 벌이를 나갔다가 들어오면 밥을 먹고 낮에는 실컷 낮잠을 자거나 화투를 치거나 술을 마시거나 똘마니[32]를 거느린 중간 대가리들은 오입을 하러 가거나 했다.

태룡이는 이제 겨우 일어날 수 있었다. 밥도 조금씩 먹고 기운을 차리기 시작했다. 이렇게 일어나는 데는 다리를 조금씩 저는 뚝이 형의 간호가 크게 도움이 되었다. 다리를 절뚝절뚝 전다고 하여 형들이 뚝이라고 불렀다. 뚝이는

---

28 시라이 넝마주이.
29 센팅 주먹질.
30 강대 엎드려 놓고 돌이나 철근으로 내리치는 것.
31 하꼬방 판잣집.
32 똘마니 부하.

태룡이보다 서너 살쯤 위였다. 주로 집에서 밥하고 형들 심부름하고 있었다.
 강대를 잘못 맞으면 허리를 못 쓰게 된다. 태룡이가 워낙 덩치가 좋아서인지 재수가 좋아서인지 허리는 다친 것 같지 않았다. 태룡이가 겨우 일어나 뚝이 형을 도와 집일을 한 지 이틀 후 골통 형이 밤 열두 시쯤 술을 마시고 돌아왔다. 자고 있는 태룡이를 발길로 걷어차며, "저리 비켜, 이 새끼야" 하며 쓰러졌다. 태룡이는 아직도 불편한 몸을 일으켜 잠자리를 비켜 주고 옆에서 칼잠[33]을 청했다. 새벽녘이었다. 골통 형은 "태룡아, 이 새끼야. 물 한 바가지 떠 와. 빨리 이 새끼야." 자다 취중에 물을 떠오라고 했다. 술 냄새를 물씬 풍기는 게 아직도 술이 덜 깬 것이 아니라 술에 흠뻑 젖어 있었다. 태룡이는 말대꾸도 못하고 밖으로 나와 바가지를 찾아서 물을 뜨려고 부엌 쪽으로 가는데 드럼통이 보였다. 드럼통에는 빗물이 고여 있었다. 허드렛물로 쓰는 드럼통에는 쥐새끼가 며칠 전에 빠져 죽은 채로 그대로 있었다. 태룡이는 홧김에 위로 둥둥 뜨는 쥐털을 걷어내고 그 물을 한 바가지 퍼다 주었다. '십팔놈, 지 놈이 술 취했는데 알긴 개떡을 알아. 먹고 뒈져 버려라'고 속으로 되뇌며 앞으로 가져갔다. 조금 떨리긴 해도 '컴컴한 방 안에서 술 취한 골통이 쥐 빠져 썩던 물인지 알아 볼려구, 설마' 하고 생각하니 조금 덜 떨게 되었다. '술이 안 취했다 해도 전기도 안 들어오는 판잣집에 촛불이 한두 개 켜져 있다 해도 잘 안 보일 텐데' 생각하며, "물 여기 있습니다. 형님." 하며 앞으로 내밀었다. 골통 형은 물을 받아 꿀꺽꿀꺽 단숨에 반을 비웠다. 잠시 쉬었다가 한 번 더 마시고 남은 물바가지를 머리맡에 두고 다시 잠이 들었다. 태룡이는 먹고 죽어 버리라고 생각하며 다시 누웠다. 자려고 생각하니 이 생각 저 생각 떠오르기 시작했다. 학교에서 독한 맘먹고 출소하던 생각이 났다. 한참 이 생각 저 생각하는데 형이 기침을 했다. 퍼뜩 정신을 차려 물 바가지

---

[33] **칼잠** 좁은 곳에서 많은 사람이 잘 때, 똑바로 눕지 못하고 몸의 옆 부분을 바닥에 대고 서로 맞붙은 채로 불편하게 자는 잠.

를 보았다. 얼른 들고 나와 쏟아 버리려고 일어났다.

4

태룡이는 조마조마 가슴을 조이며 골통 형의 눈치를 보았다. 물론 직접 쳐다볼 수는 없었다. 그래서 자는 척하며 두 귀를 쫑긋 세워 온 신경을 집중시키며 고개를 옆으로 돌려 가느다랗게 실눈을 뜨고 보고 있었다.
"야, 물바가지 어딨어. 물 어딨어?"
하며 벌떡 일어나 두리번거렸다. 태룡이는 아차 하는 순간 정말 골통이 깨질 순간이었다. 순간 벌떡 일어나
"형님 제가 물을 다시 떠오겠습니다. 엊저녁에 다 마셨기 때문에 빈 바가지뿐입니다."
하고 말하며 물바가지를 그야말로 민첩하게 잡았다. 그 사이 골통 형은 벌써 손을 물바가지까지 뻗치고 있었다. 그러나 아직 물바가지 안에 시선을 던지진 않았다. 속으로 휴! 하는 한숨을 쉬며 얼른 바가지를 들고 밖으로 나왔다. 문 앞을 나오자 크게 심호흡을 하며 생각해 보았다. 정신이 핑 도는 게 눈앞이 아른거리기 시작했다. 갑자기 현기증이 오는 것 같았다. 문기둥을 잡고 다시 한 번 심호흡을 하고 물을 받으러 가는데 오줌이 마려웠다. 긴장한 탓인 모양이다. 찔끔찔끔 한 두어 방울 떨어지다 말았다. 물을 받아 한 바가지 갖다 주었다. 골통 형은 한 반을 들이키고 다시 드러누웠다.

아직 이른 새벽이었다. 거리의 공기는 아침 조깅을 하기에 딱 맞을 정도였다. 두리번 두리번 거리다가 운동을 할까하고 옷을 갈아입고 나왔다. 그동안 운동을 제대로 못했더니 몸이 좀 뻐근하기도 하고, 괜히 골통 형에게 쥐가 빠져 죽은 물을 떠다 줘서 찜찜하기도 하였다. 운동화를 신고 모자를 쓰고 조깅하려고 나오다가 잠깐 멈췄다. 그것은 다른 생각이 들어서이다. 운동이란 움직이면 저절로 되는 것을 굳이 할 필요가 있는가. 주제 파악을 해야지 내 주제에 무슨 놈의 운동을 한다고 폼을 잡나 하는 생각이 들었다. 우선 먹

고 살기 바쁘고 골통 형이 일어나면 벌이 안 했다고 또 야단맞을 일이 생각난 것이다.

　태룡이는 부지런히 리어카와 집게를 챙겼다. 추렁은 낡았지만 그런대로 쓸 만한 것이었다. 형들이 좋은 것들을 쓰고 태룡이는 낡은 추렁과 후진 리어카를 사용할 수밖에 없었다. 그것만으로도 태룡이에게는 다행이었다. 태룡이가 워낙 덩치도 좋고 대찬 면이 있었기 때문에 그거라도 가능했던 것이다. 만일 학교도 안 갔다 오고 덩치도 작고 제 밥도 못 찾아 먹고 있었다면 아직도 꼬마 잡혀 똘마니 노릇을 단단히 했어야 할 형편이었다. 지금도 막에서 가장 어린 나이지만 그래도 자유벌이[34]를 할 수 있다는 것은 커다란 기쁨이기도 했다. 자유벌이를 하지 못하고 모라이 달리[35] 다니는 친구가 있는가 하면 똘마니 잡혀 겨우겨우 입에 세끼 밥 먹고 용돈이나 몇 푼 얻어 쓰는 친구도 있었으니까. 태룡이도 학교 갔다 오기 전까지만 해도 걸밥[36] 얻으러 다니진 않았지만, 간조를 해도 조마리가 거의 다 착취하고 얼마씩만 받던 처지였다. 지정벌이는 하진 않았지만 형편없는 대우를 받았던 것이다.

　리어카를 끌고 나가니, 운동을 하러 나온 사람처럼, 추리닝을 입고 한 손에 골프채나 테니스라켓을 쥐고 골프장으로 테니스장으로 가는 사람만큼의 기분은 되지 못했지만, 밤새 정제된 맑은 공기를 마실 수 있는 것만으로도 가슴이 확 트이는 것 같았다. 아직은 인적이 드문 새벽 거리를 걷는다는 것은 아무튼 기분 좋은 일이었다. 마치 하얀 눈이 내린 겨울 아침에 아무도 가지 않은, 아직도 눈이 살아 숨 쉬는 하얀 눈길을 맨 처음 걷는 그런 상쾌한 기분이 들었다. 공원의 나무 위에선 일찍 잠에서 깬 새들이 아직 잠에서 깨지 않은 동료들을 부르고 있었다. 새 소리에 다시 한 번 기분이 맑아졌다. 새

---

34 자유벌이 넝마주이 막에서는 지정벌이와 자유벌이가 있다. 하루 몇 관 이상 지정한 의무벌이가 지정벌이이고, 자유벌이는 마음대로 자신이 할 수 있는 양을 수집해 오는 것이다.
35 모라이 달러 밥 얻으러
36 걸밥 얻은 밥.

들도 유월 새벽의 맑은 공기를 마시기 위해, 누이동생과 자식들을 데리고 아침 산책이라도 나가려는 듯, 단 한 마리도 빠짐없이 이 아침 공기를 마시지 않고는 못 배기겠다는 듯이 지저귀고 있었다. 일찍 일어난 부지런한 새들은 그들의 노래로 이 상쾌한 아침을 노래하는 게 아닌가. 공원 계단 등에서 엊저녁 어떤 연인들이 마시다가 버렸을 음료수병, 맥주병 몇 개를 주워 넣고는 공원의 벤치나 쓰레기통을 뒤지며 담배를 한 대 물었다. 불을 붙이고 몇 걸음 지나는데 시커먼 물체가 눈앞에 다가왔다. 어떤 신사 하나가 술에 만땅이 된 채로 아직도 기분 좋게 누워 있었다. 이젠 날씨도 춥지 않고 덮장[37]을 덮지 않고 아무 데서나 자도 상관없다고 생각하고 실컷 퍼마신 모양이었다.

    태룡이는 추렁을 메고 한참 동안 머뭇거리다가 양복을 입고 만취되어 공원의 땅바닥인 줄도 모르고 꿈속에서 헤매고 있을 그 사람에게로 다가갔다. 태룡이는 학교 가기 전에 정신을 잃고 술을 못 이겨 괴로워하던 여자를 리어카에 싣고 막사로 데려왔던 생각을 했다.

    "여보세요. 여보세요. 일어나 집으로 가셔야지요."

    흔들어 깨워도 너무 취해서 전혀 기척이 없었다. '점잖게 돈 깨나 있게 생긴 신사가 왜 이렇게 쓰러져 있을까' 생각도 해 보았다. 배는 돈 있는 놈이라 골프채만 들고 다녔는지 기름기가 끼어 있듯 불룩하게 나와 있었다. 나이는 한 사오십 쯤 되어 보였다. 처음에는 동정도 갔으나 한편으로 열가놈[38]들의 폼 잡고 질척거리는 꼴사나운 모습도 보였다. '이 사람은 엊저녁에 술에 취해 어떤 행동을 했을까' 생각해 보았다. 그런데 오른쪽 옆에 지갑이 떨어져 있었다. 지갑을 보니 십만 원 권 수표 몇 장과 삼사십 만 원정도의 현금이 들어 있었다. 주민등록증과 면허증도 함께 있었다. 태룡이는 망설였다. 학교에

---

37 덮장 이불.
38 열가놈 배가 따듯한 사회인. 재건대원(넝마주이)들은 일반인을 자신들과 딴 세상의 사람으로 구분해서 그렇게 부른다.

서 읽었던 홍길동이나 임꺽정에 대한 생각도 났다. 그들은 이런 상황에서는 어떻게 행동했을까? 관에선 도덕이라고 규정하고 그들을 잡으려고 했지만, 그 주인공들은 위험을 무릅쓰고 살면서도 탐관오리나 부잣집을 털어 없는 사람들에게 나누어 주었는데. 태룡이는 순간적으로 머리를 스쳐 지나가는 많은 생각들을 떨쳐 버렸다. 지금은 그때도 아니고, 나는 그들만큼 그런 뛰어난 기술도 없다. 드디어 그 지갑을 놓고 가고 싶은 생각은 사라졌다. 그래 이걸 가지고 이 자리를 빨리 벗어나자. 태룡이는 주위를 한번 둘러보고 리어카를 끌고 부지런히 막사 쪽으로 달리다시피 걸어오는데, 거의 다 왔을 무렵 방범대원과 재수 없게 또 마주쳤다.

"야 리어카 세워 봐. 무얼 훔쳤길래 그렇게 뒤도 안 돌아보고 가는 거야?"

"야. 이 새끼야, 훔치긴 뭘 훔쳐. 리어카를 보면 될 것 아냐."

"아주 대차게 나오는데. 넌 오늘 훔친 물건만 나오면 아주 가는 줄 알아."

"흥, 가기는 어딜 가. 배고파 라면도 못 먹는데 니들이 콩밥까지 먹여주겠다고? 그래 못 주기만 해 봐라. 내가 너희 혓바닥을 짤라 초장에 찍어 먹을 테니."

"이 새끼 말버릇 봐. 뭐 어쩐다구?"

"그래 리어카나 보고 말해."

태룡이가 땀을 뻘뻘 흘리며 도망가듯이 리어카를 끌고 가자, 틀림없이 도둑질을 해 가지고 가는 줄 알고 한건 했다고 자신 있게 다가온 방범은 리어카를 뒤지기 시작했다. 아무것도 없었다. 종이 박스 몇 개와 빈 병이 몇 개 나왔을 뿐이다. 실망한 듯이 다시 한번 훑어보더니 옷 위를 손으로 더듬으며 죽 한 번 훑어본다. 아무것도 없다. 그러자,

"너 왜 이렇게 허덕이는 거야. 너 어디다 훔쳐 놓고 빈 리어카 끌고 오는 거야?"

하며 태룡이를 뚫어지게 쳐다본다.

내심 겁은 났지만 일부러 말할 필요는 없지 않은가. 태룡이는 아까 대차게

나갔지만 혹시 멀리 숨어서 보고 따라온 것이 아닌가 내심 걱정도 되었다. 그러나 일단 밀려야 본전이니까 버텨 본 것이다. 자기가 너무 당당하게 나오면 그쪽에서도 함부로 하거나 의심을 하지 않을 거라고 계산했기 때문이다. 너무 부정하거나 필요 이상으로 시비조로 말하면 오히려 뭔가를 했기 때문이라는 의심을 받는다는 깊은 생각 같은 것은 해 보지 않은 채 불쑥 내뱉은 "헛바닥을 짤라 초장에 찍어 먹을 테니"라는 말에 극도로 기분 나쁜 방범은 어떻게든 화풀이 할 생각만 하고 있었다.

그러나 꼬투리 잡을 만한 것이 단 하나도 없으니 어쩔 수가 없는 것이다. 괜히 자신 있게 덤빈 게 멋쩍기까지 하고 시쳇말로 쪽팔리기까지 하였다. 작은 고철 토막이라도 있어야 트집을 잡아 파출소로 연행해 갈 것 아닌가. 박스 너저분한 것 몇 장과 빈병 가지고는 꼬투리를 잡을 수도 없는 것이고, 파출소 가 봐야 얘깃거리가 되지 않을 것은 뻔한 사실이었다. 분풀이는 해야 되겠고, 그래서 어디다 훔쳐 놓고 오는 것 아니냐고 해 본 것이다. 그의 태도로 보아 아리랑[39]을 한 것은 전혀 눈치채지 못하고 있다는 것은 분명하다. 이렇게 되자 태룡이는 이제 당당해질 수밖에 없다. 아무리 큰 소리 쳐도 아무런 건 될 게 없으니까.

"훔쳐 놓고 오긴 뭐가 훔쳐 놓고 와. 니놈 방바리들이나 집에 마누란 내버려 두고 방범활동함네 하고 돌아다니며 어디 과부나 훔쳐 두었는지 모르지만. 일 봤으면 가 봐야 될 게 아니야? 왜 그리 우두커니 서 있어."

"너 다음에 걸리면 보자. 만일 고철토막이라도 하나 있으면 그땐 알아서 하라구."

"니미 씨팔, 국 쏟고 보지 댄다고 고물도 못 줍고 리어카 문아리[40]까지 당하고 세상 좃같아 살겠나. 정말 칼이라도 들고 들어가 강도짓을 하든지 도둑질이

---

39 아리랑 술 취해서 쓰러져 있거나 중심 못 잡는 사람의 주머니를 뒤져 돈이나 시계, 반지 등을 터는 것.
40 문아리 뒤지는 것

라도 해야 되겠다. 그래서 니놈들 꼴 보기 싫어서도 잘 되면 이 생활 팽개치고, 못 되면 학교라도 가 몇 년 있으면 너희들을 보고 싶어도 못 볼 텐데 말이야."

"그래, 그러면 우리가 우리 손으로 네놈 손에 수갑을 채워주지."

"그럼 수고하슈, 방선생. 나 이제 그만 가 봐두 되는 거겠지. 가도 되니까 허락을 얻고 가야지요."

하며 리어카를 끌고 막사로 갔다. 거의 다 와서 생각하니 리어카가 빈 리어카가 아닌가. 그냥 작업장으로 돌아가면 형들은 분명히 눈치로 때려잡을 것 아닌가. 어디서 때림벌이[41]를 한 건 하여 돈을 번 줄로… 그래 그 돈은 있나 주머니를 한 번 확인한 뒤 다시 골목길로 리어카를 끌고 갔다. 태룡이는 부지런히 한 삼십 분 다니면서 건성건성 주워 박스로 밑에 접지 않고 몇 개 채우고는 막사 쪽으로 갔다. 여기서 아까 봤던 방범을 다시 만났다. 옆에는 봉을 차고 오토바이를 타고 있었다. 계속해서 태룡이를 미행한 것이다. 설마 저놈이 그대로 작업장으로 갈 일은 없을 테고 뭔가 주워 넣는 게 있을 게 아닌가 하며 계속 뒤쫓아 따라다녔으나 허탕이었던 것이다. 태룡이 눈에는 지금은 돈으로 보이던 고물이 고물로밖에 안 보이고 오히려 귀찮게까지 여겨졌다. 그러나 아리랑 한 것을 눈치챌까 봐… 형들이 모르게 위장한 것일 뿐이다. 태룡이 앞에 다가섰던 방범은,

"너 오늘 운이 좋은 줄 알아라."

며 가버렸다. 막사로 돌아오자 몇몇 일 나갔던 형들이 고물을 선별하면서 웅성웅성 하고 있었다. 무슨 일인가 하고 태룡이는 리어카를 놓고는 다가갔다.

5

경찰 백차도 와 있었다. 사이렌을 울리지 않고 형광 불빛만 번쩍이며 돌아

---

41 때림벌이 넝마를 줍다가 고철 등을 도둑질하는 것.

가고 있었다. 정사복 경찰들도 몇몇 보였다.

태룡이는 본능적으로 움츠러들었다. 혹시 자신과 관련하여 경찰이 왔을지도 모른다고 생각했다. 오늘 새벽 아리랑은 완벽했다고 생각하고 있었는데, 뭐가 잘못되지 않았나 하는 생각도 들었다. 그러나 목격자도 없고 방범도 몰랐는데 경찰서에서 알고 왔을 리가 없다고 판단되었다. 그러나 도둑이 제 발 저린다고 혹시나 하는 생각도 들었다. 물고문을 당해 본 사람은 물주전자만 보아도 등골이 오싹해지듯, 전과자들은 괜히 곰들만 봐도 추위를 타게 마련이었던 것이다. 그러나 태룡이가 대원들이 모여 있는 곳으로 걸어가도 시선이 이쪽으로 집중되지 않았다. 그제서 자기 때문에 곰들이 몰려왔다고 생각하지 않았다. 무슨 일로 왔을까 호기심이 일기 시작했다. 혹시 오늘 아침 누가 때림벌이를 하다 달렸을까.[42] 아니면 때림벌이를 하다 주민이 소리를 지르니까 순간적으로 눈에 띄는 물건으로 주인을 내리쳤을까, 혹은 장물 사건일까. 순간적으로 여러 가지 생각이 번개처럼 지나갔다.

약간의 긴장을 늦춘 채 태룡이가 자던 옆 하꼬방으로 갔다. 거기에는 곰들과 우두커니 서서 바라보는 조마리도 있었다. 그런데 방바닥에 누가 누워 있지 않은가. 그 위에 거적을 덮어 놓았다. 순간 태룡이는 '구두통' 형이 죽었음을 직감할 수 있었다. 구두통 형이 보이지 않았고, 그 방은 구두통 형과 몇몇이 같이 자고 있는 방이었던 것이다.

구두통 형은 이곳에 온 지 한 일 년쯤 되었다. 말이 없고 묵묵히 자기 일만 하는 사람이었다. 태룡이를 귀찮게 하지도 않았고 그 누구에게도 싫은 소리 한 번 하지 않는 그런 사람이었다. 그의 별명은 그가 커다란 구두통을 들고 동대구역에서 어슬렁거리는 것을 추췌해[43] 왔기 때문에 조마리가 붙여 준 별명이었다. 그는 덩치도 작지는 않았고 부모는 모두 죽고 고아원에 있다가

---
42 달렸을까 붙잡혔을까
43 추췌해 잡아

탈출하여 떠돌아다니다 이곳에 온 것이다. 어제는 같이 저녁을 먹었는데 밥맛이 없다고 하여 태룡이에게 덜어주기도 했던 형이다. 밥 먹으며 노미날[44] 한 이백 알 먹으면 죽을 거라고 말했던 기억이 났다. 사창가나 유흥업소 주변 약국에서 파는 이 약은 보통 감기약 조제 때에도 한두 알씩 넣는다. 그러나 히로뽕이나 대마초 같은 환각작용을 일으키기 때문에 이 노미날만으로는 잘 팔지 않는다. 여러 알 먹으면 환각제 대용으로 쓰이기 때문이다. 실제 환각제 대용으로 일부 약국에서는 윤락녀 등을 상대로 영리 목적으로 팔기도 했다.

구두통 주검 옆에는 몇 알의 노미날이 떨어져 있었다. 그는 요즈음 들어 말수가 더욱 줄어들고 담배 연기를 깊숙이 빨아들였다가 한숨처럼 토해내곤 하는 것을 태룡이도 몇 번 목격한 일이 있었다. 구두통 형은 가족이라곤 누님이 하나 있는데 어느 학교 교사라고 했던 기억이 있다. 그러나 사실유무를 알고 있는 사람이 없었다. 그의 옷 주머니를 뒤져 거기서 나온 작은 수첩을 곰이 들고 있었다. 그 수첩에는 초등학교 1학년생이 쓴 듯한 못쓴 글씨로 전화번호가 하나 적혀 있었다. 주민등록증 같은 것은 물론 없었다. 태룡이뿐만 아니라 이 생활하는 사람들은 거의 다 주민등록증 같은 것이 없다. 조마리와 곰은 시체처리를 놓고 고심하고 있었다.

우선 수첩의 전화번호로 연락을 해 보았다. 구두통을 모른다고 했다. 전혀 모른다고. 그런데 조금 미심쩍은 것은 그가 어디에 있으며 지금 무얼 하고 있느냐고 묻더라는 것이다. 혹시 친누님일지도 모른다고 생각은 했지만, 태룡이는 나설 계제도 아니고 조마리나 곰은 더 이상 자세히 묻지도 않았다. 만일 연고라도 있으면 시체처리가 골치 아파질 수도 있기 때문이다.

조마리는 곰에게

---

44 노미날 감기약 등에 쓰이는 노란색 작은 알약으로 약간의 환각증세를 일으킨다.

"어떡하면 좋을까요?"
라고 물었다. 곰은

"어차피 연고도 없고, 또 누님이 나타나 봐야 골치만 아파, 그렇게 대답할 땐 누님에게도 눈 밖에 나 내논 자식이야, 그러니 행려병자 처리를 하지."

"그럼 금방 치울 수 있습니까? 여름인데 시간이 지나면 냄새도 나고 시신이 썩을지도 모르는데."

"그런데 무조건 갖다가 행려병자로 처리하는 게 아니야. 의사의 사망확인서도 있어야 하고, 그렇게 하자면 돈도 좀 있어야 될 거야."

곰과 조마리는 이 귀찮은 시체를 빨리 치우고 싶어 했다. 그런데 곰은 뭔가 바라는 게 있는 듯했다. 조마리를 조용히 밖으로 불러냈다. 곰들은 의사의 사망진단서가 있어야 시신을 치울 수 있고 타살일 수 있으니 조사가 필요하다며, 노미날 출처를 캐야겠다느니 하면서 조마리에게 겁을 주어 돈을 챙기려 하였다. 결국 조마리는 사망진단서를 떼고 시신을 처리해 달라고 곰에게 부탁을 하면서 십오만 원을 주었다. 현찰이 없는 조마리는 고물업자에게 전화를 해서 십오만 원을 융통하여 곰에게 건네주었다.

돈은 받은 곰은 그제야 전화를 하여 시립병원 앰뷸런스를 불렀다. 시신은 엎드려 있었다. 가슴에 멍이 든 것처럼 시퍼렇게 피가 쏠려 있었다. 태룡이도 뻣뻣한 시신 한쪽 어깨를 들고 여럿이 앰뷸런스에 실었다.

아무런 연고도 없는 행려병자를 위해 누가 돈을 낸단 말인가. 그것도 시립병원에서 부검을 하고 결국 실험용으로 온몸이 메스로 찢기고 나중에 다시 꿰매져 화장터로 가 한 줌의 재로 되는 것을.

태룡이는 구두통 형의 주검을 보고는 자신의 모습을 보는 것 같았다. 자기도 죽으면 구두통 형과 같이 되고 말 것을, 연고도 없고 가진 것도 없고 주민등록증조차 없고 죽어서도 귀찮은 존재가 되는 것을.

그날은 모두 죽어라고 술을 마셨다. 밤새도록 술을 마시며 소리를 미친 듯이 지르기도 하며, 서로 치고 박고 싸우기도 하고, 새벽이 돼서야 모두 잠에 떨어졌다. 일어나 보니 해는 중천에 떠올라 있었다.
 태룡이도 그날은 술을 죽도록 마셨다. 속이 쓰려 죽을 지경이었다. 주머니를 보니 아리랑 해 온 남의 지갑이 있었다.
 해장국을 한 그릇 사 먹었다. 그리고 소주도 2살짜리 서너 병 다시 마셨다. 세상 어차피 한 번 살다 가는 것, '이렇게 구차하게 살 필요가 있나' 하는 생각이 들었다. 모든 게 귀찮다. 산다는 것조차 귀찮다. '양아치는 죽어서도 양아치구나' 하는 생각이 들었다. 구두통 형도 양아치가 아니었다면 그렇게 죽지도 않았을 뿐더러 죽었어도 가족에 의해 모두가 슬퍼하는 가운데 저승길을 갔을 것이다.
 "야, 이 개좆같은 놈들아, 누구는 양아치 노릇 하고 싶어서 하냐."
 하늘에 대고 소리를 지르기도 하고 머리를 손으로 쥐어뜯어 흔들기도 하였지만 답답한 가슴은 터질 것만 같았다.
 태룡이는 그대로 쓰러졌다. 추워서 일어나니 길바닥에 쓰러져 자고 있었다. 겨우 일어나 두서너 번 제자리 뛰기도 해 보았다. 하늘이 빙빙 돌았다. 터덕터덕 걸어서 막사로 돌아왔다. 막사로 돌아와 누우려고 옷을 벗는데 뒷주머니에 있던 지갑이 없었다. 태룡이가 길바닥에 쓰러져 자고 있는 사이 누가 슬쩍 아리랑을 본 것이다. 그러나 별로 대수롭지 않게 생각되었다. '돈이 다냐, 좆같은 세상' 하며 태룡이는 그대로 곯아 떨어졌다.

베사메무쵸

정 완*

1

처음 이 아파트를 계약할 때 남향인 것에 가장 큰 점수를 부여했었다. 하지만 복도식 아파트는 한쪽으로만 창이 나 있어서 대체로 채광이 원활하지 못하다는 걸 살림을 들여오고 하루 지내보고서야 알았다. 오직 지하 전세방에서 우리만의 집 그것도 아파트라는 것에 눈이 멀어 제대로 둘러보지도 않고 계약을 했던 나와 아내가 등신이었던 것이다. 이제 와서 누굴 탓할 노릇도 아니었지만 괜히 부아가 치미는 것은 며칠째 깜빡거리는 형광등을 그저 그러려니 하고 넋 놓고 바라봤다는 아내 때문이었다. 혼자 어둑한 골방에 틀어박혀 지냈을 거라 생각하니 기가 찼다.

"조금이라도 아껴야지. 너한테 언제까지 손 벌리고 앉아 있을 수는 없잖아. 일거리를 알아보는 중이야. 너도 알지? 미영이라고 내 대학 동기. 아니

---

* 1987년, 서울에서 태어나 한 번도 서울을 벗어나 본 적 없던 그는 2년 전부터 뜨거운 걸 죽도록 못 먹고 술은 단 한 방울도 못 마시는 남자 때문에 연고도 없는 대전에 터를 잡고 동거를 하는 중. 자랑스럽지는 않지만 또 불행하지도 않은 평범한 게이라고 생각하며 사는 곧 서른이 되고야 말 글쟁이.

개가 시내에 미용실을 크게 차렸다고 하더라고. 마침 오픈하면서 일손이 많이 달린대. 가서 일 좀 거들어 주면 미용 일도 가르쳐 준다고 하길래 그런다고 했어."

새 형광등으로 갈아 끼우자 부담스러울 정도의 빛이 아내와 나의 침실을 환하게 비추기 시작했다. 아내는 그때까지 혼자 주절대다 밝은 빛에 미간을 찡그리며 두 개 중 하나의 형광등을 끄며 아껴야 잘 산다는 말을 했다.

"됐어. 누구 욕 먹이려고 작정했어? 입 다물고 얌전히 틀어박혀서 살림이나 해. 왜 사서 고생을 하려고 하니? 네가 이제 와서 무슨 미용 기술을 배운다고 청승이야. 딱딱 벌어다 주는 돈이나 받아 저축하고 살림 늘릴 생각이나 하지."

말하는 내내 가슴 한쪽이 시렸다. 아니 시렸다는 표현보다는 찔렸다는 표현이 더 맞을 것이다. 누가 누구한테 그런 잔소리일까 생각하니 참 스스로가 비겁하게 느껴졌다. 나 몰라라 도망칠 땐 언제고 이제 와서 형광등 하나 갈아 끼어 주며 생각이란 생각은 죄다 끌어다 붙이는 꼴이지 않은가. 게다가 살림 늘릴 생각이나 하라니. 끝내러 온 사람이 할 말은 아니었다.

아무 말 없이 화장대 위에 있는 화장품들을 만지작거리고 있는 아내의 모습에 나도 갑자기 할 말이 없어서 침대 시트만 만지작거리고 있었다. 무슨 말이라도 해야겠다는 생각이 들게 한 것은 그렇게 몇 분은 족히 지났을 때였다. 얼마 전 여름방학 특강으로 여유가 생겨서 적금 하나를 들었는데 너의 명의로 해 뒀다고 말을 하려 입술을 씰룩거리려던 차 그녀의 쩌렁쩌렁한 목소리가 선두를 제쳤다.

"참! 내 정신 좀 봐. 엄마 왔다 갔어. 무슨 노인네가 그렇게 손이 빠른지 오자마자 잠시도 쉬지 않고 이 서방, 이 서방 하면서 당신 좋아하는 된장 무장아찌며 오징어 회 무침, 그리고 오이소박이까지 만들어 주고 간 거 있지? 잘 됐네. 온 김에 좀 싸 가. 지난번에 싸 간 김치 다 떨어졌지? 이리 나와."

냉장고에서 반찬 통들을 줄줄이 꺼내 놓는 그녀는 이제 반찬 옮겨 담기의 고수가 된 듯했다. 내용물을 떨어트리지 않는 것은 물론이거니와 반찬 용기에도 양념이 묻지 않게 깔끔하게 담는 솜씨가 어디서 반찬 가게를 차렸지 싶은 착각까지 들게 할 정도였다. 맛깔나는 찬의 냄새와 그것들을 푸짐하게 옮겨 담는 아내의 손놀림이 어우러져 절로 입에 침이 고인다.

김치 냉장고에서 꺼낸 통 안에 얼마 남지 않은 김치를 옮겨 담는 아내의 모습에 나는 그녀의 팔목을 붙잡아 세웠다. 이러지 마. 아내는 나의 눈빛을 알아차리기도 한 듯이 나의 손을 부드럽게 풀어내며 속삭였다.

"난 입맛도 없구, 또 김치 잘 안 먹어."

아내는 절대로 안 먹는 반찬을 떠밀 듯이 내게 줄 여자가 아니었다. 자기 입에 들어갈 거 하나를 아껴서라도 나를 먹이면 먹였지 알맞게 쉰 김치를 맛없다고 내게 줄 위인이 아니었다. 장모님의 김치는 사람 오감을 자극하는 무언가가 있어서 그냥 퉁퉁 불어버린 라면에 얹어 먹어도 그렇게 감질이 날 수가 없었다. 거기다가 밥 한 숟가락을 말아먹으면 그만이었다. 아내도 라면을 무척이나 좋아해서 간혹 둘이 저녁을 라면으로 때울 때가 있었다. 라면이라는 게 야식에 어울리는 거지 끼니로 때우기에는 부족한 점이 있는데도 우리는 그런 것을 의식할 수 없을 만큼이나 뜨거운 김을 불어가며 황홀하게 면과 식은 밥을 먹어 치웠다.

내 손을 가볍게 털어 버리며 다시 반찬 통에 김치를 옮기는 아내를 뒤로 하고 거실로 나왔다. 아내의 카랑카랑한 목소리가 널찍한 거실에 울렁거렸다.

"정말로 맛이 없어. 요새 엄마 손맛이 이상하게 나한테는 안 맞는 것 같아. 너는 라면에 신 김치 국물 넣어 먹는 거 사족 못 쓰잖아. 그렇다고 맨날 라면만 먹지는 말고."

아내는 아직도 그대로였다. 웬만한 사람이라면 2년이라는 시간이면 제풀에 지쳐 화도 나고 원망도 하며 체념을 하고도 남을 시간인데 아내는 아니었다. 놀랍도록 초심 그대로였다. 평범한 남편으로 남아 있었다면 아내를 더 많이 사랑했었을 것이다. 저 싫다고 도망간 남편에게 속없이 얼마 남지 않은 김치를 덜어줄 만큼 그녀에게 나는 멋이 있는 사람도 매력이 넘치는 사람도 아니었다.

앞뒤 상황 파악을 아직도 못한 건지 아니면 악으로 버텨서 저런 식으로 나에게 복수를 하겠다는 것인지. 나는 땅이 꺼지게 한숨을 뱉었다. 그럴수록 가슴을 더욱 옭아매는 듯 답답했다. 나는 발코니로 나와 담배를 폈다. 아내는 아직까지 묵묵히 반찬을 싸고 있었다.

마음 같아서는 당장이라도 그녀 멱살을 잡아 당겨 뺨을 후려치고 바닥에 밀쳐내서 힘껏 욕이라도 해 주고 싶었다. 나 이렇게 더럽고 치사한 새끼라고 소리치고도 싶었다. 그런 망상에 몸이 저릿했다. 문득 뒤돌아 보았지만 아내는 그런 나를 꿈에도 상상이나 못했다는 듯 잠깐의 눈 마주침에도 빙긋 미소 지어보였다. 우리가 아직 아무 일 없이 살던 때일까. 그런 착각이 순간적으로 들었다.

"근데 너 아직도 담배 펴? 시대가 어떤 시대인데…… 담배 한 보루에 얼마인 줄은 알고 피니? 그 돈이면 식량 없어서 죽어가는 빈민촌 아기들이 배 두들기며 살 수 있어. 몸에 좋지도 않은 거, 뭐 좋다고 그렇게 피어 대니?"

나는 지지 않고 대답했다.

"네가 속을 끓게 하잖아."

잠시 동안의 침묵. 어디선가 아이들이 싸우는 소리가 들려왔다. 아이들의 사소한 말다툼이었지만 우리들의 침묵 속에 그 야죽거리는 소리는 민망할 정도로 공격적이었다. 아이들의 말 속에는 '시발', '좆까' 라는 말이 음절마다 반복됐다. 아내가 듣다듣다 못 참겠던지 발코니로 뛰어와 소리쳤다.

"이놈들! 예쁘게 말 안 할 거야?!"

아내는 단지 밖으로 도망치는 무리들을 바라보며 한숨을 내쉬었다.

"내 자식 같았으면 피멍이라도 좋으니까 저 거지 같은 입술하고 바꾸겠어. 저 엄마들은 뭐하는 사람들일까? 저 자식이 저러고 다니는 거 보면 얼마나 놀랄 거야. 세상이 어떻게 되려고 저 새파랗게 어린 것들도 벌써부터 욕을 입에 달고 살아."

창문을 닫다가 내 눈과 마주친 아내는 당혹스러운 표정이었다. 그도 그럴 것이 불임의 남편 앞에서 주절거렸으니 꼭 나 들으라고 하는 아쉬운 소리가 되어 버린 꼴이었다.

나는 소파 위에 아무렇게나 널브러져 있는 서류가방에서 이혼 서류를 꺼냈다. 아내는 언제나 그랬듯이 또 보게 되는 누런 서류 봉투에 이골이 났는지 아무 말 없이 다시 부엌으로 성큼성큼 걸어갔다. 그리고 아까보다 격렬하고 차가운 비닐장갑의 버스럭거리는 소리가 들렸다.

"이리 좀 와. 이것 좀 보지."

나는 서류 봉투를 그녀가 서 있는 부엌 쪽에 찔러 넣으며 말했다. 얼마간 절도 있는 소리가 지나가고 날카로운 시선이 나를 훑기 시작했다. 아내가 비닐장갑을 벗어 던지며 내게 따졌다.

"징그럽다, 정말. 지치지도 않니? 너 양심이라는 게 있으면 너 먹일 반찬 싸고 있는 사람한테 이럴 수 있어?"

예상한 반응이었다. 나는 식탁에 서류봉투를 올려놓은 후 가방을 둘러맸다. 나는 그녀를 뒤로 하고 신발장 쪽으로 걸어 나갔다. 형광등을 깔아 끼면서 풀어헤친 넥타이를 거울을 보며 매만지는데 아내가 나를 거세게 돌려세웠다. 그리고 거침없이 입술에 키스를 하기 시작했다.

아내의 이런 충동적인 행동은 한두 번이 아니었다. 성욕에 갈급이라도 인 사람처럼 갈 길을 재촉하려는 모습만 보이면 아내는 앞뒤 상황 재지 않고 알몸으로 나를 붙잡기도 했고 이렇게 그악스런 키스를 던져오기도 했다. 나는 아내의 모습에 단 한 번도 이러지 말라며 밀치지 않았다. 나만 보면 머리꼭지가 돌 것 같다며 제발 가지 말라고 대성통곡을 하며 내 정강이에 매달렸던 적도 있던 아내였다.

나는 적극적으로 그녀의 어깨에 손을 두르진 않아도 최대한 그녀가 키스하기 좋은 자세로 고개를 살짝 수그렸다.

지겨워지길. 나보다 아내가 먼저 지겨워지기를 바란 지가 꼭 2년이었다. 그 2년 또한 단 한 번도 행복했다고만 할 수 없었다. 행복하지 않았다고 해서 아내와의 시간을 추억처럼 떠올렸던 적은 없었다. 그녀를 짓밟으면서 선택한 길이었다. 아내에게 돌아간다는 것은 아내와 입씨름하며 보내왔던 2년을 고스란히 인정하는 동시에 형과의 오늘을 부정하는 것과 다름 없었다.

얼마쯤의 축축한 느낌이 끝나자 아내는 닭똥 같은 눈물을 뚝뚝 떨어트리며 나를 때리기 시작했다. 손바닥으로 볼을 짝짝 소리 나게 때리기도 했고 마구잡이로 얼굴을 떠밀듯이 밀기도 했다. 닥치는 대로 때리던 아내는 이제 나를 껴안기 시작했다.

"너, 나한테 이러면 안 돼. 어차피 너 나한테 돌아오게 돼 있어. 왜 자꾸 그 진실을 외면하려고 해? 현실을 제발 직시해."

"난 너에게 돌아가지 않아."

"너가 적어도 다른 여자와 살림을 차리고 사랑이니 어쩌니 했으면 이렇게 비굴하진 않을 거야. 그 남자 때문에 나랑 갈라서자고 말하며 뻔뻔하게 서류 들이미는 널, 내가 얼마나 꾹 참고 있는지 너 모르지? 죽여 버리고 싶은 충동에 휩싸여. 그때마다 참는 이유는 하나야. 어차피 넌 내게 돌아올 테니까. 정신 차릴 테니까!"

2

추석이 지난 지 한참이 됐는데도 뜨거운 더위는 가실 생각조차 하지 않았다. 방문을 잠그고 우는 아내를 뒤로하고 그녀가 챙기다 만 반찬통들을 쇼핑백에 주워 담아 아파트를 빠져나왔다. 김치 반찬통의 뚜껑을 덮고 쇼핑백에 넣다가 아내의 말대로 그래도 나 먹고 살자고 반찬 주워 담고 있는 내 모습에 살의가 올라왔다. '정신 차릴 테니까!'

쇼핑백을 조수석에 세워 놓고 그리 높지 않은 십오 층짜리 아내의 아파트를 올려다보았다. 오늘처럼 강렬한 햇볕이 내리쬐는 한낮이면 건물 외벽에

나 있는 잔잔한 균열이 보였다. 오후 4시, 그녀의 아파트는 오늘따라 더 낡아 보였다.

미련한 눈길을 거두고 나는 차에 올라 시동을 걸었다. 차를 출발시키려다 말고 브레이크를 다시 밟았다. 이렇게 떠나면 다시 언제 오게 될 지 기약이 없었다. 뜬금없이 방문하기엔 우리는 이혼을 사이에 두고 옥신각신하는 남남이었다.

낡은 아파트 단지 안에는 어린이들이 놀만한 공원 하나가 마련되어 있지 않았다. 그래서 좁디좁은 골목길들은 동네 아이들의 충실한 놀이터 역할을 하고 있었고, 아까 베란다에서 내려다보았듯이 끼리끼리 몰려다니며 노는 아이들이 보였다.

차를 출발시키려 브레이크에 올려놓았던 발을 액셀로 올려놓는 순간 어디서 나타난 건지 조그만 사내아이가 끼어들었다. 나는 급히 브레이크를 밟았다. 급작스런 상황 때문에 차체는 앞뒤로 한참을 기우뚱거렸는데 아이는 그런 커다란 고철덩어리의 모습에 더 놀라 엉덩이를 땅에 붙이고 까무러칠 듯 통곡을 하기 시작했다. 차에서 내려 아이를 안고 달래보지만 녀석은 숨이 넘어갈 듯 울었다. 이제 서너 살이나 됐을까. 아이가 진정할 수 있도록 품에 꼭 안고 한참을 있었다. 보드라운 살을 타고 흐르는 땀 냄새가 제법 달콤했다.

울음이 수그러지자 아이를 풀어주며 옷을 털어주었다.

"몇 살이니?"

"네 살."

"이름이 뭐야?"

"김동우입니다."

김동우입니다, 에 운율을 붙여 말하는 탓에 집안 어른들의 각별한 애정과 깍듯한 규율 속에서 자라나고 있는 것 같은 아이를 둘러싼 것들이 내게 확 달려드는 기분이었다.

아이를 세워 두고 한참을 바라보았다. 아이가 언제 울었냐는 듯 빙긋 웃었

다. 그 얼굴이 하도 새초롬하고 봉긋해서 아이를 데리고 근처 마트로 향했
다. 과자를 사 주겠다는 말에 흥에 겨운 아이가 뜀을 뛰었다. 아이의 고사리
같은 손을 나는 꼭 잡았다.

아이는 마켓에 들어와서야 슬그머니 겁을 먹는 눈치였다. "절대 남 쫓아
가면 안 된다. 과자 사준다고 어디 가자고 해도 절대 받거나 쫓아 나서면 안
된다." 그런 어른들의 말들이 떠올랐을까. 과자를 집는 아이의 시선이 자꾸
나와 과자 사이에서 흐트러지고 있었다.

"괜찮아. 아저씨는 동우를 아얏, 아프게 해서 미안하니까 사 주는 거야.
그러니 맛있게 먹고 훌륭한 사람 되렴?"

미아동으로 차를 모는 동안에도 동우의 얼굴이 머릿속을 떠나지 않았다.

"감사합니다!"

동우는 고개를 푹 숙이며 인사를 했다. 단지 안으로 올망졸망 뛰어가던 아
이의 뒷모습이 자꾸 아련해서 눈물이 날 것 같았다.

청승. 처음 불임이라는 소리를 듣고 왈칵 울음부터 내쏟던 아내의 모습에
이게 비로소 심각한 문제구나 하고 생각하던 사람이 나였다. 아이를 못 낳으
면 좀 어떤가, 입양이라는 길도 있고 또 둘이 끔찍하게 사랑만 한다면야 문
제될 게 없는데.

잠시 생각에 묻혀 있는 동안 신호가 바뀌었는지 뒤에 선 차의 라이트가 반
짝거렸다.

지긋지긋한 정체구간인 미아삼거리 쪽에 다다르자 화려한 백화점과 음악
그리고 이십 대 젊은이들의 활기찬 모습이 눈에 들어오기 시작했다. 건장해
보이는 남자의 품에는 쓰러질 듯 가냘픈 여자들이 안겨 있었고, 그런 모습은
이상하게 활기차 보였다. 저들은 얼마큼 사랑을 하고 있는 것일까. 저들 중
엔 게이가 없는 것일까.

상습 정체구간인 미아삼거리 부근은 안 그래도 밀리는 구간인데 개발 압
력이 밀려오면서 유동인구가 더 많아진 곳이었다. 게다가 오늘처럼 휴일이

끝나가는 일요일 늦은 오후라면 두말할 것도 없었다.

기계음이 강한 노래를 시끄럽게 틀어놓은 스포츠카가 내 옆에 멈추었다. 화려하게 튜닝한 스포츠카는 저게 굴러갈까 싶을 정도로 자체가 땅바닥과 밀착되어 있었다. 창문 안으로 보이는 화려한 네온사인들이 제법 멋있게 보였다.

그간 저런 모습을 지켜보면 으레 요새 젊은 것들 겉치레에 돈만 퍼 쓴다는 생각으로 양미간을 치켜세우던 나였지만 어쩐 일인지 스포츠카가 매력 있게 다가왔다. 심심치 않게 내 옆에서 알짱대는 스포츠카 때문에 슬며시 내 차도 저렇게 튜닝한다면 좀 괜찮아 보이지 않을까 싶었다. 그러나 저렇게 흉내라도 내려면 최소 천만 원은 들겠지 싶은 계산에 이르자 입맛이 가셨다.

사거리에서 좌회전을 해야 하는 난 신호가 떨어질 때까지 기다려야 했다. 빠른 속도로 직진 신호에 달려가는 스포츠카의 요란한 뒷모습을 사라질 때까지 바라보았다. 묘한 부러움과 열등감이 나를 더욱 쓸쓸하게 만들었다.

3

백화점 근처의 이십 대의 젊은 커플과 화려한 튜닝자동차를 보자 은근한 시샘과 열등감에 처참한 기분이 된 나는 파킹을 마치고 가방을 챙기다 조수석에 있는 아내의 반찬통들을 보자 무력해졌다. 왜 나 자신은 정당한 결혼생활에서도 자리를 잡지 못하고 밖으로 내 돌았으며 또 사랑 찾아 동거를 시작했음에도 불구하고 거의 파경 직전까지 오게 된 것일까.

아파트 주차장 구조가 여느 외부 주차장처럼 인도에 코를 박고 사선으로 차를 세워 놓는 구조라 문을 닫고 나와 보면 보닛부터 범퍼가 도드라져 보이게 되는데, 내 차는 범퍼가 형편없이 움푹 파여 있었다. 그것은 형이 차를 몰고 나갔다가 접촉사고를 내고 온 자리였다. 뽑은 지도 얼마 되지 않았을 때라 금세 차를 이 모양으로 만들어 와서 굉장히 속이 상했다. 누구는 화려한 스포츠카에 덕지덕지 돈 바르고 다니는데 누구는 평범하다 못해 찌그러진 범퍼 퍼지 못할 만큼 진부하다니.

무작정 호주머니에서 핸드폰을 열고 형의 번호를 눌렀다. 형은 잠시 쉬는 시간이라 오래 전화 통화를 할 수 없으니 용건만 간단히 하라고 당부했다. 섭섭함이 물밀 듯 밀려왔다. 나긋나긋 대해 줘도 쌓인 화가 풀릴까 말까인데 오히려 용건만 간단히 하라니. 이혼 건과 자동차 범퍼 건으로 기분이 상해 있다는 것을 아는지 모르는지 형은 씩씩거리고 있는 내게 채근했다.

"아냐. 일찍 들어 와. 끊자."

형과 나의 보금자리는 20층에 30평짜리 아파트다. 현관문을 열고 들어서자마자 보이는 건 우리들끼리 찍은 결혼사진이었다. 결혼사진이라고 해 봐야 둘이서 서로 반지를 교환하고 빈 성당에서 찍은 게 다였다. 그것도 성당 관리인의 눈치를 보아가며 찍은 거라 번갯불에 콩 구워 먹듯 찍어 별로 정이 가는 사진은 아니었다. 어색한 웃음을 짓고 있는 형은 나보다 두 살이 많은 삼십 대 후반의 남자다. 얼굴형이 굉장히 투박해서 처음 그를 대하는 사람들은 무섭다고 첫인상을 말하곤 한다. 하지만 푸근한 목소리와 웃을 때 눈이 가늘어지며 고른 치열이 들어나는 모습을 보게 된다면 다시 한 번 눈을 비벼 뜨고 바라보게 할 만큼 매력 있는 얼굴이라 사람들은 늘 그이를 첫인상과 너무 다른 사람이라고 말한다.

처음 그를 만난 것은 내가 불임이라는 판정을 받고, 시무룩해 있는 아내를 위해 근처 구민회관 수영강좌를 신청해 선물했던 것에서 비롯됐다. 혼자서는 도저히 나갈 수 없다는 낯을 많이 가리는 아내 때문에 내 몫까지 신청해서 그 다음 주부터 같이 나가게 됐다. 그때 처음 형을 만나게 되었다.

아내가 챙겨 준 반찬통을 냉장고에 다 넣고 나니 냉장고가 트림이라도 하는 듯한 묘한 모터 소리를 내기 시작했다. 전날 학원 브랜드가 찍혀 시판될 문제집을 만드느라 밤샘을 했던 탓에 난 곧바로 침실로 들어가 누웠다. 진한 녹색의 커튼은 어둠과 맞물려 잠들기에 딱 좋은 채광을 뿌리고 있었다. 눈꺼풀이 내려앉다 뜨이기를 얼마쯤 반복했을 때 호주머니에 걸려 있던 진동이 아래 춤에 내려가 조금은 불쾌하면서도 찌릿한 체감을 만들기 시작했다.

"이동국입니다."

"내 전화 받으면서 격식은……"

"어. 자고 있었어. 어디야?"

"아직 사무실이야. 입도 깔깔한데 저녁에 한 잔 할래?"

전화를 끊고 조금 더 눈을 붙인 뒤 형의 퇴근 시간에 맞춰 아파트 근처에 널브러져 있는 고깃집 중에 단골집을 찾아 들어갔다. 요 근래 형과 나의 사이가 나빠진 것은 늘 그래왔던 것이라 이젠 새삼스러울 필요도 없는 아내와의 이혼 문제 때문이었다.

형은 확실히 해 두지 않으면 여자들이란 착각을 하게 되고 그렇게 되면 물러 터진 내 쪽에선 미련이 생기게 될 것이라고 했다. 그런 형의 의견에 반박을 하고 싶었지만 요즘 들어서는 그런 것도 같았다. 아내의 아파트에 찾아가려고 마음먹으면 괜히 머릿속이 뒤숭숭하고 설레기까지 하는 폼은 이혼을 요구하는 사람이 가져서는 안 될 감정이었기 때문이다. 그러니 제삼자인 형의 입장에선 부아가 치밀어 오를 법했다.

이 고깃집은 형과 내가 자주 애용하는 단골집이었다. 쓰러져 가는 건물 외관과 달리 있을 건 다 있는 집이었다. 그래서인지 사람들이 많았다. 좁은 공간에 왁자지껄 손님들의 수다가 가득했다.

식탁 불판 위에 바짝 내려와 앉은 후드가 자욱한 연기를 빨아내고 있었지만 가게 안은 사람들의 불콰한 얼굴만큼이나 뿌옜다.

주인아주머니가 물통을 내려놓으며 알은체를 했다.

"오랜만에 왔네? 뭐로 줄까?"

"뭐 별거 있나요. 늘 먹던 대로죠."

"그래, 그럼."

주인아주머니는 앞치마에서 물수건 뭉치를 꺼내 주며 주방으로 들어갔다. 물을 따라 마시는 동안 형이 낮은 천장에 고개를 수그리며 들어섰다.

"뭘 그렇게 훑어?"

의자를 끌어다 앉으며 형이 말했다.

곧 시월이었다. 아무리 날씨가 변죽을 끓어 여름 날씨이긴 했지만 아직까지 민소매 차림에 다니는 형의 모습은 사람들의 이목을 끌기에 충분했다.

"이제 저녁엔 춥다. 그러다 감기라도 걸리면 어쩌려고 그래."

"많이 기다렸어?"

형의 특기였다. 듣기 싫은 말엔 다른 말로 묵살시켜 버리기.

형은 물수건 포장지를 뜯어 그것으로 목이며 손, 심지어 겨드랑이 터럭까지 닦기 시작했다.

"엔간히 해라. 왜 그걸로 씻지?"

저지하는 내 손을 털어내 버리며 형이 말했다.

"뭐 어때."

늘 훌렁훌렁 옷을 벗어버리고 삼각팬티 수영복 하나에 물속에서만 사는 그에게 이렇게 후덥지근한 곳은 견디기 힘든 것이리라.

물수건을 내려놓으며 형이 말했다.

"그동안 우리가 제대로 얘기할 시간이나 어디 있었냐? 난 나대로 넌 너대로 바쁘니까 얼굴도 제대로 못 보잖아. 오늘 얘기 좀 하자."

"얘기보다 술이 먹고 싶었던 게 아니고?"

형이 손가락으로 브이를 그렸다.

4

고기가 나왔다. 형은 늘 그래왔던 것처럼 능수능란하게 고기를 불판에서 익혀 냈다.

외동아들로 끔찍한 어머니 사랑에 물 한 방울 안 묻히고 공부만 하다 사회에 나온 내가 들어갈 수 있는 대학이라고는 사범대였다. 사범대를 졸업하자마자 고만고만한 고등학교를 들어갔고, 고등학교 정직으로 채용되기엔 너무

어불성설이라며 전속 계약 강사로만 맴돌다 그만뒀다. 그리고 고심 끝에 학원 강사가 됐던 것이 지금까지 살아온 나의 파란만장한 인생이라면 인생이었다. 내 뒤에는 항상 든든한 백그라운드가 있었고, 나는 오로지 나만 생각하며 살았다. 하지만 그는 달랐다. 부모 혈연 하나 없이 맨몸으로 고아원 뛰쳐나와 서울에서 안 해 본 거 없이 지독하게 돈을 번 탓에 얼굴을 보면 기(氣)가 느껴졌다. 어떤 일을 하건 간에 몸이 부서질 정도로 매달려 상대편을 기진맥진하게 만들어 버리는 그의 인내심이란 타의 추종을 불허하는 강인함이었다.

"먹어."

그것은 하다못해 이렇게 고기를 굽는 실력에서도 대번 차이가 났다. 익숙지 않은 가위나 집게들을 매번 떨어트리고 헛짚기 일쑤인 나와 다르게 그이는 단단한 손가락들로 고기를 야무지게 잘라 냈고, 뒤집었다.

한 입에 쏙 들어가게끔 잘라 놓은 고기를 한 점 먹었다.

형이 갑작스럽게 분위기를 잡으며 말을 꺼냈다.

"오늘 많이 생각해 봤어. 나름대로는 역지사지 자세로 생각했다."

전날 우리는 서로에게 격양되어 있었고 말싸움 도중 내가 먼저 집을 나왔다. 그 길로 미아동에 갔던 것이다.

"그런데 동국아. 여전히 내 생각은 같아. 넌 이미 나에게로 왔고 한나 씨를 사랑하지 않는다는 걸 내게 몸소 보여줬잖아. 그건 네가 나한테 사랑한다고 속삭였던 거랑 나를 바라보던 눈빛 그리고 우리들이 남몰래 가졌던 관계까지 그 모든 게 날 이렇게 지독하게 확신하게 만들었어. 나는 여전이 네가 한나 씨를 위해서라도 분명한 태도를 지어야 한다고 본다."

형의 말이 길어질수록 나의 머릿속은 커다란 추를 올려놓은 것처럼 무거워져서 고개가 아래로 처박혔다. 남몰래 가졌던 관계. 분명한 태도. 눈빛. 귓전에 맴돌던 단어들은 입속으로 내려와 질척거렸다.

"처음 형한테 고백했던 게 자꾸 생각나……. 강의 다 끝나고 지친 몸 이끌어 겨우 수영장 가서 샤워를 하는데 당신이 나한테 알은 체 하면서 내 옆에서 이것저것 가르쳐줬잖아. 그쪽은 아직 몸이 굳떠서 천천히 하는 게 좋다. 수영은 단기간에 해치우는 게 아니라 천천히 장기로 배워야 하는 거다. 그때 나 정신 아뜩해서 형의 말 듣고 자시고 할 것도 없었어. 그냥 이 사람 이상하게 눈에 척척 감기네, 이런 생각밖에 안 들었거든. 그게 당신하고 자고 싶었던 거였는지 아니면 아닌 말로 첫눈에 뻑가서 그런 건지는 아직 잘 모르겠어. 생전 한나를 비롯해서 지난 애인들과 기계적인 섹스를 했어도 그게 좋은 건지 뜻이 있는 건지 몰랐는데. 그래, 그때만큼은 그런 것들이 빛을 발하는 것처럼 몽글몽글 피어올랐으니까 당신하고 섹스를 해 보고 싶다는 생각을 했었는지도 몰라. 그래서 그랬나? 강습 마치고 탈의실 들어갈 때면 늘 머리가 쿵쾅거렸어. 머릿속이 아득해지는 느낌이라고 해야 하나. 아무튼 그랬어. 처음 홍정섭이라는 사람을 봤을 때 그런 느낌들로 나는 절벽에 뚝뚝 떨어지는 것 같았지. 강습을 받는 동안에도 시선은 당신의 움직임을 따라가는 게 아니라 단지 당신 자체를 따라갔어. 무슨 말만 하려고 하면 내 눈은 이미 입술에 바투 다가가 있고 무슨 행동을 하려고 하면 그 전부터 긴장하기 시작했어. 그래서 그랬지. 아, 이게 사랑이구나. 삼십 년 넘게 살아오면서 느껴보지 못한 순수 알맹이를 지닌 진짜 사랑이구나. 열병이구나. 그게 어린 친구들이 다 알면서도 걸려 나자빠지는 청춘의 덫이라고 하는 거구나. 그럼 해 볼만 하겠다. 나자빠져도 아프지 않을 자신은 있겠다. 피가 나면 닦으면 되는 것이고 상처가 나면 약을 바르면 되지."

나는 술을 한 모금 마셨다.

"그런데 넘어지고 피가 나고 약을 발라 보니까 흉터가 남는다는 걸 알게 됐어. 그냥 약만 바르면 낫겠지 했던 게 아무리 바르고 또 발라도 흉터는 없어지지 않는 거야. 아프지는 않은데 보기 흉한 상처 자국.

한나랑은 대학 때 같은 동아리 선후배 관계였어. 걔가 지방에 있는 우리 고등학교를 나왔다는 소리를 들었을 땐 고등학교 선후배 관계까지 포함되었지. 그래서 더 걔가 예쁘게 보였었는지도 몰라. 아무래도 같은 지역에서 태어나고 자라 온 사람이라니깐 다른 사람들보다야 애착이 가는 건 당연했겠지. 그게 전부라고 생각했어. 걔가 워낙에 남 앞에 서서 무얼 하는 걸 싫어해서 동아리도 친구 따라 강남 쫓아온 애처럼 온 격이었거든. 그러니 혈연 하나 없는 이 낯선 서울에서 뭘 할 수 있었겠어. 걔만 보면 내 가슴이 쿵쿵 내려앉는 것 같은데, 나라도 잘해줘야지 싶어서 매일 만났지. 같이 밥도 먹고 영화도 보고 도서관도 가고 학교도 가고… 근데 그러다 보니까 정이 들더라. 너무 좋더라구. 나를 믿고 따라오는 사람이 있다는 그 거치적거림이 말이 거치적거림이지 내가 움직이자는 데로 고스란히 따라오는 저기 멀리 꼬리의 행진처럼 보이는 게 여간 신기하지 않았어. 왜, 기차 타다가 강파른 커브를 돌면 차창에도 뒤쫓아 오는 객차들이 보이듯이…… 그래서 결혼까지 했어. 근데 결혼을 해 보니까 이번에 그 고스란히 따라오는 꼬리물림들이 너무 버겁더라. 무겁더라구. 출발선상에 서서 달려갈 준비를 하고 있노라면 나는 언제나 다른 사람들에 비해 무거운 꼬리 때문에 뒤쳐졌어. 그게 결혼과 불임 때문이라는 것을 알게 되니까 나중엔 한나랑 같이 있는 것만으로도 숨이 턱턱 막히는 기분이었어. 그래. 나뿐만 아니라 한나도 많이 지쳐 있었지. 그때 내가 형이란 사람을 믿게 됐고 그리고 탈출을 했지. 만기가 한 달밖에 남지 않은 적금통장에 입을 옷 몇 가지를 들고 무작정.

그리고 처음 미아동에 발을 붙이는데 왠지 느낌이 그랬어. 왜 그런 거 있잖아. 이사할 때마다 느껴지는 옛집에 대한 묘한 느낌. 흡사했어. 면목동에 놓고 온 내 아파트와는 달리 삐까뻔쩍하게 쌓아 올린 아파트들. 거기에 서른 평이 평범한 사이즈인 어마어마한 동네. 그리고 당신과 살면서 새로 산 내 자동차. 행복했지. 그게 행복이고, 사랑이고, 사람 사는 재미였지."

"왜 과거형인데?"

"글쎄 나도 나를 이해 못할 때가 많아. 특히 요즘 들어서. 이혼서류를 떼다가 한나 아파트에 떠밀 듯이 던져 놓고 오면 마음이 착잡하고 뒤숭숭한 게 집에 돌아오면 미친 듯이 잠이 쏟아져. 전날 밤을 샜든 안 샜든 그렇게 죽은 듯이 자고 일어나면 멍하니 아무 생각도 들지 않거든. 내가 살았는지 죽었는지도 모르게 멍해."

형이 말없이 고기를 뒤집었다.

"그런데 또 그게 다가 아니야. 내가 여태까지 말해 온 걸 쭉 정리해 보면 형하고 못 살겠다는 결론이 나오는데 또 그게 아니더라구. 그래, 한나 그 여자를 못 잊어서 형하고 백퍼센트 정리를 했다 치고 다시 면목동에 들어가 산다고 가정해 보자. 자신 없어. 형을 떼어 놓을 자신도 없지만 한나한테 더 이상 이만큼의 관심도 안 생길 것 같은데 어떻게 잘 살아지겠어. 마음에도 없는 사람한테 사랑한다고 속삭이고 관계를 하고 미래를 꿈꾸고……. 마음이야 편하겠지. 와이프 버리고 도망간 더러운 놈이라는 딱지는 뗄 수 있을 테니까."

타닥타닥 소리를 내며 고기는 불판에 눌러 붙기 시작했다. 주인아주머니가 지나가다 불판을 보고 놀라서 한마디를 하며 숟가락으로 고기를 벅벅 긁어 떼어 냈다.

"무슨 말을 심각하게 나누길래 고기가 타 눌러 붙는 줄도 몰라?"

나는 소주잔에 자작을 하며 고기를 집어먹었고 형은 검게 그을린 불판만 째려보았다.

"당분간 우리 시간을 갖자. 심각한 표정 짓지 마. 그냥 냉각기라고 생각해. 서로에게 진지하게 생각할 수 있는 그런 시간 말이야. 우리 너무 지쳤어. 에너지가 필요해."

5

'드디어 해냈습니다' 라는 문구로 이뤄진 2009년 완공 예정인 강북지하철에 대한 축하 현수막들이 아파트 단지 이곳저곳에 붙어 있었다. 사람들의 환희의 감정을 고스란히 전하는 듯했다. 상대적으로 강북은 다른 어떤 지역보다 투자가 덜 된 곳이긴 했다. 그런데 어느 순간부터 고급 아파트들과 백화점이 들어오고 있는 지금은 어느 지역보다 앞선 개발력으로 도드라지는 곳이었다.

플래카드를 스쳐 지나가던 형이 내게 물었다.

"2009년이면 내 나이 마흔. 그럼 넌 몇 살이냐?"

"많이 취했어. 어서 들어가자."

부축하려는 내 손을 거칠게 뿌리치며 그는 플래카드의 숫자를 가리켰다.

"축하할 일이잖아. 내가 사는 곳이 이제 경전철이 뚫린다는데. 안 그래?"

아파트 단지 안으로 들어오면 다른 세상이 된다. 잔챙이 같은 가옥들이 억척스레 모여 있는 고개를 넘어와 산 중턱에 지어져 있는 삼각산 아파트단지는 그야말로 아파트만을 위해서 만들어진 천상의 공간이었다. 없는 게 없었다. 초등학교, 고등학교부터 대형마트, 아파트 주민만 이용할 수 있는 헬스클럽, 영화관, 심지어 5일장도 아파트 단지 안에서만 열렸다. 아직 개발이 되지 않은 밑의 동네와 완전히 격리된 것 같은 모습을 보면 나는 다행스럽게도 중상류층에 속한 느낌이 든다. 돈 한 푼 아껴 가며 면목동 아파트를 마련할 때만 하더라도 융자를 갚느라 헉헉거리며 살았는데. 2년이라는 짧지도 길지도 않은 시간이 나를 너무 다른 동네에 데려와 버린 것 같다.

휘청거리는 형을 부축해서 안으로 들어왔다. 단촐한 결혼사진이 휘청거리는 우리들을 내려다보았다. 형은 신발을 벗기가 무섭게 거실 벽에 걸린 액자를 떼어다가 바닥에 내리쳤다. 순식간에 유리 파편이 바닥에 널브러졌다.

"이제 이런 거 필요 없잖아. 안 그래?"

"이러지 마!"

"시간을 갖자고? 내가 너 노리개냐? 네가 시간 갖자면 예, 그래야 하냐? 너는 뭐가 그렇게 어렵고 복잡하니? 너는 나랑 잘 먹고 잘 살면서 왜 자꾸 시선이 그년한테 가는데, 왜?!"

"그랬던 적 없어!"

"시발, 이혼이 뭐 별거야? 왜. 너 나랑 깨지면 다시 그년한테 돌아가려고 보험 들어 놓는 거냐? 누구는 좋겠네, 시발. 목 빼고 속없이 내가 사라져 줄 때까지 기다려 주는 년이 있어서."

"형 지금 나한테 말실수하는 거야."

"웃기지 마. 너야말로 나에게 실수하는 거야. 됐고. 헤어지자. 너 없으면 내가 죽냐? 이혼도 못해서 말만 더럽게 많은 새끼 나도 필요 없어."

"우리가 어떻게 헤어져. 내가 어떻게 하고 형한테 왔는데?!"

"그럼 그 좆같은 년하고 이혼하고 와! 이혼하고 오라는데 왜 못해서 이 난리야! 나는 그년! 네가 한나, 한나 그 이름만 얘기해도 이제 소름이 돋아. 미쳐 버릴 것 같다고!"

형의 찡그린 얼굴에서 눈물이 떨어졌다. 나는 더는 아무 말을 하지 못했다.

바닥에는 어색한 미소를 짓고 있는 내 모습과 환하게 웃고 있는 고른 치열이 돋보이는 형의 모습이 대조적으로 유리 파편에 파묻혀 있었다.

그녀의 심장

마 모*

죽이고 싶은 사람을 사랑할 수 있을까.
아니 사랑하기 때문에 죽이고 싶은 걸까.
그 사람을 보고 싶지 않아.
그 사람을 보고 싶어.
그 사람을 가지고 싶어.
그 사람을 가지고 싶지 않아.
내 자신과 내 자신이 아닌 어떤 것 사이에서 방황하듯, 나는 그런 사랑을 했다.

처음엔 그렇지 않았다. 나는 나, 그 애는 그 애. 우리 사이에 뭔가 연결점이 생기리라고는 생각도 할 수 없었다.
그 애는 착하고 명랑하고 인기가 좋았다. 선생님들뿐 아니라 아이들도 알

---

* 레즈비언 소설가. 『비쳐 보이는 그녀』, 『낙원의 열매』 등의 장편소설을 출간하였다.

만큼 공공연하게 알려진 재벌가의 딸이었지만, 그럼에도 불구하고 거부감이 느껴지지 않을 정도로 수수하고 맑았다. 한지수라는 이름처럼 평범한 듯하면서도 정결하고 올바랐던 아이.

처음에 그 애를 보았을 때, 나는 상관하지 않는 척하면서도 그 애를 비웃었다. 그 애의 순수함이란 천성과 좋은 환경, 내겐 없는 그 두 가지 요소에 의해서 태어난 것뿐인 걸.

왜 유난히 편애에 민감한 아이들이, 선생님들이 대놓고 편드는 그 애를 오히려 감싸는지도 알 수 없었다. 그런 애는 보통 불쾌하고 못마땅한 존재로 여겨질 뿐인데.

그래서 그 애가 나에게 손을 내밀었을 때도 믿을 수가 없었다.

'넌 나와 사는 세계가 다르잖아. 왜 나에게 가까이 오는 거지?'

문득 아흔아홉 마리 양을 가진 부자가 이웃집 사람이 가진 단 한 마리의 양을 빼앗는다는 동화가 떠올랐다. 그 애는 자신이 동화 속 인물이라고 착각이라도 하는 건가?

하지만 알고 보면 나야말로 동화 속 주인공 같은 사람이었다. 겉으로는 따뜻해 보이지만 알고 보면 잔혹한 그런 동화. 좋은 성격도, 착한 부모도, 부유함도 가지지 못한 내게 있는 단 한 마리의 양이 있다면, 그건 아마 나의 외모일 것이다. 내 얼굴을 본 사람이라면 어느 누구도 내가 자란 환경이나 성격을 짐작하지 못했다. 거울 속의 나는 흠도 티도 없는 얼굴을 하고 있다. 백설공주처럼 하얀 피부에 까맣고 긴 생머리, 갸름하고 정갈한 생김새.

하지만 나는 어릴 때도 동화를 읽으며 계모를 응원했었고, 계모가 벌을 받을 때 눈물을 흘렸다. 대화 상대라곤 거울뿐인 그녀는 결벽하고 불쌍하고 아름다워 보였다. 내가 그녀의 거울이었다면, 기꺼이 거짓말을 해 주었을 텐데. 타고난 아름다움에다 타고난 착한 천성을 가진 백설공주는 남의 고통을 이해할 줄 모르는 바보라고. 그런 여자를 질투하는 계모는 측은했지만 절실했고, 난 그녀의 절실함에 왠지 모를 공감을 느꼈다.

그렇다고 누가 나에게 이렇게 이야기해 준 건 아니다.

"세상은 더러운 거야! 환멸 투성이야! 쓰레기야!"

난 마치 태어날 때부터 심장에 새겨진 것처럼 그렇게 세상을 바라보고 있었다. 잘하는 짓이라곤, 그나마 표 안 나게 폭력을 휘두르는 재주뿐인 아빠와 맨날 신세한탄을 늘어놓으면서도 하다못해 도망갈 용기조차 없는 멍청한 엄마에게 배우기도 전에, 이미 나는 그런 성격으로 태어나 버린 것이다.

아마 그 애처럼 좋은 환경에서 태어났다고 해도 달라진 건 없었을지 모른다. 아니, 달라졌을지도 모르지. 스스로도 모르는 사이, 이미 세상에 대한 정의를 내렸기 때문에 그 애가 더욱 미웠는지 모른다. 할 수만 있다면 '나도 너처럼 고상한 집안에서 태어나 고상한 척하면서 살고 싶었어'. 하긴, 고상한 척이라면 이미 질리도록 하고 있긴 했지만.

내가 아무 말도 하지 않고 있으면 부끄러워하는 줄로 생각하는 사람들이나, 조금 눈썹을 찡그리기만 해도 뭔가 슬픈 일을 생각하는가 보다고 지레짐작하는 사람들이 내 머릿속을 단 1분만 엿볼 수 있다면 거기서 펼쳐지는 잔혹함의 스케일에 구토를 하게 되진 않을까? 그렇게 되면 조금은 세상이 재미있을지 모른다.

불행히도 사람들은 내가 가진 단 한 마리의 양인 내 외모에 정신이 팔려, 그 양을 가진 내가 어떤 속마음을 가지고 있는지는 별로 신경 쓰지 않는 듯했다. 덕분에 적당히 나를 추종하는 사람들의 눈높이에 맞춰, 그럴 듯한 연기를 하며 그들을 속이고 있다는 데서 나름의 재미를 느끼며 살아왔다.

하지만 그 애가 나타나자, 나는 익히 알고 있었던 세상의 불공평함이 한꺼번에 들이닥치는 느낌을 받았다. 그 애는 99마리의 양을 가진 애였다. 전학 오기 전부터 이미 공공연하게 소문이 돌았던 엄청난 집안의 딸이라는 조건에, 등장했을 때 '쟤가 설마 그 애야?'라고 수군댈 정도로 순하고 선량한 용모. 화려하진 않지만 사람들에게 호감을 살 수 있는 부담 없는 얼굴이 오히려 그 애를 더욱 돋보이게 한다는 데 누가 동의하지 않을까.

그 애는 내가 가진 완벽한 양 한 마리를 제외한 나머지 분야에서 거의 최상을 달리고 있었다. 사람들에게 존경받는, 인품까지 훌륭한 재벌가의 딸. 명문대를 다니는 오빠가 있고, 아빠를 닮아 쉬크하게 생긴 남동생까지.

전에 다니던 명문 여고에서 전교 5등 안에 들었던 그 애가, 장학재단으로 세워졌다지만 거의 공립 수준으로 허술하게 운영되고 있는 어중이떠중이 식의 남녀공학에서 단숨에 1등을 하는 것은 너무나 당연했다. 그것으로도 부족해, 그 애의 남아도는 재능은 거의 모든 교과목 시간마다 확연히 발휘되곤 했다. 집에서 일하는 메이드에게서 배운 게 분명한 가사나 요리는 선생님조차 감탄할 정도였다. 심지어 가장 못한다고 할 수 있는 체육 역시 운동치라고 할 수준은 아니었다. 거기다 그 애는 무엇을 해도 열심히 했다. 타고난 재능이 있다고 해서 방심하는 타입조차 아니었다. 모든 것에서 1등을 하는 것은 아니었지만, 적어도 노력한 이상의 결과는 받는 것 같았다.

이런 말도 안 되는 캐릭터의 존재보다 더욱 이상한 것은, 그런 그녀의 존재를 너무나 자연스레 용인하는 주변 사람들의 태도였다.

"너희들은 질투도 안 나냐? 저 앤 부자에, 공부도 잘하고, 보장된 미래도 있는 주제에, 뭐든지 열심히 하는 애라고. 게다가 역겹게도 착하기까지 하고 말이야."

생각 같아선 그녀를 아는 모든 사람들을 찾아다니며 이렇게 물어보고 싶었다.

그러면 적어도 여자애들은 모두가 동의할 것 같았다. 그녀들을 말할 것 같으면, 아무리 앞에 있을 때는 비위를 맞추며 실실거려도 돌아서면 험담을 늘어놓는 족속들 아니겠는가. 적어도 나는 그런 '여자애들' 중 하나였다. 그게 자연스러운 세상 이치라고 여기며 살아왔다.

하지만 그 애가 자리에 없다고 험담을 하는 애들은 거의 보지 못했다. 그들이 그 애의 돈이나 재능 때문이 아니라 순수하게 그 애를 좋아하고 있기 때문이라는 것을 눈치채는 건 어려운 일이 아니었다.

"지수는 뭔가 우리들과 다른 것 같아."

"그치? 뭐랄까, 공주님 같달까?"

그렇게 말하면서 감탄하는 반 친구들을 보노라면, 그동안 희미하게나마 쌓아 놓은 그들과의 어떤 종류의 동질감마저 몽땅 무(無)로 돌리고 싶은 충동까지 느낄 지경이었다.

공주님이라니!

물론 그네들이 말하는 게, 그 애의 외모가 공주님 같다는 건 아니었다. 그 애의, 표현하기 어렵지만, 타고난데다가 환경까지 더해져서 완벽해진 고귀함, 뭐 그런 걸 말하는 거겠지. 하지만 난 그게 싫었다. 좋게 말해 질투, 심하게 말하면 증오라고 할 정도였다.

나는 그 애를 가까이 하지 않았다. 가까이 하면, 반드시 그런 속내를 드러내게 될지도 모르니까. 그나마 가진 한 마리의 양을 잘 활용하려면 내 나름대로의 노력은 필요한 것이다.

그래서였다. 그 애가 먼저 다가올 줄은 정말 몰랐다. 넘치는 친구들이 있고, 숙제나 운동회나 학급위원 일 등으로 언제나 바쁜데도 불구하고 나에게까지 손을 뻗힐 줄은.

왜 99마리의 양을 가진 부자들은 남이 가진 한 마리의 양을 탐내는 걸까? 왜 그로 인해 파멸을 당하게 되는 걸까?

나는 동화의 결말을 지어 주고 싶었다. 그 애의 99마리의 양을 내 것으로 만들고, 빈털터리가 된 못된 부자를 영지 밖으로 추방하는 것.

그 애가 내민 손을 잡았던 건 그런 의도에서였는지도 모른다. 죽여도 죽지 않는 끈질긴 백설공주의 행운이 강할지, 끝까지 승리자가 되려 했던 계모의 집념이 강할지 내기를 해 보는 것도 좋을 것 같았다. 그 애의 선량한 미소를 빼앗을 수 없다 해도, 그것만 남기고 모든 것을 가로채는 것은 가능할 것이라 여겨졌다.

"내가 좋아?"

그렇게 물으면 그 애는 언제나 진실한 눈빛을 하고 고개를 끄덕였다.

"내가 가장 좋아? 정말로?"

재차 강조해도 대답은 마찬가지였다.

"나를 위해 죽을 수 있어?"

이것도 소용없는 질문. 그 애는 기꺼이 고개를 끄덕일 테니까. 아, 그 앤 정말로 동화속의 주인공을 삼아도 될 만큼 전형적인 착한 편이었다.

진심이란 건 무섭다. 악의가 없다는 것도 무섭다. 하지만 그게 천성이든 뭐든 어떤 종류의 곧은 성격과 결합되면, 쉽게 껍질이 벗겨지는 흔해 빠진 위선과는 다른 인격을 낳을 수 있다는 것을 나는 그 애를 통해 배워 갔다.

나와 그 애가 친구가 됐다는 소식은 금세 전교에 퍼져갔다. 모두의 유명인인 그 애와 다른 의미에서 가장 유명했던 내가 친구가 된 건, 마치 최고의 가수와 최고의 스포츠 스타의 결혼설처럼 꽤나 화젯거리였나 보다. 내가 다가가면 그 애의 친구들은 자연스럽게 그 애의 옆자리를 양보했고, 우리가 함께 점심을 먹으면 아이들 중 누구도 거기에 끼어들려 하지 않았다. 우리 둘의 관계에 이의를 제기하는 사람은 그 애의 친구도 내 친구도 전혀 없었다. 그들은 다만 우리를 경외하며 떨어져서 바라보고 싶어 하는 것 같았다. 한 폭의 아름다운 풍경인 양.

처음엔 그런 태도들이 불편했지만, 곧 신경 쓰이지 않게 되었다. 그래. 부잣집에 놀러온 손님들이야, 식탁에 올라온 양이 부잣집의 우리에서 길러진 99마리의 양 가운데 하나였는지, 이웃집의 우리에서 외롭게 큰 한 마리의 양이었는지 알 바 없겠지. 그냥 양고기의 맛을 즐기면 되는 거니까.

99 + 1 = 100

이런 간결한 수식에서 사람들은 100의 완전함만을 보지, 그 앞의 불균형 따위는 신경도 쓰지 않는 것 같았다.

착하고 부자이고 뭐든 잘하는 그 애와 눈에 띄게 아름다운 외모를 가진 내가 친구가 된 건, 어찌되든 공평한 일이라는 걸까?

나는 정말 공평해지고 싶었다. 처음엔 심심해서, 그리고 차츰 증오감으로. 그 애의 것을 하나하나 빼앗고 싶었다.
"왜 나랑 친구가 되고 싶었어?"
언젠가 꽤 친해진 시점에서, 나는 아무렇지 않게 물었다. 말투나 태도는 나의 속마음과 정반대로 온화하고 다정다감했다.
겉으로만 보면 내 태도는 그 애와 크게 다르지 않았다. 고상한 척하는 건 고상하지 않은 사람이 오히려 잘하는 법이잖은가. 내가 만져 봐도 기분 좋을 만큼 부드럽고 서늘하고 결이 잘 정돈된 긴 머리를 손등으로 넘기면서 정말 궁금한 듯, 약간 부끄러운 듯 묻는 것이다. 나에게 외모 이외에도 연기력이라는 재능이 있다는 것도 덕분에 알게 되었다. 나는 누가 봐도 선하고 착한 그 애와 어울리는 친구의 연기를 기가 막히게 해내고 있었다.
그 애는 잠시 생각에 빠지더니 이내 "너무 예뻐서 가까이 가 보고 싶었어."라고 대답했다. 역시 그 애가 바란 것은 나의 '단 하나의 양'이었던 것이다.
"처음 전학 와서 인사를 하는데, 맨 뒷자리에 앉은 너랑 눈이 마주쳤었잖아? 기억 못하겠지만 그때부터 좋아했어. 너랑 친구가 되면 정말 기쁠 거라고 생각했어."
기억한다. 나 역시 그 애를 뚫어져라 바라보고 있었으니까. 난데없이 내 집 옆의 공터에 거대한 저택이 지어진다면 거기에 관심 갖지 않을 수는 없지 않은가.
물론 기대했던 것만큼 외적으로는 화려한 저택이 아니어서 곧 실망하긴 했었지. 얼마 뒤 그 실망이 터무니없는 적대감으로 바뀔지도 까맣게 모른 채.
그 애는 그렇게 말하곤 부끄러운 듯이 미소를 지었다. 정말 부끄러워하는 것이다. 나의 척하는 것과 다르게, 손을 내밀어 나의 머리카락을 만지며 부러운 건지 부끄러워하는 건지 도통 알 수 없는 이유로 얼굴을 붉히는 것이다.

나는 다른 사람이 내 몸에 손대는 건 지독히 싫어했다. 물론 표를 낸 적은 단 한 번도 없다. 내 몸이 소중해서라든가 따위의 이유가 아니라, 그냥 느낌이 싫고 짜증스러웠다. 그나마 천성적인 방어벽이 아니었으면, 나는 내 한 마리의 양을 이용하여 얼마나 타락했을지 상상조차 할 수 없다. 새하얗고 순진해 보이는 커튼 속에서 내 상상력은 이미 하드한 성의 세계를 넘나들고 있었다. 100퍼센트 호기심의 충족을 위해 중학교 때 첫경험을 할 뻔했으나, 이 결벽증 덕분에 무산되었다. 하지만 결과적으로 보니 잘 된 일이었다. 함부로 몸을 굴려서 좋을 것은 없겠지. 굳이 이제 와서 탓하는 건 아니지만, 지겨운 세상을 더욱 진절머리 나게 만드는 가정에서 무사히 완벽하게 벗어나기 위해서는 조신함도 필요할 테니. 그런 계산이랄까? 하여튼 그런 게 생기게 된 나이인 것이다.

하지만 그 애가 손을 대는 건 그렇게 싫은 정도는 아니었다. 나보다 더 결벽증이 심할 것이 분명한, 상상에서도 누군가와 잔다거나 하는 걸 생각조차 해볼 리 없는 그 애가 내게 손을 대는 게 불순한 의도가 있다고는 생각할 수 없다. 마치 엄청나게 귀한 보석을 들여다보듯, 그렇게 그 애는 나를 바라보았다. 먼 데서 수입해 온 아름다운 옷감을 만지듯, 그 애는 나의 머리카락을 이따금씩 만져보았다.

나를 그렇게 특별하게 여겨 준 건, 그 애 뿐만은 아니었다. 그 애의 완벽한 가족도 마찬가지였다. 몇 번인가 놀러가게 되었는데, 그 애는 천성뿐 아니라 환경에서도 완벽한 공주님인 것을 알게 되었다. 산 밑에 지어진 거대한 규모의 저택에는 동화에서만 보았던 차림의 메이드가 진짜 있었다. 얼핏 헤아려도 대여섯 명의 고용인이 각자 맡은 일들을 하며 돌아다녔다. 그녀는 그들을 언니라고 불렀지만 현대판 종들이 아니고 무엇이랴. 이러고도 덕망 있는 부자 소리를 듣는 재주에 놀랄 따름이었지만, 그걸 납득해 버릴 만큼 그 애의 부모님은 아름답고 우아했다. 그저 척하는 가짜 졸부가 아닌, 뼛속 깊이 새겨진 유전자에서 우러나오는 듯한 기품. 그리고 여동생의 단짝 친구를 보기 위해 일부러 기숙사에서 주말 귀가를 한 그 애의 오빠와 중학생 남동생에 이르기까지. 다들 그 애와 마찬가지로 나를 좋아했다. 99마리의 양을 빼앗는 건 의외로 간단한 일일지도 몰랐다. 너무 쉬워서 맥이 빠질 만큼.

그들은 그 애와 마찬가지로, 곧바로 나에게 마음을 열고 깊은 애정으로 대해 주었다. 물론 나의 한 마리 양이 부끄러울 정도가 아니라는 걸 나는 진즉에 알고 있었다. 그 넓은 정원에 그 애가 빌려준 옷을 입고 순한 개의 이마를 쓰다듬어 주며 앉아 있는 내 자신의 모습은, 내가 생각해도 감탄할 만큼 그 장소에 어울렸다. 마치 처음부터 그랬던 것처럼.

그 애와 사귀는 동안 나는 정말로 내가 원래 그 집에서 태어난 건 아닌가 몇 번쯤 상상해보았을 정도였다. 흔히 있는 일로 아이가 바뀌었는지도 몰라 (그러나 불행히 나는 내 부모, 특히 아버지 쪽의 얼굴을 너무 많이 닮았다. 구제불능일 만큼 한심한 그들의 유전자가 내 안에 있음을 절감하지 않을 수 없었다).

그랬다면, 만약 그랬다면 달라졌을까? 그 애처럼 순전하게 웃고 진심 어리게 말하며 의심 없는 눈으로 사람들의 호의를 받아들일 수 있었을까?

그건 알 수 없었지만, 어느 순간엔가 내가 정말 바라는 것이 무엇인지 혼동되기 시작했다. 그 애에 대한 단순하고 즉물적인 비웃음과 얄미움이 감당할 수 없을 정도로 구체적인 미움으로 바뀌어 가면서인지, 아니면 내가 의도했던 것보다 더 빨리 그 애의 오빠가 내게 이성으로서의 호감을 보일 때부터인지. 마음만 먹으면 나는 그 집을 가질 수 있을 것 같았다.

장난삼아 그 애에게 달라고 한 옷들은 이미 좁아터진 벽장 안에 들어가기 벅찰 만큼 넘쳐났다. 그 애의 가정교사에게 특별 과외를 받은 덕분에, 성적은 신기하리만큼 쑥쑥 올라갔다. 그 애를 위해 준비된 파티에서 종종 내가 주인공이 되는 일도 있었다. 충분한 재료와, 어떤 맛이 나더라도 웃으며 먹어줄 사람과, 저절로 음식이 조리되어 나올 것 같은 최첨단 요리기구들과, 최고의 강사가 옆에 있다면 요리도 그리 어렵지 않게 수준 이상의 맛을 낼 수 있다는 것도 알게 되었다. 굳이 그러려고 해서가 아니라도 나는 이미 그 애와 단짝친구였고, 그 덕에 그 애가 가진 양을 한 마리씩 내 우리에 옮겨올 수 있었다.

하지만 다 소용없는 일이었다. 그 애의 집에선 그렇게 빛을 내던 옷들도, 벽이 갈라지고 천정에 곰팡이가 핀 지하실 방에서는 시든 꽃보다 추하게 보였다. 최상급의 먹이와 따뜻한 애정 속에 자란 양들은 사료도 제대로 못 먹이는 가난한 목장의 우리 속에서 견딜 수 없는 법이니까.

'양녀가 되어 버릴까?'

내가 부탁하면 아마 그들은 기꺼이 나를 위해 방 한 칸을 제공할 것이고, 거기서의 삶도 대략 상상이 갈 법했다. 실제 부모라는 작자들이 미친 듯이 싸워댈 때 나는 몇 번인가 다른 핑계를 대고 그 애 집에서 일주일 정도 눌러 있기도 했었다. 평화롭고 우아하고 부유한 삶에 속해서, 태어날 때부터 그런 것처럼 살아보았다.

하지만 그러면 그럴수록 내게는 불만 혹은 불쾌감이 늘어나는 것 같았다. 그 애와 사귀기 전엔, 아무도 보지 못했던 내 속마음이 드러나게 되는 것은 그렇게 두려운 일만은 아니었다. 어쩔 때는 제발 좀 그래주기를 원하기까지 했다. 어차피 세상은 다 더러운 거니까. 나 또한 그 속에 있다는 것이 무슨 큰 흉이랴 싶었다. 그런데 이제는 그렇지 않았다. 내 환경은 그 애 덕분에 서서히 변해 가고 있었고, 그럴수록 나의 추한 속마음은 외부에 대비되며 더욱 극명한 빛깔을 띠는 것 같았다. 학교에서나 그 애 집에 머무를 때는 더 할 나위 없이 아름답고 상냥한 모습을 하고 있다가, 정작 집에 돌아오면 낮 동안의 스스로를 떠올리며 구토하는 일이 늘어났다. 그럴수록 그 애를 미워하게 되었다. 나에게 그런 세계를 알려 준 그 애를.

아무리 빼앗아도 상관없다는, 오히려 더 주지 못해 아쉽다는 표정을 하고 있는 그 애 옆에서, 나는 차츰 상상할 수도 없을 만큼 그 애를 미워하면서 그와 거의 비슷한 강도로 그 애에게 이끌리고 있었다.

미움과 사랑은 동전의 양면이라고 하지 않던가. 동전의 앞이 사랑, 뒤가 미움. 그렇다면 상관없는 거겠지. 뒷면을 보지 않으면 되니까. 자신의 등을 보려고 애쓸 필요가 뭐 있을까? 그래도 신경이 쓰이면 평생 보고 싶은 면만 보고 살 수 있도록 접착제로 스스로를 벽에 붙여 버리면 그만일 텐데.

하지만 내가 그 애에게 가진 감정은 그렇게 명확히 앞뒤를 나눌 수 있는 것이 아니었기에, 그렇다고 한쪽을 버릴 수 있는 것은 더욱 아니었기에, 나는 그 애를 바라보며 나날이 더해가는 감정의 무게에 짓눌리고 있었다.

신기한 건 내면이 혼돈되어 갈수록 외면의 연기는 늘어 간다는 것이었다. 그 애를 비롯해 그 애 주변의 누구도, 물론 반에 몇 남지 않은 내 친구나 선생님조차 내가 그런 마음을 가지고 있다는 것은 꿈에도 알지 못했다. 나는 그 애의 영향을 받아 점점 완벽하게 아름다워지고 있었지만, 내면은 점점 허물어져 갔다.

갖고 싶다. 처음으로 그런 걸 느꼈다. 그 애의 주변에 풍기는 향기가 소유욕이란 걸 불러일으켰고, 그래서 나는 그걸 가지려 했다. 그리고 실제로 하나하나 주머니 속에 넣어보았다.

내가 가진 양은 참으로 편리해서, 그 어느 양과 나란히 놓아도 금세 잘 어울리고 멋들어져 보였다. 그 애의 반만큼만 노력해도 두 배 이상 돋보였고, 그냥 배운 것을 연습해볼까 하는 마음으로 들어간 테니스부에서도 실력과는 상관없이 순식간에 스타가 되었다. 모든 일이 술술 잘 풀렸고, 난 이제 흡족한 마음으로 살아야 마땅하였을 것이다.

그러나 그렇지 않았다. 아무리 빼앗겨도 화낼 줄 모르는, 아니 아예 빼앗겼는지조차도 모르는 그 애를 보면 나의 성공들은 모두 허탈감만 준다. 그래서였을까. 한편으로 이 모든 것이 부질없다는 느낌이 들면서도, 이미 깨어난 소유욕은 여전히 내 안에서 엄청난 크기의 허공을 만들어 가며 휘몰아쳤다. 공허는 더욱 거대한 탐식을 만들어 낸다.

얼마가 지난 후, 그 애는 훨씬 더 좋은 대학에 갈 수 있었는데도 일부러 나와 맞추어 적당한 수준의 대학에 들어갔다. 혹시나 하고 부탁을 해 보긴 했지만, 설마 정말 그렇게 쉽게 응할지는 생각도 못했다. 하기야 명문대라는 건 그 애에게는 액세서리 정도일 것이고, 그런 액세서리라면 이미 넘치도록 많이 있으니까 그리 어려운 일이 아니었을 것이다.

졸업 사진을 나란히 찍고, 몰려든 아이들의 눈물 세례 속에서 주소와 전화번호를 교환하며, 나는 비로소 내가 정말 가지고 싶은 것을 깨달았다.

"줄 수 있어?"

"뭘?"

그 애는 의아한 듯, 눈을 약간 크게 뜨며 나를 바라보았다.

"내가 갖고 싶은 거."

"그게 뭔데?"

'네가 결코 줄 수 없는 거야.' 라는 대답을 속으로 삼키며 그냥 웃어보였다.

그래. 내가 갖고 싶은 건 그 애였다. 그 애 자신.

구체적으로 그러려면 어떻게 해야 하는지는 나도 몰랐다. 만일 알았다면 그 애에게 요구했을 것이고, 그 애는 무엇이든 흔쾌히 주었을 것이다. 목숨까지도.

하지만 난 안다. 나는 결코 그 애가 될 수는 없었다. 그 애 집에서 살 수 있고 그 애의 옷을 입을 수 있고 그 애 대신 파티에 나갈 수는 있어도, 그 애 자신이 될 수는 없었다.

그 애의 집에서 일하는 메이드들을 통해 나는 그걸 어렴풋이 느낄 수 있었다. 나를 그녀들이 동생처럼 여기는 착한 지수의 가장 친한 친구로서 예의바르게 대해 주었지만, 결코 지수같이 대해 주지는 않았다.

사실 그녀들뿐 아니라 그 누구도 나를 지수라고 여기진 않았다. 나의 아름다운 양, 그 희고 풍성한 털과 또렷하고 아름다운 눈에 매혹되었지만, 자신들의 진정한 공주님이 지수라는 사실은 잊지 않았다. 그래서 더욱 그 애를 갖고 싶었다. 그 애를 끌어내리고 더럽히고 짓밟고 유린하길 원하는 나와, 그 애를 지켜주고 소유하고 언제까지나 내 안에 두길 원하는 내가 있었다. 그건 완전히 다른 것이기도 했고 구별할 수 없게 똑같은 감정이기도 했다. 결국 나는 어느 것도 섣불리 시도할 수 없었고, 여전히 괴로운 채 그 애 곁에 머물러야 했다.
　그래서였을까. 대학에 들어가자마자 드러나지 않게 여러 남자들을 만나고 다녔다. 어디든 쉽게 드나들 수 있고 어울릴 수 있는 내 양의 특권으로, 그 애가 전혀 알지 못하는 지극히 퇴폐적이고, 환각적이고, 지겹고, 환멸적인 빛을 담은 '밤의 세계'에 드나들었다. 나의 처녀를 준 것이 그 애의 오빠였다는 데 대해, 나는 어느 정도 안도감을 느꼈다. 내 안에서 도무지 해결할 길이 없을 듯한 갈등을 그런 식으로 해결해 갔다.
　그 애의 오빠, 지현. 여자 같은 이름을 가졌던 그는 동생처럼 착하고 똑똑했지만, 동생만큼 올곧지는 못한 것 같았다. 내가 먼저 유혹했다는 걸 그가 깨닫지 못했기 때문일까? 그는 나를 안은 걸 후회하고 자책하며 나와 결혼하고 싶어 했다.
　하지만 나는 그가 내게 매혹되었고, 금욕적인 자신의 성품까지 버리고 나의 유혹에 넘어갔다는 그 사실만으로 만족했을 뿐이다. 그와 결혼하고 싶은 마음은 조금도 없었기에, 오히려 그를 위로하고 아직은 때가 아니라는 말로 그와 거리를 두었다. 내가 자신을 사랑한다고 믿는 그는, 나의 태도가 자신의 앞날을 위한 희생이라고 생각하며 감격했다. 오랫동안 고민하던 그는 결국 유학을 떠나기로 했다. 돌아오면 결혼하자는 말을 남기고.
　"쿡쿡."
　공항에서 내게 건네준, 둘만의 비밀이라는 약혼선물, 투명한 수정목걸이를 책상 서랍에 내던지며, 나는 모처럼 눈물이 나도록 웃었다.

고마워요. 당신과의 처음은 나쁘지 않았어. 덕분에 내가 타고난 성녀가 아니란 사실도 확인할 수 있었어. 물론 밖에서 무슨 짓을 하고 돌아다녔어도, 그 애에겐 여전한 미소와 태도로 대했다.

대학은 많은 것을 바꾸어 놓았다. 그 애는 고등학교 때와 변한 것이 없었지만 대학이라는 넓고 개방된 세상에서 훨씬 눈에 띄는 건 내 쪽이었다.

물론 과에서는 이미 '그 애의 세상'이 형성되었고 모두가 그 애를 좋아했지만, 그 애는 고등학교 때만큼 강렬한 임팩트를 가지고 아이들의 흠모를 받지는 못했다. 그 지위는 이미 내가 가지고 있었으니까. 과에서, 테니스부에서, 보다 다양한 사람들이 공존하는 대학에서, 나는 꽤나 유명인사가 되어 있었다.

이제는 우리가 단짝 친구라는 사실에 큰 의미를 두고 보는 사람도 없었다. 그 애는 과에서 어울리는 그 애의 친구들이 있고, 나는 술자리나 동아리에서 사귄 친구들이 있고, 우리가 함께 있다고 해서 특별히 대단한 사건도 아니었다.

하지만, 그 애와 함께 있는 시간이 줄었다고 내 안의 갈등이 줄어든 것은 아니었다. 아무리 발버둥쳐도 빠져나올 수 없는 그 암울한 감옥에 나를 가둔 것이 그 애였는지 아니면 내 자신이었는지는 이제는 아무리 헤아려도 알 길이 없다.

"늦었어. 목욕할래?"

"아니. 숙제할 게 많아서. 밤새야 돼. 내일 아침에 샤워하지 뭐."

대학 3학년 때부터 나는 그 애와 함께 살게 되었다. 나의 가정환경도 어렵고 그 애의 오빠도 제안해서, 여러모로 상의한 끝에 대학 근처에 있는 오피스텔에 원룸을 마련하게 되었다. 물론 모두 그 애 집에서 마련해 준 것이었다. 그 애의 부모는 자신들의 딸에 대해서 대단한 신뢰를 가지고 있었다. 귀하게 키웠어도 딱히 과보호는 아니었던 듯, 소위 서민의 생활에도 그 애는 자연스레 적응했다. 어떤 면에선 오히려 나보다 더 자연스러웠다. 쓰레기 분리수거도, 웃기지도 않은 반상회 참석도, 세금 계산도 나보다 훨씬 잘했다. 그 정도면 산동네에서 살아도 태연하게 적응할 것 같았다. 내가 그 집에 태어나고 그 애가 나의 집에 태어났다 하더라도 그 애는 그렇게 고결했을 것이라는 나의 생각이 확증되는 순간이었다.

그 애와 살면서 나는 확실히 이전보다는 밤 외출이나 위험한 장난은 자제하고 있었지만, 오히려 그럴 필요는 더해 갔다.

내가 그런 생활을 하니 더더욱 구별이 쉬웠다. 소위 노는 애와 그렇지 않은 애의 구별. 그 애는 정말이지 빈틈없이 순수했다. 고등학교 시절 학교와 집만을 오갔고, 종이공예와 수지침 모임의 성과를 자랑스레 집에 장식해 놓았다. 다가오는 남자는 꽤 많은 것 같았지만 아무리 평범하게 살아도 그 애의 기품에 이끌려서인지, 설불리 밀어붙이기보다는 마음에 간직한 채 그 애 주변을 맴도는 정도인 것 같았다. 분명 그 애를 좋아하는 부류들은 원나잇스탠드보다 '결혼을 전제로 사귀어 주세요'라며 꽃다발을 내밀 타입들이겠지.

하지만 그 애는 누구와도 사귀지 않았고 별로 관심도 없어보였다. 종이공예 동호회의 부장이 꽤나 호감이 가는지 몇 번인가 입에 올렸지만, 내가 "좋아해?"라고 물으면 쑥스럽다는 듯 고개를 저을 뿐이었다. 모든 걸 잘하는 그 애가 거짓말만은 못한다는 걸 아는 내가 보기에, 그 애가 그를 이성으로 느끼는 것 같진 않았다.

그는 어딘가 모르게 지현, 그 애의 오빠를 떠올리게 하는 남자였다. 생긴 것으로 보면 오히려 그 애의 아빠와 비슷한 시원한 생김새의 미남이었지만, 약간 머뭇거리는 성격이나 내성적이면서 다감한 면이 그와 닮아 있었다.

그러니까 다행이었다. 그 애가 그를 좋아하지 않은 것은. 만약 그렇게 되었다면, 나는 별로 내키지 않은 일(같은 남자를 두 번 유혹하는 것)을 하게 되었을지도 모르니까. 물론 그와 지현은 별로 닮지 않았지만, 비슷한 느낌

자체가 싫었다.

　지현이 주었던 수정 목걸이는, 만약을 대비해 버리지는 않고 있었지만 한 번도 꺼내진 적 없이 케이스 안에서 잠자고 있었다. 지현이 돌아온다는 날까지는 이제 약 1년 정도 남았다.

　'그럼, 난 졸업하자마자 결혼하게 되는 건가?'
　이따금 그가 돌아올 날이 생각날 때마다, 나는 그렇게 아무도 듣는 사람이 없는 농담을 하고 혼자 웃곤 했다.
　하지만 그건 미래의 일이었고, 그 애는 여전히 모든 것이 변함없다는 눈빛을 하고 변함없음을 가장하고 있는 내 곁에 머물러 있었다.

　"머리, 많이 길었네. 이제 곧 묶고 다녀도 되겠다."
　"여름 되면 더우니까 묶어야지. 다 계산하고 자른 거라니까."
　함께 있을 때, 내 머리를 자주 쓰다듬는 그 애의 버릇도 그대로였다. 그래서인지 반년 전 머리를 싹둑 자르고 나타났을 때 그 애의 표정은 경악 그 자체였다.
　"내 머리 내가 잘랐는데 네가 왜 그래?"라고 되물을 만큼, 그 애는 아쉬움, 절망, 경악이 교차된 얼굴을 하고 있었다. 아무리 자신의 것을 잃어도 표정 하나 변하지 않던 그 애가 고작 내 머리 좀 자른 것 가지고 이 정도라니, 정말이지 기가 막힌 일이었지만, 그 애는 내 잘려 나간 머리에 대해 심각하게 슬퍼하는 것 같았다.
　그 애는 머리를 거의 기르지 않았다. 아무리 길게 길러도 목을 넘어서 등 뒤에 닿을 정도일까? 약간 곱슬거리는 머리카락이어서 짧은 것이 그 애의 동글동글한 얼굴에 더 잘 어울리는 것 같기도 했다. 그래서 그 애는 그렇게 내 머리를 좋아했던 것일까. 갖지 못한 것이니까. 결코 달라고는 말하지 않았지만, 그저 보는 것만으로도 좋다는 듯. 그 애는 애초에 내 양을 빼앗으러 온 것이 아니라, 자신이 갖지 못한 색다른 양을 가진 이웃이 신기했을 뿐인가?

 시간이 어느 정도 흐른 뒤, 머리가 길었다는 그 애의 목소리에 약간의 반가움이 묻어나는 것 같아, 계속 기르려던 생각을 버리고 다시 싹둑 잘라 버릴까 하는 마음을 잠시 가졌으나, 굳이 그러기도 귀찮아 내버려 두었다. 그 애의 무릎에 누워 내 머리를 조금씩 쓰다듬는 그 애의 손길을 느끼는 것이 딱히 나쁜 일은 아니었으니까.
 나는 여전히 그 애를 가지려는 마음을 버리지 않고 있었다. 어떤 방식인지 모를 뿐, 나는 어떻게든 그 애를 차지할 것이라고 마음먹고 있었다. 그 방법만 안다면, 그 애를 완전히 나의 것으로 할 수 있고, 더 이상 이런 괴로운 감정, 즉 뭔가 알 수도 없는 갈증이나 허기 혹은 공허감을 더 이상 느끼지 않을 수 있다면, 나는 개의치 않고 그것을 실행할 준비가 되어있었다. 설령 그것이 그 애를 부수고 파멸시키고 짓밟는 것이든, 아니면 지키고 보호하며 함께 사는 것이든 전혀 상관없이.

 그 애를 갖는다는 것이 어떤 것인지 너무나 막연했을 때, 나는 고등학교 때 그랬듯이 나름대로 방법을 찾느라 여러 가지 시도를 해 보았다. 대학에 들어와서 높아진 나의 지위를 이용해 그 애를 아무도 모르게 고립시키기도 했고, 함께 살면서 그 애에게 익숙하지 않을 줄 알았던 살림살이를 떠넘기기도 했다. 심지어는 다른 남자들이 내게 그랬던 것처럼, 밤중에 그 애의 몸에 손을 대고 단추를 하나하나 풀어가며 그 애가 잠든 틈을 타 그 애의 몸 안으로 들어가려고도 해 보았다. 육체적인 의미에서 그 애를 가지거나 더럽히려고 했다면 그건 별로 어려운 일이 아니었을 것이다. 여자랑 자는 것이 불가능한 일이 아니라는 건 이미 초등학교 때부터 머릿속으로는 알고 있었고, 대학 2학년 초인가 1학년 말인가 실제 자 본 적도 있었다. 기억에 선명하게 남지 않은 것은 기대에 못 미쳤기 때문인지도 모른다.
 내가 직접 손을 대는 것이 여러모로 위험하다고 여겼다면, 다른 남자를 시켜 그 애를 습격하게 할 수도 있었다. 티 없이 순진무구한 그 애가 강제로 당한다면 어떤 모습일까 상상해보기도 했다.

하지만 모든 것이 실패였다. 아니 정확히 말하자면 시도도 하지 못했다. 대저택에 있을 때도, 오피스텔에 있을 때도, 명문 여고에 있을 때도, 남녀공학에 있을 때도, 서울대에 있든 지방대에 있든, 그 애는 한지수 그 자체일 뿐이었다.

굳이 깨끗해지려고 노력하지 않았던 것처럼, 그 애는 모든 것에 자연스러웠다. 그대로 수녀가 된다 해도 위화감이 없을 것 같았고, 창녀가 된다 해도 그 애는 변함없이 자신을 안는 남자를 동정하고 감싸 줄 것 같았다.

그런 애였으니까. 지현, 그를 비웃으면서도 그가 처음 나를 가지면서 흘렸던 눈물을 잊을 수 없는 것도 같은 이유였을 것이다. 그가 어째서, 누구를 위해서 울었는지 그건 알 수 없었으나 그런 건 아무래도 좋았다. 나는 위선이든, 부끄러움이든, 후회든, 진실한 사랑이든, 그의 눈물을 통해서 그동안 나를 속박하던 육체의 결벽증에서 완전히 벗어날 수 있었으니까. 내 몸의 처녀를 가진 건 그였지만, 그의 정신의 처녀성을 빼앗은 건 내 쪽이었을 것이다. 그는 아마도 나와 자기 전에는, 자신은 신부가 되어도 상관없다고 생각하는 사람이었을 거다. 가족 간에 오가는 가벼운 농담 속에서 나는 그런 것을 짐작할 수 있었고, 그가 나를 좋아하면서도 2년이나 손끝 하나 대지 않던 것을 보면 알 수 있었다. 그도 나와 마찬가지로 육체적 결벽증을 가진 사람이었지만, 그는 나와 다르게 적어도 내게 손대기 전에는 정신도 결벽했다.

그에게 나쁜 짓을 했다고는 생각하지 않는다. 지수와 달리 그는 어차피 언젠가는 누군가에 의해 타락했을 것이고, 착한 남자가 쉬이 그렇듯이 어이없는 여자에게 걸렸다면 상당히 고생했을 테니까. 적어도 나는 그런 방식으로 그 집안에 은혜를 갚은 셈이라고 할 수 있다.

하지만 그런 건 상관없이, 나는 그에게 통하던 유혹의 방법조차 통하지 않는 나의 친구를 어떤 식으로 가져야 할지 혹은 망가뜨려야 할지 알 수 없게 되어갔다. 그 애를 육체적으로 원하지 않는 것은 아니었다. 내가 그 애와 하나 되는 상상이라면 이미 고등학교 때도 심심풀이 삼아 종종 해 보곤 했다. 그 애의 습관, 나의 어깨나 머리카락을 만지던 것은 내 상상의 좋은 재료가 되어 주었다. 본인이 알았다면 내 주위 1미터에는 접근도 안했겠지만.

처음엔 그 애가 나를 눕히고 그 조심스럽고 차분한 손길로 애무하는 상상을 했다. 나의 블라우스와, 그 안의 비참할 것 같이 조악한 속옷과, 기타 등등의 성가시고 부끄러운 것을 하나하나 벗기고, 내 살결을 따라 조금씩 내 안으로 미끄러져드는 상상을. 부끄러움도 없이, 죄책감도 없이, 오후 시간에 책상에 엎드려서 애들의 떠드는 소리를 배경음악 삼아 상상하곤 했다. 그리고 때로는 내가 그 애를 범하는 상상을 하기도 했다. 아니, 실제 훨씬 가능한 쪽은 그쪽이었을 것이다. 야한 잡지에 나온 여자의 포즈들을 떠올리며, 그 애의 얼굴을 합성하는 일은 굳이 컴퓨터가 없어도 얼마든지 간단하게 머릿속에서 해결할 수 있었다.

하아. 화장실도 안 갈 것 같은 표정을 하고, 수업시간에 맨 뒷자리 창가에 앉아 따스한 햇볕 속에서 내가 머릿속으로 그런 생각을 하는지 누가 알 수 있었을까.

하지만 나는 그런 애였다. 근본부터 정결한 누구와는 다른. 그래서 더욱 그 상상을 현실화시키고 싶은 욕망의 동기도, 실행가능성도 충분했다.

문제는 그런 식으로는 내가 그 애를 완전하게 얻을 수도 없고 오히려 더욱 괴로워할 것이라는 걸, 내가 알게 되었다는 데 있다. 굳이 알게 되었다기 보다 너무 뻔한 사실이었다. 내가 그 애에게 원하는 진정한 그 무언가는, 육체를 포함하든 안하든, 그런 식으로는 이루어질 수가 없는 것이다.

함께 살게 된 뒤로, 나는 그 애가 세상 모르게 잠든 모습을 보며 몇 번이나 그 애의 목에 손을 대고 얇은 속옷 아래의 피부를 쓰다듬어 보았는지 모른다. 그 애의 규칙적인 숨소리나 미동도 없는 잠버릇을 통해 나는 그 애가 어지간한 자극에는 아랑곳없이 잠을 잔다는 사실을 알고 있었다. 그래서 날이 갈수록 대담하게 또 나의 경험이 많아지면 많아질수록 능숙하게 잠든 그 애를 내 마음대로 가지고 놀 수 있었지만, 결국 나는 문을 넘어서지 못한 채 그 입구에서 1센티의 거리조차 좁히지 못하고 언제나 같은 단계에서 모든 것을 포기하고 말았다. 가끔 그 애의 목에 손을 댈 때면, 그대로 졸라서 영원히 잠들어 버리게 하고 싶은 충동을 느끼기도 했다. 어쩌면 그 애의 존재가 세상에서 사라지는 것이 내가 원하는 것에 가장 가까운 일인지도 모른다. 이 미움의, 이 절망의, 이 미칠 듯한 소유욕의 근원이 사라지는 것이야말로, 완벽한 구원이 아닐까. 아아, 부질없는 망상이다. 나를 위해 죽을 수 있다고 말하는 그 애를 죽이는 게 나에게 무슨 성취감을 안겨 주겠는가.

그렇게 나는 그 애를 가지지도 버리지도 없애지도 못한 채, 친밀한 친구처럼, 거짓말투성이의 생활을 잘도 유지해내고 있었다. 그리고 그 천진한 연기는 결국 내가 진실을 알기 전까지 계속되었다.

진실은 한 장의 사진으로 시작했다. 아주 평범하고 이상할 것 없는 사진 한 장.

"이게 뭐야? 이런 걸 늘 갖고 다녀?"

"아."

정말 별 것 아닌 가벼운 질문이었다. 왜냐하면 나는 별로 이상하게 생각하지 않았고, 그냥 장난삼아 던진 말이었으니까. 하지만 문제는 그 애의 정말로 이상한 그리고 처음 보는 반응이었다. 좀처럼 그 애의 물건에 손대는 법이 없고 이미 그 애의 소유란 알 만큼 알았다고 생각했던 나인지라, 그날따라 컴퓨터 옆에 놓여 있던 다이어리를 집어든 것도 순전히 우연이었다. 그것은 오래 사용한 듯 손때가 묻어 있었지만, 그 애의 생활이 더도 덜도 없이 그대로 담겨 있는 따분한 내용이어서, 학기 초에 몇 번 들춰보다 관심을 끊었다. 하지만 마침 리포트를 무사히 전송하고 완료 버튼이 뜨기까지 몇 초간, 문득 시선을 돌린 곳에 그 다이어리가 있었고, 집어 들자마자 떨어진 사진

한 장에 나도 모르게 미소를 지으며 그 애를 향해 질문을 던졌다. 그야말로 일상의 대화의 연장으로.

"아냐. 아니, 그건······."

종이공예 발표회를 앞두고 '놀이터'라는 주제를 택해 종이 그네, 종이 미끄럼틀을 만들기에 여념이 없었던 그 애가, 갑자기 전에 없는 황급한 몸짓으로 내게 다가올 때부터, 그 애의 안색이 창백하게 질리는 것을 보았을 때부터, 내게서 뺏은 사진을 본능적으로 품 안에서 꼭 쥐는 것을 보면서부터 나는 뭔가 모를 불길함을 느꼈다.

'여기서 끊어야 해.'

나의 직감이 그렇게 말하고 있었다. '더 이상 파헤치면, 더 이상 물어보면 정말 위험할지도 몰라.'

하지만 무엇 때문에 망설이겠는가? 나의 수많은 불면과 감정적 갈증의 나날을 해결할 수 있는 아주 미세한 단서가 내 눈앞에 있다면, 나는 그 끈을 잡아당기기 위해 그동안 유지해온 모든 것을 미련 없이 버릴 수 있는 준비가 되어 있었는데. 적어도 그렇게 믿고 있었기에, 나는 그 애가 당황한 듯한 손길로 다이어리를 챙겨 자신의 방으로 들어갈 때까지도, 얼마간의 여유를 가진 채 상황을 더듬어 볼 수 있었다.

그건 평범하고 익숙한 사진이었다. 그 애의 집에 있는 커다란 앨범에 질리도록 많이 끼워져 있는 사진 중 하나였다. 총 다섯 명인 그 애의 가족, 그리고 3명의 메이드와 가정부 할머니, 요리사와 운전사 아저씨, 그리고 개까지 합하여, 참으로 다채롭게 구성되던 화목한 가정의 사진으로 가득한 그 애의 앨범. 그 많고 많은 가족사진 중에서 그 애를 닮은 선량한 눈빛의 오빠인 지현과 단 둘이서 찍은 초등학교 시절의 사진이었다.

순간 종이공예 부장의, 상큼한 듯한 생김 뒤에 숨은 따듯한 눈매가 떠올랐다. 유난히도 메스꺼운 느낌과 함께.

"그 사람을 좋아해?"

"아냐."

그 애는 거짓말을 못해. 나는 알고 있었다. 그래서 굳이 부장을 유혹할 필요가 없다는 안도감을 느꼈었지. 하지만 만일 내 생각이 맞다면 나는 이미 나도 모른 채 내가 해야 할 일을 끝낸 셈이 된다.

지현의 결벽증. 나를 좋아하면서도 가까이 오지 못하던 수줍음 많은 남자. 그리고 나를 안은 날, 내 가슴 위에 눈물을 떨어뜨리던 사람.

모든 것이 하나가 되어 내 머릿속에서 맴돌면서, 조금 전 그 애가 가지고 방으로 뛰어 들어간, 그 넓은 정원의 나무 밑에서 함께 찍은 둘의 사진 밑에 적혀 있던 글씨가, 의미를 알지 못할 땐 '풋' 하는 웃음으로 넘길 수 있었던 어린애의 삐뚤거리는 글씨가 선연히 떠올랐다.

〈9월 7일. 지수가 가장 사랑하는 오빠랑.〉

맙소사. 나의 착각이야. 이건 웃기는 얘기라고. 흔해빠진 근친상간 따위 아무 데나 있으라고 해, 하지만 이건. 이건······.

심한 현기증과 더불어 심장 깊은 곳에서부터 익숙한 통증이 밀려왔지만, 쓰러지진 않았다. 기절할 만큼 아프다는 말이 잔인한 것은 정작 기절은 하지 못하는 데 있다. 나는 쓰러지지도 않은 채, 그 애의 새삼스러운 반응을 되새기며 가슴을 움켜쥐고 컴퓨터 책상에 엎드려 있었다.

하지만 막상 생각하려 하니 머릿속이 까맣게 되어 아무것도 떠오르지 않았다.

그야말로 순수한 고통.

아. 그런 말도 있었군. 세상에 순수함이란 존재하지 않다던 어릴 때의 믿음을 나는 왜 그토록 쉽게 버린 걸까. 아니, 여전히 세상은 이렇게 지저분한데, 왜 나는 고작 사진 한 장이 모든 것을 증명해 준다고 이렇게 섣불리 착각하는 걸까.

그것은 어떤 면에서는 분명 착각이었지만, 어떤 면에서는 엄연한 사실이었다. 그 애는 거짓말을 못한다. 하물며 죽다 살아났을 만큼 아픈 사람에게는.

　병원에서 눈을 뜬 나에게 가장 먼저 보인 것은 낯설게 보일 정도로 하얗게 변한, 하지만 얼마나 울었는지 눈가만은 빨갛게 부은 그 애의 얼굴이었다.
　"괜찮아? 왜 나한테 말 안했어? 아프다고 했어야지."
　아프다고? 아 그렇지. 아픈 건 알고 있었지. 운동이 지겨웠던 건 조금만 뛰어도 숨이 막히는 내 몸이 지겨워서였는지도 모른다. 하지만 병원에 갈 만한 형편도 아니거니와 데려다 주는 사람도 없고, 무엇보다 딸이 밤중에 자다가 숨이 막혀 마루를 기어 다녀도 자신들 싸움에만 여념이 없는 그런 부모들이 비싼 종합검진 같은 걸 해서까지 병을 발견해 주진 않았기에, 그저 병명을 몰랐던 것뿐이지 내가 아프다는 건 알고 있었다. 하지만 정말, 별로 아프지 않았다. 그 애를 만난 뒤 테니스라는 격한 운동을 하면서도 나의 약한 심장은 한 번도 발작 같은 걸 일으키지 않았다.
　어쩌면 그것보다 더 큰 고통이 드리워져 있어 심장의 통증 같은 걸 느낄 겨를이 없었는지도 모른다. 같은 부위의 통증을 어떻게 구별하란 말인가. 그런 걸 일일이 설명할 수는 없었지만, 덕분에 나는 묻지 않고도 그 애의 고백을 얻어낼 수 있었다. 아니, 고백한 건 나였을까.
　만성울혈성 심부전증이라는 생소하고도 왠지 납득할 것 같은 병명을 매단 채, 내가 병원에 있는 내내 그 애는 태연하게 행동했다. 그러나 퇴원해서 집에 돌아온 날 밤, 그 애는 내 옆에서 베개를 베고 가만히 천장을 바라보고 있다가 어둠 속이라 훨씬 선명하게 들리는, 조용하고 차분한 목소리로 내게 물었다.
　"오빠를 좋아해?"
　너무나 순전한 목소리라 오히려 그 느낌이 선득하니 밤의 공기를 울린다. 누가 누구에게 물어야 할 말인 걸까. 알고 있었던 걸까.
　내가 아무 대답도 하지 않자, 그 애는 들리지 않게 아주 가늘고 긴 한숨을 쉬었다. 그리고 마치 신부에게 고해성사라도 하듯 그 애는 내게 고백했다.
"줄곧 좋아했어. 어릴 때부터 오빠의 신부가 되고 싶었어."
"……."
"중학교 가서야 알았어. 오빠랑 결혼할 수 없다는 거. 나 바보 같지?"
"바보 같아. 정말로 기절할 정도로."
"그래도…… 오빠를 계속 좋아하는 건 상관없다고 생각했어. 어릴 때의 예쁜 추억이니까."

문득 사진 속의 두 사람의 모습이 떠오른다. 눈물이 나도록 순진한 두 아이의 모습. 나를 만나기 전의 그 애의 모습.

그 무렵 나는 내가 물로 직접 빨아 구깃구깃해진 옷을 입고, 그래도 도도한 표정을 유지한 채 세상의 모든 것에 질려가는 연습을 하고 있었을 것이다. 물론 사진 따위는 한 장도 남아 있지 않다.

"그 사진 찍은 날. 실은 오빠에게 고백했었다? 나 크면 오빠랑 결혼할래. 그랬더니 오빠가 그러자고 고개를 끄덕이더라. 나 너무 기뻐서 영원히 기억하려고 사진 찍어달라고 부탁했었어."

목소리에 웃음기가 묻어난다. 아마도 그때를 떠올리는 거겠지. 아무런 의심 없이 좋아하고 행복할 수 있었던 시절. 나에게는 언제나 지겨운 현실 뿐 떠올리며 위로할 추억조차 없다. 이런 순간에조차. 그 애와 연관되기 전에 있었던, 어떤 아름다운 추억 같은 건, 사진 한 장 만큼의 분량도 남아 있지 않다.

미움. 질투. 선망.

분간할 수 없었던 그 애에 대한 감정이 새삼스럽게 치밀어 올랐지만, 또다시 병원에 실려 가고 싶지 않아서 나는 필사적으로 억눌렀다. 문득 나만의 것인 줄 알았던 지현의 순진한 한 방울의 눈물이 기억난다.

'그래. 그것조차 나의 것이 아니었구나.'

설령 비약이라 할지라도, 나는 이미 그의 눈물이 어린 시절의 약속을 지키지 못한 죄책감에서 나온 것이라 믿고 있었다. 그리고 그제서야, 나는 내가 그가 준 수정 목걸이를 버리지 않았던 것은, 약혼을 지키기 위해서가 아니라, 버리기 귀찮아서가 아니라, 무의식 중에 그것이 나를 위해 누군가 흘려준 한 방울의 눈물의 상징처럼, 부적처럼 생각하고 있었음을 깨달았다.

"오빠를 좋아해?"

그 애가 다시 묻는다. 조금 전과 똑같이. 나는 '어차피 어둠 속에서니까.'라고 생각하곤 고개를 끄덕였다. 그 애는 분명, 천정을 보고 누운 것 같은데도 내 움직임을 느꼈다는 듯 '후후' 하고 작게 웃었다.

"다행이야. 정말 다행이야."

뭐가? 내가 너희 오빠를 좋아하는 것? 아니면 좋아한다고 거짓말 하는 것? 그냥 가로젓기 귀찮아서 끄덕인 것?

문득 그 애에게 말해 버리고 싶었다. 그와의 첫경험이 어떠했는지, 그가 어떻게 나를 어루만졌고, 어떻게 내 안으로 들어왔는지, 나 역시 처음이었음에도 단박에 처음임을 알 수 있던 그의 서툰 몸짓이 어떻게 매력적이었는지.

하지만 나는 말할 수가 없었다. 어디서부터 말해야 할지, 어떻게 해야 내가 받은 아픔만큼 그 애에게 돌려줄 수 있을지조차 짐작할 수가 없었다. 당연히, 나는 그 애가 아니니까. 지수가 될 수 없으니까. 순진무구하고, 남을 미워할 수 없고, 자신이 가장 사랑한 한 사람이 친구를 좋아해도 '다행이야'라고 말하는 애를 나는 죽었다 깨어나도 알 수 없으니까.

"세연아."

처음으로 부르는 듯, 그 애가 내 이름을 불렀다. 아니, 정말 처음인 것 같이 느껴졌다. 그래. 내 이름이 세연이었구나. 정세연. 남에게 내 이름을 불리는 게 처음도 아닌데, 유독 낯설었던 느낌. 아마 그 애가 내민 손을 거절하지 못한 것도 그래서였는지 모른다. 아무도 그렇게 다정하게 불러주지 않던 이름을. 언제나 버럭버럭 소리 지르며, 혹은 지겨워 죽겠다는 듯, 아니면 아무것도 모르는 주제에 나를 다 안다는 듯 불러대던 그 이름이 그렇게 다정하게 친근하게 불린 건 처음이었으니까.

하지만 지금 이 순간에 그 이름을 듣는 건 너무나 괴롭고 고통스러운 일이었다. 정말로 순수한 고통으로 죽는다면, 나는 그나마 순수한 인간이 되는 걸까.

"나, 알고 있었어."

뭘? 뭘 알고 있었다는 걸까. 여전히 아무것도 모르면서. 내가 어떤 심정으로 너의 손을 잡았는지, 뭘 원했는지, 지금 어떤 심정인지.

차라리 진짜 죽여 버릴 걸. 목을 감았던 손에, 그대로, 망설이지 말고 힘을 주어버릴 걸. 진작 너를 유린하고, 멋대로 더럽히고, 끝내 어딘가 섬에 팔아버리게 할 걸. 아니, 아무도 오지 못하는 곳에 가두어 두고, 나만의 것으로 해버릴 걸.

"아니, 널 처음 봤을 때부터 알았어. 오빠가 널 좋아할 거라는 걸. 내가 반한 것처럼, 오빠도 너에게 반할 거라는 걸. 그런데 실제로 그렇게 되니까, 마음이 아팠어."

아팠다고? 마음이? 아아, 너도 아팠다는 거구나. 내가 너를 향한 미움과 증오로 망가진 것만큼, 그 만분의 일쯤은 너도 아팠다는 거구나. 하지만 그나마도 나로 인한 것이 아니라, 너의 첫사랑에 대한 이별의 아픔이었다는 거구나.

나도 모르게 눈물이 눈가에서부터 귓가로 그리고 베개로 떨어진다. 왜 우는지도 모르고, 분함인지 원망인지 알 수 없다. 나를 향해 그렇게 상냥하게 웃으면서, 내 머리카락을 만지면서, 자신의 오빠와 함께 있는 나를 보면서, 그 애는 어떤 생각을 해왔던 걸까.

비로소 나는 깨달을 수 있었다. 내가 가졌던 단 한 마리의 양은, 그 애가 가지고 싶어 했고 늘 구경을 오던 그 양은, 나의 외모 같은 것이 아니었던 거다. 바로 오빠의 신부가 될 수 있는, 오빠의 여자가 될 수 있는 그런 지위였다.

아름답고, 여자답고, 게다가 남이고.

심장이 격렬하게 아파왔다. 병원에 다시 가 봐야 할까. 하지만 곧바로 그럴 필요가 없다는 생각이 들었다. 이대로 숨이 멎어 내가 싸늘하게 식어 있는 것을 그 애가 본다면, 그 애가 받을 그 고통만이 나의 어이없는 5년의 세월에 대한 보상이 될 거 같았다.

문득, 깜짝 놀라도록 갑자기 그 애의 손길이 내 뺨에 머무는 걸 느꼈다. 그 애가 나를 향해 돌아누워 팔을 뻗고 있었다.

"이번 달 말에 오빠 돌아온대. 너랑 결혼하고 싶다고 편지에 적혀 있었어."

결혼? 아아. 내일 일어나면 가장 먼저 그 수정인가 뭔가 하는 돌멩이를 찾아내어 쓰레기통에 버려야지. 미친 남자. 내가 정말 자기랑 결혼할 거라고 생각한 걸까. 그는 신부도 거룩한 사람도 아닌, 그저 유치하고 알량한 심리를 가진 남자에 불과하다. 좋아한다는 나의 고백을 그대로 믿어 버릴 만큼 자기연민에 가득 찬 남자. 그래도, 적어도 지금의 나처럼 비참하고 불쌍하진 않겠지. 문득 공항에 그를 맞으러 나가야겠다는 생각을 했다. 지금껏 나와 잤던 남자들 중에서 가장 쓰레기 같은 남자를 골라서 함께 마중이라도 가야겠다. 어디 보자? 없어? 그럼 지금부터 만들어도 상관없겠군.

"세연아, 자니?"

아니. 자지 않아. 하지만 나는 대답할 기력이 없었다. 심장의 고통만으로도 숨 쉬는 것만으로도 벅찼다.

"나, 그 사진 늘 갖고 다니는 거 아니었어. 오빠 온다는 소리 듣고 그냥 생각이 나서 집에서 일부러 가지고 온 거야. 이제 거기 놔두면 안 될 거 같아서……."

그 애가 소리 없이 웃는 것 같았다. 왜 눈을 감고 있는데도 이런 건 다 알 수 있는 걸까.

"세연아."

그 애가 자꾸 부른다. 하지만 나는 그 어느 때보다 완벽하게 자는 척하고 있었다. 어쩌면 죽은 척하고 있었는지도.

두 번인가 더 나를 부르던 그 애는 내가 정말 자는 것 같이 보였는지, 조용해졌다. 하지만 다시 돌아눕지 않고 여전히 내 뺨에 머물던 자신의 손을 조금 위쪽으로 가져갔다. 너무나 잘 알고 있는, 내 머리카락을 쓰다듬는 그 애의 손길. 문득 그 애의 손이 내 머리카락과 뺨을 지나 내 입가로 다가온다. 입술 끝에 닿은 그 애의 손가락의 감촉에 몸이 긴장한다. 곧이어, 너무나 조용히, 진짜인지도 알 수 없게 스쳐간 부드러운 감촉. 나는 잘 알고 있지만, 그 애는 결코 알지 못할, 그 애의 입술이 닿는 느낌이었다. 그 애가 자는 새, 내가 훔친 것보다 훨씬 조심스럽고 빨라서 정말 있었는지도 알 수 없는 그런 감촉.

내 뺨 위에, 내 것이 아닌 눈물이 떨어진다. 차가운 느낌에 나도 모르게 몸이 떨린다.

나는 문득 아주 오래전, 아니 그렇게 오래전은 아닐지라도 이미 기억 속에서 충분히 오래전에 했었던, 그 애가 나를 안는 상상을 얼핏 떠올렸다. 그건 있을 수 없는 일이었다. 상상 속에서 조차 왠지 익숙해지지 않을 만큼. 헤아릴 수 없다고까진 할 수 없어도 꽤 많은 남자에게 안겼지만, 어떤 남자와도 같을 수 없는 정결하고 선량한 그 애의 손길.

하지만 의심의 여지없이 그 애의 손길은 내 머리카락과 내 이마와 뺨과 목을 지나서 옷깃 안으로 옮겨지고 있었다. 나는 조금 전과는 다른 이유로 숨이 막히는 것 같았다.

"세연아."

그 애의 손가락이 브래지어 안에 조심스럽게 파고들어 내가 숨을 멈춘 순간, 그 애가 내 이름을 불렀다. 조금 전처럼 따뜻하고 다정한 목소리가 아닌, 금방이라도 울 것 같은 그런 목소리로. 나는 손을 내밀어 내 품 안으로 들어온 그 손을 잡고 싶었다. 어떻게 하는지도 모를 것 같은 그 애를 도와주고 싶었다. 내가 그 애를 완전히 가질 수 없다면 그 애가 나를 완전히 가져도 좋을 것 같았다. 아니, 나는 그 편을 원하고 있었는지도 몰라.

하지만 나는 여전히 꼼짝도 할 수가 없었다. 그 애의 손이 그렇게 망설이고 있어도, 그 애의 목소리가 그렇게 떨리고 있어도.

몇 분일까. 몇 시간일까. 단위로 계산할 수 없는 어떤 종류의 특수한 시간이 내 몸 위에 움직이는 그 애의 손길을 따라 흘렀다가 멈추었다가를 반복했다. 한동안 어둠 속에서 그렇게 내 몸을 매만지던 그 애의 얼굴이 내 품 안으로 들어왔다. 그 애의 혀가 내 목과 내 가슴을 따라 내려오다가 다시 입술 위로 올라간다. 소름이 끼칠 만큼 선연한 감각. 아무것도 생각할 수 없고 다른 모든 감각을 마비시키는 압도적인 촉각.

"으응."

나도 모르게 신음소리를 내고 있다는 걸 깨달았다. 분명 내가 깨어 있음을 알고 있을 텐데도 그 애는 멈추지 않았다. 도망가지 않고, 내 몸 위에서, 나를 부드럽게 품어주고 있었다. 나는 반사적으로 그 애의 등을 끌어안았다. 내가 안은 건, 단단하고 뻣뻣하고 서두르는 남자들의 등이 아니었다. 분명히 내가 늘 바라봐 온, 어둠 속에서 만졌던, 지수의 부드러운 등이었다. 믿을 수 없었지만 정말로 그랬다. 상상 속에서와 달리 그 애의 손길은 지극히 느리긴 했지만 서툴지 않았다. 마치 자신의 몸을 만지듯이 서두르지 않고 편안하게 그러나 그래서 더욱 애가 타도록, 그 애는 나를 흥분시켜 가고 있었다.

퇴원해서 바로 집에 온 참이라, 나는 긴 원피스 잠옷 안에 브래지어와 팬티 외에 아무것도 입고 있지 않았다.

'계절이 여름이어서 다행이야.'

이 와중에도 문득 그런 생각이 들었다. 겨울이라면, 잔뜩 껴입은 속옷을 대체 어떻게 벗겼을까. 그것도 이토록 조심스럽게 행동하면서. 그 모습이 상상되어 나도 모르게 소리 내어 웃을 뻔했다. 하지만 내 상상과 상관없이 그 애는 여전히 조용히 그러나 빠짐없이 내 몸을 구석구석 더듬어갔다. 그리고 어느 샌가 가장 은밀한 곳에 접근하고 있었다.

반사적으로 다리로 그 애의 허리를 감았다. 내가 깬 것을 그 애는 이미 알고 있었는지 모른다. 애초에 자지 않았다는 것도. 나는 대체 그 애의 무엇을 알았던 것일까. 그 애는, 내가 알던 그 애는 무엇이었을까. 내가 그 애의 등을 안은 팔목에 힘을 준 순간, 그 애의 목소리가 바로 내 귓가에서 울려왔다. 처음 듣는 것 같은 그 애의 목소리, 끈이 풀린 듯 순식간에 내 위에 무너지는 그 애의 몸.

"미안해, 세연아. 미안해."

결국 그 애는 끝까지 날 안지 않았다. 못한 건지도 모른다. 어쩌면 정말로 안는 법을 몰랐을 지도 몰라. 그 애는 순진하니까. 뭐가 순수하고 뭐가 선량하고 뭐가 비겁하고 뭐가 더러운지 단언할 수 있는 건 여전히 없었지만, 나는 아주 오랜 시간이 흐르고서야 그 애를 가졌음을 알게 된다.

뇌사 상태를 유지하던 그 애의 심장은 고스란히 내게로 옮겨져 왔다. 나는 나의 병뿐 아니라 그 애의 병도 몰랐다. 만성울혈성 심부전증보다 훨씬 더 복잡한 병명을 가진 그 애의 병은 선천적인 것이고 예고된 죽음이나 마찬가지였다. 스무 살을 넘기기 어려울 거라는 병. 겉으로 보이는 것과 너무나 다르게 몸 깊숙이 숨어 있지만 발병한 순간 폭풍처럼 목숨을 앗아가는 병. 시한폭탄을 몸에 가진 채로, 그 애는 그렇게 다정하게 웃으며 종이로 쓸데없는 물건들을 만들며 평범하고 성결하게 살아왔다. 유일했던 오빠에 대한 사랑조차, 초등학생의 그것 그대로 마음속에만 간직한 채. 내가 그렇게 빼앗고 싶었던 그 애의 모든 것은, 어차피 그 애에게는 아무런 의미도 없는 것이었다. 그래서 나는 그 애에게서 빼앗을수록 허기짐을 느꼈는지 모른다.

하지만 어쩌면 나도 알고 있었을 것이다. 내 양을 구경하러 오는 그 소녀의 천진한 미소에 어떤 종류의 한없는 부러움을 보았을 때부터 내가 원하는 건, 그냥 그 애를 얻는 것이라는 걸. 그 애가 양이 아니라 나를 보아주길 원했다는 걸.

"괜찮아요?"

여전히 선량하고, 여전히 그 애처럼 다정한 그가 묻는다. 그는 동생이 죽은 뒤 정말로 신부가 되었다. 깨끗한 사람. 이제는 솔직하게 인정할 수 있다. 그가 내게 주었던 수정 목걸이는 세상과 결별의 증표 혹은 마지막 추억처럼 그의 목에 걸려 있다. 내 서랍 속에서 뒹굴던 그것은 원래 그의 눈물이었던 것처럼, 단단하게 굳어져서 그의 목에 걸려 있는 게 훨씬 더 잘 어울렸다.

그 애가 뿌려진 강가 바로 옆에 있는 수도원에서 그는 정식으로 신부가 되기 위한 준비를 하고 있다.

"괜찮아요."

그리고 나는 예전에 그 애가 그랬던 것처럼 진심으로 괜찮다고 말하며 웃는다.

그 애가 부러워했던 머리카락은 어느새 허리길이 만큼이나 길었고, 예전에 그 애가 선물해 준 원피스는 그때처럼 내게 잘 어울렸다. 그리고 그 애의 웃음은, 천진한 미소는 나에게 옮겨져 있다. 없는 것은 내 머리카락을 쓰다듬던 그 애의 다정한 손길뿐. 하지만 그건 내 기억 속에 이미 완전히 새겨져 있으므로, 내가 원할 땐 아무 때나 꺼내어 쓸 수 있다. 그 애와 내가 함께한, 그 마지막 날 밤의 그 애의 손길처럼. 그리고 그 애가 마지막으로 내게 선물한 단 한 장의 사진처럼.

"미안해. 세연아. 말하고 싶었는데 끝내 말하지 못했어. 내가 계속 가지고 다니던 사진은 그때 그게 아니야."

배경은 똑같이 그 넓은 정원의 이름 모를 나무 밑이었지만, 거기서 웃고 있는 건 초등학생 시절의 남매가 아니었다. 마치 지금처럼, 바람에 조금씩 흔들리는 긴 생머리인 채 나무 밑에서 환한 미소를 짓고 있는, 나조차도 생소한 나의 모습이었다.

"계속 좋아했어."

말할 수 없었던 최대의 비밀. 그 애의 사랑은 두 번이나 이루어질 수 없었다. 중학생이 되어서야 남매끼리는 결혼할 수 없는 걸 알았다는, 그 둔한 그 애가 여자끼리도 결혼할 수 있는 나라가 있다는 걸 과연 알기나 했을까.

하지만 그것과 상관없이 그 애의 몸은 이미 허물어져 가고 있었다. 나의 마음보다 더 조용히 그리고 확실하게.

왜 나는 알지 못했던 걸까, 내가 '좋아해?' 라고 말했을 때 순전하게 '응' 이라고 대답하던 그 애의 진실을. 나처럼 뒤틀려 있지 않고 너무나 직선적이어서 차라리 믿을 수 없던 그 애의 대답을 그대로 믿었다면 얼마나 좋았을까.

그 애의 목소리처럼, 그 애의 눈빛처럼 조용히 뛰고 있는 나의 심장 소리를 듣기 위해, 어느새 습관이 되어버렸듯 가슴 위로 오른손을 가져다 대었다.

거기 있는 것은 그 애의 심장.

그 애가 사진 한 장만을 남기고 내 곁을 떠나 버린 뒤, 나는 두 번의 발작을 겪었다. 그리고 세 번째 발작으로 정신을 잃었다가 깨어나서야 내가 이미 의학적으로는 죽은 상태나 다름없다는 걸 알았다. 아무도 말하지 않았지만, 엄청난 비용이 드는 이식수술을 해 주겠다고 그 애의 부모님이 나섰을 때부터 모든 것을 짐작하고 있었지만, 마치 아무것도 모르는 양 그들에게 감사했다.

수술 뒤 그 애의 무덤을 찾아가서 잔디를 붙잡고 눈물을 떨어뜨릴 때도, '우리의 딸이 되어 주지 않겠니?' 라고 조심스레 부탁하는 그 애의 아버지의 자상한(그 자상함이 깊은 슬픔을 극복한 사람이기에 가질 수 있는 강함에서 나온 것이라는 걸 이제야 알았다) 부탁을 오랜 망설임과 고민 끝에 승낙했을 때도, 나는 마치 이전부터 연습해 왔던 순간을 맞이하는 것처럼 태연하고 냉정했다.

나는 그 애의 모든 것을 가졌다. 그 애의 부모, 그 애의 집, 그 애의 재산.

예전에 그 애의 집에 드나들었을 때도 이미 그렇게 느낀 것처럼 아니 그보다 더욱 그 모든 것은 내게 어울렸다. 마치 태어날 때부터 내 것이었던 양, 이제는 그렇게 보이는 것 뿐 아니라 실제로 완전한 내 것이었다. 그 애를 사랑한 부모님도, 그 애를 돌보았던 메이드들도, 그 애가 좋아하는 음식을 만들었던 요리사도, 그 애를 전교 1등이 되도록 가르쳤던 가정교사도, 누구보다 그 애를 더 따랐던 커다랗고 하얀 개도. 그리고 그 애가 사랑했던 사람, 그도.

"오빠."

그는 놀랐다는 듯 나를 보고는 부끄러워하는 표정을 한다. 서로 존댓말을 쓰면서도 나는 익숙한 듯 그를 오빠라고 불렀다. 그를 그렇게 부르고 싶었다. 그 애가 사랑했던 '오빠'라는 이름 그대로. 그 애의 방에 가득한 그 앨범들. 일기장에도 쓰지 못했던 그 애의 진심을 난 이제 확실하게 알고 있다.

  ○○년 10월 2일.
  지수 9살, 지현 11살. 해운대에서.
  ○○년 4월 5일.
  식목일에 오빠와 함께.
  ○○년 7월 23일.
  오랜만에 오빠 등에 업힌 지수.

둘이서만 찍은 사진은 그 애의 중학교 입학식이 마지막이었다. 그리고 고등학교 시절의 사진들. 신기하게도 사진 속에 찍힌 나의 모습은 그 어느 것이나 행복하고 아름답고 티 없이 맑아보였다. 난 언제나 어둠 속에서 잔혹한 상상만을 하고 있었는데, 사진첩 속의 나는 태어날 때부터 몸에 깃든 듯한 아름다움으로 환하게 웃고 있었다.

"세연아."

그가 나를 부른다. 마치 여동생의 이름을 부르듯이 조심스럽고 소중하게,

하지만 이전에 있었던 어떤 종류의 이끌림은 지워진 착하고 다정한 목소리로.

　나는 대답하지 않았다. 멀리 강물이 햇살에 반사되어 눈부신 은빛을 만들어내고 있었다. 그녀의 파편들을 보내야 했던 그 강물이다. 내 손에 닿았던 하얀 가루…… 그 애의 마지막 몸의 흔적을 나는 결코 잊을 수 없다.

　'날 위해 죽을 수 있어?'

　강가와 둑 사이에 나무 말뚝으로 만들어 놓은 난간에 기대어, 나는 그 애가 내게 주고 간 지나치게 많은 수의 양 떼들과 내가 가졌던 한 마리 양에 대해 생각했다. 이상하게도 소용돌이치던 욕망도, 날카롭게 곤두서 있던 신경도, 거울을 볼 때마다 느끼던 차가운 위화감도, 거짓말처럼 사라져 버렸다.

　그 애가 내게 준 것은 심장만이 아닌 걸까. 나의 내면을 진솔하게 바라보게 만드는 순수한 시선도 그 애가 준 것일까.

　흔한 파랑새 이야기처럼, 내가 가장 원하던 것을 나는 이미 가지고 있었다. 단지 믿을 수 없어서 오래도록 날개를 펴고 날아오르지 못했을 뿐. 난 이젠 그걸 안다.

　때때로 거울을 보며 웃는다. 가슴이 두근거릴 만큼 아름답다고 느낀다. 그 애의 눈엔 내가 이렇게 비쳤을 거다. 그러면 나는 이미 한없이 행복해진다. 그 애가 살아있었던 어떤 순간보다도. 그렇게 이기적인 나이기에, 그 애가 준 모든 것을 당연한 듯이 받아들일 수 있다.

　아주 가끔, 나는 그 애의 침대 속에서 눈을 감고 내 자신의 몸을 어루만진다. 그 애가 그랬듯 아주 조심스럽고 부드럽게. 아마 분명히 그 애에게도, 그렇게 순진하고 바보 같고 정직하던 그 애에게도, 아무도 모르는 비밀스러운 시간이 있었을 것이다. 지금의 나는 왠지 이해할 수 있다. 왜냐하면 그 애의 모든 것이 이미 내 것이므로. 하지만 그 애가 그랬듯, 그 마지막 밤에 그랬듯, 결코 내 몸의 은밀한 곳에 다가가진 않는다. 나도 모르게, 마치 영원한 처녀라도 된 양, 부끄럽고 두려워서. 이제 그 애의 심장을 가진 나는 결코 그 애가 감당할 수 없는 식으로 행동하진 않는다.

"면회시간 끝났습니다."

멀리서 사제의 음성이 들린다. 나는 그를 향해 빙긋 웃음을 짓고는 다시 한 번 그리운 강물 위로 시선을 옮겼다.

"내가 죽으면, 나도 여기에 뿌려 줘요."

"그런 말 하지 마."

"언젠가 아주 오랜 세월이 흐르고 난 뒤에 말예요. 걱정 말아요. 쉽게 죽지는 않을 테니까."

역력히 당황하는 그의 걱정스런 표정을 보며, 나는 진심을 다해 그렇게 말했다.

"그 애가 내게 모든 것을 주었으니까, 모두 다 돌려줘야죠. 그 애에게."

이미 처음부터 그 애의 것이었던 나를 주어야지. 그래서 저 강물 위로 돌아간다면 아마도 그때는 다시 그 애의 목소리를 들을 수 있겠지.

두근두근. 심장이 약간 빠르게 뛴다.

내 안에 있는 그녀의 심장.

소수자들의 삶과 문학

초판1쇄 찍은 날 | 2014년 6월 26일
초판1쇄 펴낸 날 | 2014년 6월 30일

엮은이 | 윤수종
펴낸이 | 송광룡
펴낸곳 | 문학들
등록 | 2005년 8월 24일 제2005 1-2호
주소 | 501-841 광주광역시 동구 천변우로 487(학동) 2층
전화 | 062-651-6968
팩스 | 062-651-9690
전자우편 | munhakdle@hanmail.net

ISBN 978-89-92680-83-7 03300

- 잘못된 책은 바꿔드립니다.
- 책값은 뒤표지에 표시되어 있습니다.
- 이 책 내용의 전부 또는 일부를 재사용하려면 반드시
  저작권자와 문학들의 동의를 받아야 합니다.